高等职业教育土木建筑类专业教材

房地产公务文书写作

主　编　吴绍莲　王忠惠
副主编　何清清　梁伟业　胥　迅
参　编　杨维达
主　审　张善强

北京理工大学出版社
BEIJING INSTITUTE OF TECHNOLOGY PRESS

内 容 提 要

在房地产业涉及的各个方面，公务文书都发挥着不可低估的作用。近年来，随着房地产业的迅猛发展，对房地产公务文书写作的研究也越来越引起了人们的重视。

本书全面系统地介绍了房地产行政类公文、项目管理类文书、纠纷诉讼类文书、市场调研报告类文书、常用事务类文书以及规章制度类文书的定义、特点、种类、写法和写作注意事项，同时在书中加入了大量的实用性范文，内容丰富详尽，分类科学合理，表述通俗易懂，具有很强的可操作性，对房地产相关人员快速提升写作技能具有很强的指导意义。

本书既可作为高职高专院校房地产相关专业的教学用书，也可作为房地产从业人员的工具书，还可作为一般读者学习和了解房地产公务文书写作知识的书籍。

图书在版编目(CIP)数据

房地产公务文书写作/吴绍莲，王忠惠主编. —北京：北京理工大学出版社，2014.8（2020.7重印）

ISBN 978-7-5640-9485-0

Ⅰ.①房… Ⅱ.①吴… ②王… Ⅲ.①房地产－公文－写作 Ⅳ.①H152.3

中国版本图书馆CIP数据核字(2014)第166116号

出版发行 / 北京理工大学出版社有限责任公司
社　　址 / 北京市海淀区中关村南大街5号
邮　　编 / 100081
电　　话 / (010)68914775(总编室)
(010)82562903(教材售后服务热线)
(010)68948351(其他图书服务热线)
网　　址 / http://www.bitpress.com.cn
经　　销 / 全国各地新华书店
印　　刷 / 天津久佳雅创印刷有限公司
开　　本 / 787毫米×1092毫米 1/16
印　　张 / 17
字　　数 / 425千字
版　　次 / 2014年8月第1版 2020年7月第6次印刷
定　　价 / 45.00元

责任编辑 / 申玉琴
文案编辑 / 申玉琴
责任校对 / 周瑞红
责任印制 / 边心超

前言 PREFACE

在现代生活中，公务文书已经成为国家机关、社会组织、企事业单位在社会活动中处理事务、交流信息的重要载体，它像纽带一样把经济、政治、科学、文化等多个领域和行业连接起来，广泛用于上传下达、发布信息、沟通商洽、交际礼仪等事务交流。作为房地产企业的管理者、从业人员，每天都要面对大量的文字信息，准确、及时、安全、有效地撰制、传递、处理公文，为房地产企业的公务活动提供适用的信息，协助领导处理日常工作活动中的公务文书，提高工作效率和工作质量是首要任务。毫无疑问，公务文书写作规范和写作技巧、文书写作综合技能，是每位职场人士必须掌握的职业核心技能之一。

本书从房地产开发企业日常办公的实际应用出发，包括房地产行政类公文、房地产项目管理类文书、房地产纠纷诉讼类文书、房地产市场调研报告类文书、房地产常用事务类文书、房地产规章制度类文书等，对房地产开发企业办公人员常用的文书及写作要点进行了详细介绍。结合房地产企业工作中的实际案例，着重在写作上加以具体分析和讲述，以期为房地产类专业的学生在房地产公务文书写作水平的提高方面提供有价值的教学、实践资料。

本书由重庆房地产职业学院与重庆新鸥鹏地产集团合作编写，是编写组全体教师和重庆新鸥鹏地产集团管理人员长期实践与经验的结晶。本书突出“理论够用，重在实践”的职业教育特色，以能力培养为根本，以工作过程为主线，以工作项目为载体进行教材的整体设计。与其他同类教材相比，本书极具房地产行业办公特点。

本书由重庆房地产职业学院吴绍莲、王忠惠担任主编，何清清、梁伟业、胥迅担任副主编。第一章由吴绍莲编写；第二章由王忠惠编写；第三章、第五章由何清清编写；第四章由梁伟业编写；第六章、第七章由胥迅编写。同时，宜宾职业技术学院杨维达参与了本书部分章节的编写工作。本书全稿由重庆新鸥鹏地产集团张善强主审。

本书的出版得到了重庆新鸥鹏地产集团和北京理工大学出版社的大力支持，在此谨表谢忱。

由于编者水平有限，书中错误及不妥之处，恳请广大读者批评指正。

编　者

目录 CONTENTS

上篇　房地产公务文书基础

中篇　房地产专用文书

下篇　房地产事务类文书

上篇 房地产公务文书基础

随着房地产业的迅猛发展，在整个开发、报建、建设和后期管理过程中，房地产业需要对内、对外的多个部门之间相互联系。尤其在社会主义市场经济体制逐步建立的今天，房地产公务文书在传递房地产经济信息、探讨房地产经济发展规律、协调各种经济结构之间的关系、扩大房地产经济流通规模、提高经济效益等方面，越来越显示出重要的作用。在房地产业所涉及的各个方面，公务文书发挥着不可低估的作用。因此，对房地产公务活动方面文书写作的研究也越来越引起业内人士的重视。

本篇着重介绍房地产公务文书概论以及房地产行业使用频率较高的九种公务文书。第一章着重介绍房地产公务文书概论，分别从公文、公务文书的特点和作用以及管理几方面进行讲解，知识信息量大，理论性强；第二章对房地产行业使用频率较高的九种文种进行逐一介绍，对所选讲的每个文种从适用范围、特点、分类、构成要素、写法等方面进行讲析，推崇实务操作，选取实际例文，注重规范性，每一篇例文的简析都着重从基本理论、基本知识的角度加以分析和引导，以期为房地产公务文书写作提供有价值的参考，同时为提高房地产公务文书的写作技巧发挥指导作用。

本部分内容丰富详尽，分类科学合理，表述通俗易懂、晓畅明白，具有很强的可操作性，对房地产行业工作人员处理日常办公事务、快速提升公务文书写作技能具有指导意义。

第一章　房地产公务文书概论

学习目标

1. 了解房地产公务文书的基本概念，熟悉其含义、性质、特点、作用，明确文书写作与日常工作过程的联系。

2. 掌握房地产企业公文写作的基本原则和要求，以指导公文写作的开展。

3. 掌握房地产企业公文写作的基本任务与内容，为开展公文写作奠定基础。

第一节　公　　文

一、公文概述

(一)公文的含义

公文是公务文书的简称，是文书中重要的一类。《国家行政机关公文处理办法》(国发〔2000〕23号)第一章总则指出：**"行政机关的公文(包括电报，下同)是行政机关在行政管理过程中形成的具有法定效力和规范体式的文书，是依法行政和进行公务活动的重要工具。"**其作用是制定与发布政策法令，传达方针政策与意图，部署、指导、商洽和报告工作，交流工作经验和情况，记录工作活动的书面文字工具。

公文是指党政机关、企事业单位、群众团体这些法定的组织为了一定的目的，在社会活动中为处理公务而形成并使用的具有特定格式的应用性的文字材料。公文必须是在公务活动中形成并使用的文书。公文的"公"字，从广义上来讲泛指一切公共事务；从狭义上来讲是指国家机关、企事业单位、社会团体机构的事务。不管从哪个角度来理解，公务活动，即社会性事务是公文赖以形成和生存的客观基础。离开了公务活动，则无所谓公文。公文及其运行的全过程本身就是公务活动的一个组成部分。**所有公务活动中形成的文字材料都可以叫公文。**

(二)公文的特点

公文是国家机关、企事业单位在公务活动中形成的，是各级机关与企事业组织行使法定职权、实施有效管理的重要工具。它的主要特点表现在以下几个方面。

1. 公文有法定的作者

公文必须是由法定作者撰制出来的文书。所谓法定作者，是指党政机关及其他社会组织。这些机关或组织都是依据国家的法律和有关章程、条例建立起来的，是具有法定地位的。这种法定地位赋予了这些组织在自己的职权范围内制定和办理公文的权力。这就是说，公文的作者与一般文章、文学作品的作者不同，不是指公文的草拟者，而是指公文以什么名义制发的机关、组织或个人。法定作者中的个人，是指国家机关、合法组织的负责人。

2. 公文有法定的权威

公文必须是直接表述法定作者意志的文书。对于具有法定地位的机关、组织，它是在行使法定职权和实施管理的公务活动中，为了传达意图、办理公务、记载工作活动而制发的文件，它代表制发机关的法定权威，是各个部门工作的依据和准绳。例如，国务院是全国最高行政机关，它所制定的文件，代表中央人民政府的职能和职权范围，具有行政领导和行政指挥的权威。这种法定的权威性，也称法规的强制力，是要强制执行的，一旦违反要依照法律追究责任。这是公文形成的必要条件，也是公文的实质所在。

3. 公文有实效性

公文的实效性是指公文的现实效用，是由文件制发机关的法定地位所赋予的。公文一般是为了现实的特定工作或完成特定的任务而形成，在现行工作中使用，为推动现实工作服务，称为现实执行效用。一旦它的现行执行使命完成，就转化为档案保存，对今后的工作起参考、凭证的作用。可以说，没有任何一份文件是永远有效的。

4. 公文有规范的体式

公文是定向行文，所以无论哪种公文都有特定的读者，并都有在确定的范围内固定使用的文书。这是与其他文章和图书资料的主要区别。为了维护公文的严肃性和权威性，国家规定了统一的文种格式，如《国家行政机关公文处理办法》中确定的 13 种公文版式，任何团体不得违背这一原则。公文中有一部分是按长期惯用并参照了有关法规而稳定下来的规则、程序、格式撰制出来的，如简报、调查报告、总结等。人们应遵守这些特定的规则、程序、格式。公文的规范化，不仅增强了公文的有效性，也方便了公文的处理。

5. 公文有规定的处理程序

公文是直接作用于社会管理系统的文书，是国家行政机关及其他社会组织处理政务、办理事务的重要工具，所以，公文的制发和办理必须经过规定的处理程序。如公文的制发，必须经过草拟→审核→签发的程序。经过机关领导人签发的文稿才能缮印、用印和传递。只有如此，才能维护公文的严肃性和权威性，也有利于企业文书工作的科学化、规范化和制度化，提高企业工作效率。

(三)公文的作用

任何一个机关、企事业单位或部门要行使职能、处理日常工作事务、开展机关单位或部门之间的联系，都离不开公文的拟制与处理。公文作为实施有效管理的重要工具，认识公文的作用是使用好这一工具的重要前提。其作用主要体现在以下几个方面。

1. 权威规范作用

权威规范通过公文传达贯彻党和国家的各项方针政策，颁发政令、法规，对个人、组织做出道德和行为规范，以统一思想和行动。如国家机关依法发布的命令(令)、决定、公告、通告、意见等各种政令都是以文件的形式下发的。这些法令、法规性文件在它的有效范围内，必须成为人们的行为规范，具有法定效力，很多公务活动必须按照行政公文的规定开展，很多事情必须按照行政公文规定的办法处理，具有权威规范作用。

2. 公务联系和知照作用

公务文书是信息的载体，它的上行、下行、平行，都是一种信息的传播，是一种交流与沟通。各级机关单位在处理日常事务工作中，经常要与上下左右的有关机关单位进行公务联系，公文往来则是机关单位之间协商和联系工作的一种手段。上级机关单位可以通过批复、命令等公文下达指导意见；下级机关单位可以通过报告、请示等公文向上级机关单位请示问题；企事业单位之间可以通过函、协议、合同等，商洽工作、联系业务或交流经验。文件在同一系统的上下级机关单位之间、平级部门之间以及不相隶属机关之间传递信息、互相知照意图、沟通情况、商讨问题、协调关系、处理事务，起着联系公务和知照作用。

3. 依据和凭证作用

公文是单位、团体履行职责、开展公务活动的真实记录。大部分文种在宣传政策、指导工作、规范行为、沟通信息的同时，也具有便于检查、监督的凭证和依据作用。一旦阅办完毕，便须立即立卷归档，以便查考。

二、公文的类别(种类)

(一)公文的分类

公文从使用范围来分(目前没有统一的分类标准)，主要有四类：

一是通用公文。各种组织在工作活动中都可以使用，具有普遍通行的性质，如报告、请示、通知、决定、函、会议纪要等。

二是专用公文。主要是指在特定的专业部门和业务范围内根据特殊需要才能形成和使用的、具有专用性的公文，如司法公文、公证公文、财经公文、统计公文、军事公文等。

三是技术公文。主要是指在科研、生产、基建等活动中形成并使用的图纸、图表、计算材料等。

四是事务公文。主要是指处理日常事务性公文，包括计划、总结、简报、调查报告等。

(二)法定性公文与非法定性公文区别

公文就规范性或者规范程度而言，有法定性公文和非法定性公文之分。

法定性公文：主要是指国家规定使用的公文种类，这些公文具有规范的格式和法定的效力。《国家行政机关公文处理办法》(参见附录一)将国家行政机关使用的公文规定为13种，并提出："行政机关的公文(包括电报，下同)是行政机关在行政管理过程中形成的具有法定效力和规范体式的文书，是依法行政和进行公务活动的重要工具。"

非法定性公文：这类公文的范围较广，如常用的工作总结、工作计划、调查报告以及各种综合材料等。还有一些杂体类公文，如贺信、请柬、题词、讣告、悼词、启示、海报等礼仪性公文；借据、收据、领条、欠条、协议书、合同等凭证性公文；会议记录、大事记等记录性公文等。

(三)文书、公文、文件的联系与区别

公文有时也称文书或文件，三者有时可以互为通用。一般情况下，文书、公文、文件的基本含义是一致的，都是指公务文书。例如，通常说的机关文书工作，就是指机关的公文处理工作；说制发文件，就是指制作和发送文件。但文书、公文、文件又有一些区别，区别主要在于可以根据不同情况来分别使用这三个概念。

1. 文书

主要作为所有公文材料的总称，它是一个集合的概念，这个概念包含三个含义：文书材料、文书处理和从事文书工作的人。即"文书"一词除了有文字材料的含义以外，也可以

作为一种职业或职务的名称。另外，文书还可以指私人文书，私人文书不能与公文通用，只有在公文的范围内的文书才可以同公文通用。

2. 公文

所有在公务活动中形成的材料都可以叫公文。如介绍信、日常事务性通知、会议记录等，但这些不能称作文件，只有在泛指的时候，才可以包括在文件之内。

3. 文件

文件有时可以泛指文件材料的总称，如“文件材料”“学习文件”。有时特指上级机关的重要来文，如“红头文件”。另外，单位文件通常称为文件。一般文件包括的范围比较狭窄，主要是指上级发的具有重要执行作用的文件种类。

(四)公文与应用文的联系与区别

从公文的概念可知，它特指的范围是很清楚的，是指各机关、企事业单位为了办理公务而产生的文书或者文件。

而应用文是一种概括的提法，它实际上包括了很多不同的文种。应用文与公文具有密切的联系，都是具有应用性的文字材料，公文是应用文的组成部分，其本质是一致的。但也有区别，应用文的范畴较广，外延较宽，如对联，可以认为是应用文，但不能认为是公文；学术论文可以认为是应用文，但不能称为公文。应用文与公文明显的区别是应用文的使用范围不仅是国家机关、企事业单位、群众团体等法定的社会组织，也可以是“人民群众”；应用文的内容不仅涉及公务活动，也可以是“个人事务”，如私人信件、自传、日记、家谱、房契等。

第二节　房地产公务文书的特点

近年来，随着房地产行业企业的增多，行业竞争逐渐加剧，如何通过提高管理水平来降低成本已经成为房地产行业发展的必然趋势，而提高管理水平离不开房地产公务文书传递房地产经济和技术信息，即在经营活动中发生和使用的各类实用文体及企业管理过程中所形成的公文、公司文件，与其他公司业务档案资料、合同与图纸、图表等。文书质量的高低直接影响房地产行业经济活动的成败，直接关系商务目的的有效达成。特别是房地产公司的合同管理，直接关系公司的经济利益问题，必须对合同内容“字斟句酌”“咬文嚼字”。房地产公务文书属于应用文书的范畴，应用写作的共性如实用性、时效性、程式化等特点无一例外地适用于它。但房地产公务文书作为应用文书的一个独立分支，必然具有其个性特点。

一、应用的广泛性

房地产行业是指从事集土地以及房地产的开发、经营、管理和服务于一体的行业。房地产是典型的资金密集型行业，具有投资大、周期长、风险高、项目地域性、政策性强等特点。房地产开发商是建设链的龙头，管理链条贯穿项目全生命周期，包括投资科研、项目立项、前期准备、招投标、项目施工、竣工验收、项目销售、物业管理等。所以房地产开发期间，需要与内部及外部多个部门和单位发生联系。其公务文书在与相关各部门的业务往来、信息沟通、商洽事宜等方面应用都非常广泛。同时，在房地产开发企业中，通用公文、专用公文、事务公文、技术公文等公务文书的文种也被广泛应用。

二、鲜明的政策性

房地产行业与百姓生活联系紧密，房地产的开发、经营、管理和服务对地方经济的影响也非同一般，因此受到政府的高度重视。为了促进房地产企业和房地产市场向有序化、规模化、品牌化、规范运作方向转型，我国政府制定了一系列关于房地产的政策、法规，如《中华人民共和国城市房地产管理法》《城市房地产转让管理规定》《中华人民共和国土地管理法》等。

三、内容更具专业性

项目立项的可行性研究报告、项目施工计划、项目竣工验收报告等文书都具有明显的专业性。房地产文书不仅包含房地产知识，而且综合了建筑、金融、经济、哲学、心理学、管理学、营销学等多种学科的“复合性”文书。因此，它所记述的内容更具专业性。房地产公文的撰写既要具有一般书写公文的基本知识，同时又要懂得房地产管理或开发流程管理知识，所以，房地产公文内容是专业性极强的公务文书。

四、法律依据和凭证性

房产权属一旦形成，房产的抵押、买卖、赠予、交换、分割与合并等变更可能会不断发生，房屋拆迁、扩建、翻新等变更也日趋频繁。房地产文书（档案）作为房产的“身份证”，其单一性、凭证性、公正性在房地产行政管理、司法协助、产权交易等工作中发挥着不可替代的重要作用，对稳定房地产市场、保护老百姓的合法权益起着关键性作用。尤其在施工组织、竣工验收、经营管理过程中，涉及很多“甲方”“乙方”承担的责任，为了避免不必要的纠纷，便会签订各种合同或协议，作为工作依据，其法律特征和凭证特征明显。

五、相对的保密性

房地产开发企业的公文档案是企业投资、风险控制、开发研究等的必要基础条件，其涉及的领域宽、种类多、综合性强，反映了房地产开发企业在整个开发过程中各项工作及活动的情况，是整个“开发过程”的真实反映，是企业产品开发、建设、经营、管理过程中技术、质量保证的重要历史凭证。因此，房地产文书归档管理后，具有相对保密性的特点。

第三节　房地产开发企业公文管理

公文管理，是指企业在运营、行政管理过程中，企业内部、外部、上下级等内外往来的公文自收（发）文至归档全过程的办理或管理过程。

本节主要介绍房地产开发企业公文管理、档案管理、合同管理、印章管理等方面的一些基本知识。

一、国家关于公文规范的有关要求

(一)《国家行政机关公文处理办法》(以下简称《办法》)

国务院2000年8月24日发布，2001年1月1日开始实施。该《办法》是为使国家行政机关的公文处理规范化、制度化、科学化，提高公文处理工作效率和公文质量而制定的。公务文书的种类、格式、行文规则、办理和管理都必须遵照该《办法》来执行。

(二)《党政机关公文格式》(以下简称《格式》)

我国于2012年正式发布《格式》国家标准，是中华人民共和国国家标准，是为适应现代化管理工作需要，提高公文处理效率，建立和健全我国国家机关公文格式系统，简化和统一公文格式，准确、有效地撰制、收集、传递和贮存公文信息而制定的。

(三)《国务院办公厅关于实施〈国家行政机关公文处理办法〉涉及的几个具体问题的处理意见》(以下简称《意见》)

国务院办公厅印发的国办函〔2001〕1号文件，对于实施《国家行政机关公文处理办法》所涉及的几个具体问题提出了11项处理意见。其中包括新的文种“意见”的行文方向，“函”的效力，“命令”“决定”和“通报”三个文种用于奖励时如何区分等实际问题。《意见》确保了《办法》更准确地贯彻执行，使文书工作更加规范。

二、房地产开发企业公文管理

(一)房地产开发企业发文办理

公司收发传递处理文书的工作，又称“走文”。公文写作形成后，靠“走文”才能发挥作用。因此，文书的收发传递处理工作必须制度化、规范化。

《办法》第二十四条规定：以本机关名义制发公文的程序包括“草拟、审核、签发、复核、缮印、用印、登记、分发等”。

1. 房地产开发企业发文管理制度

房地产开发企业公文是公司上传下达、部门沟通、内外公务联系的主要载体，在行政办公管理中起着举足轻重的作用。要使公文起到准确传递信息、有效进行沟通、提高办公效率的作用，企业就必须制定一个科学、规范的公文管理制度。

(1)发文的范围。凡以公司名义发出的文件如通知、决定、决议、请示、报告、会议纪要和会议简报等，均属发文范围。

1)公司下发文件主要用于：

①公布公司规章制度。

②转发上级文件或根据上级文件制定的公司文件。

③公布公司重大开发项目、经营管理、职务任免、奖惩决定和通报、员工福利发放等工作决定。

2)公司上行文、外发文主要用于：

①公司上行文是指公司对上级机关、政府、业务主管部门，以及下属部门向公司的发文。主要用于呈报工作计划、请示报告、处理决定。

②外发文主要用于同相关业务单位联系的有关公司重大开发项目、基建、物资供应、

经营管理等事宜。

3)公司内部在开发项目、经营管理的过程中，有关图样、技术文件、工艺修改、审批工作、安排部署、传达上级指示等事项，应按公司有关公文制度规定，经公司分管领导批准后，由主管业务部门书面或口头通知执行，一般不用公司文件发布。

4)凡业务部门如开专题会议所做出的重大或重要决定，均用“会议纪要”成文。

(2)发文流程涉及部门、岗位。发文流程涉及公司各部门、各级管理人员、各部门文档管理人员及相关事项的承办人员。

2. 公文发文办理程序

发文办理是指机关内部为制发公文所进行的拟制、处置与管理活动。发文办理的一般程序为：草拟(拟稿)→审核→签发→复核→缮印→用印或签署→登记→分发(分装→发出→处置办毕公文)。这一程序具有很强的确定性和不可逆性，一般分为三个阶段。

第一阶段　文稿的形成

文稿的形成，具体包括拟稿、审核、签发等环节。这一阶段是发文办理活动的中心内容。表 1-1 为发文稿纸格式。

表 1-1　发文稿纸

签发：	主办单位审核：
行政办公部门审核：	主办单位和拟稿人：
标题：	
主送：	
抄报：	
抄送：	
附件：	
打印份数：	
打字：	校对：
发文字号：	发文日期：

拟稿　经过对有关信息材料的收集加工和再创造，系统地记录有用信息，使机关的意志见诸文字，草创供进一步完善的原始文稿。

审核　亦称审稿，是指负责拟稿的业务部门的负责人对所拟文稿的审核过程，即拟就的文稿在送交有关领导审批或会议讨论通过之前，由经验丰富、政策理论水平和文字水平较高的相关工作人员等对文稿所做的全面核查、修改工作。

签发　签发是文书经有权签发的领导、上司核准，准予发出。签发使文稿由草稿转变成定稿，标志其已批准成为代表发文机关的文书。签发是文书形成的一个重要环节。由机关领导人或被授以专门权限的部门负责人对文稿终审核准后，批注正式定稿和准予发出意见并签注姓名、日期的活动。除一些规范性及部分重要公文须经有关会议讨论通过，或再由负责人签署方可生效外，其他文稿，一经履行签发手续即为定稿。因此，签发是绝大多数公文生效的必备条件。公文审批单格式见表 1-2。

表 1-2　公文审批单

文件标题					
发文字号	某发〔20××〕第×号	密级		印数	
附件					
主送					
报送					
主办部门		拟稿人		拟稿日期	
部门总监(签字)	签字：				
	签字：				
	签字：				
相关部门总监(签字)					
总经理(签批)					
董事长(签批)					
备注					

一般房地产开发公司签发权限如下：

涉及公司管理制度、办法及规定性文件，由总裁签发。

公司重要对外文件(如对政府的函件)，由总裁签发。

地区公司重要对外文件(如对政府的函件)，由地区公司总经理签发。

公司总部各职能部门间知会性函件，由该部门负责人签发。

人事任免通知，按人事管理权限签发。

以公司名义办理一般事项，经公司领导授权由有关部门领导签发。

第二阶段　公文的制作

公文的制作，具体包括复核、缮印、用印或签署等环节。

这一阶段工作的任务是以定稿为依据，打印、印刷制成供正式对外发出的各种公文文本，形成供实际使用、具有法定或特定效用的正式公文。

复核　2001 年 1 月 1 日施行的《办法》在“签发”后加入了“复核”环节。《办法》第五章二十九条规定：“公文正式印制前，文秘部门应当进行复核，重点是：审批、签发手续是否完备；附件材料是否齐全；格式是否统一、规范等。”同时确定发文字号、分送单位和印制份数。这实际上再次强调了发文的责任，所以在签发之前必须认真审核。

缮印　缮印是对经复核没有问题的定稿进行技术加工，制作成供对外发出的公文的正式过程。

用印或签署　指在有必要加盖印章的文本上加盖机关或领导人印章的过程。即在印毕的公文上加盖发文机关的印章，或请有关领导者在公文正本上签注姓名，作为表明公文的正式性质和法定效用的标志。

用印的文件，要以原稿上领导人签发为准，无签发不得用印。

在企业行政机关内，也有不必盖印的文书。单位内部之间，每日有许多以来往函件形成往复的文书，也不必一一盖印；法定公文中除会议纪要和以电报发出的文件不加盖制作单位公章外，其余 12 种行政公文都需要加盖制作单位公章；事务性文书均不加盖单位公章，例如，在商界、公司之间常有如请柬、贺卡、慰问函等礼节性庆贺之类的函件往来，有的为表重视或者礼仪标准较高，就在行文制成之后，再由总经理或总裁签名，而不必盖公章。这种签名，应当叫“签署”，是这一类文书的必要结构之一。

一般情况下，只签署不盖印的公务文书，层次很高，如国家主席令，主要是尊重别国的习惯或方式；又如外国公司，比较讲究总裁或董事长签署的方式。

只盖印不签署的文书，一般是指向外单位发出的，比较庄重、郑重、正式的法定公务文书。

又签署又盖印的文书。这类文书，第一，它一定是法定公务文书，所以签署者必须是法人、最高领导或专门的负责人，如法院的《布告》上法院院长的签署；第二，这种文书一般多见于经济合同、协议书，上面要有明确的法人代表签章、签署时间和用印。

公文用印要端正、清晰，不得模糊、歪倒。盖印的位置要正确，要端正地盖在成文日期上方，做到上不压文，下要骑年盖月。两个以上的机关或部门联合下发的公文，各机关部门都要加盖印章。公文用印一定要与制发公文的机关、部门相一致。

公文用印要建立审批和登记制度。

第三阶段　公文的对外传递

公文的对外传递，包括分装、发出等环节。这一阶段工作的主要任务是为公文能被受文者有效接收创造条件。

登记　这里指发文登记，是指根据机关文书处理的具体要求与发文数量、分发的具体情况，对发出的公文采取的登记方式。主要包括行将发出的公文的发文字号、发文日期、文件标题、保密等级、发往机关、附件、份数、承办单位、案卷号等。如果是回复对方的文书，还须注明收文编号。对发文认真进行登记，是文书管理、查考的重要基础。

分装　指按照规定具体拣配和封装公文。主要程序是：写好文件、文书封套或函件信封；填好并检查所有封套标记；核对发文封套与内容、份数一致后加封。

发出　指将已封装完毕的公文以适宜的方式(如走机要交通等)发送给受文者。发出时应注意各种文书有不同的传递办法，要一一分清，以保证准时送达。表 1-3 为行文表格式；表 1-4 为发送公文签收记录表。

表 1-3　行文表

<table>
<tr><td rowspan="4">保存密级</td><td>绝对机密</td><td></td><td rowspan="3">另文</td><td>呈</td><td rowspan="3">收文者</td><td rowspan="3"></td><td rowspan="3">副本份数</td><td rowspan="3"></td><td rowspan="3">附件</td><td rowspan="3"></td><td rowspan="3">发文号数</td><td rowspan="3"></td></tr>
<tr><td>机密</td><td></td><td>函</td></tr>
<tr><td>密</td><td></td><td>令</td></tr>
<tr><td>普通</td><td></td><td rowspan="4">事由</td><td colspan="5" rowspan="4"></td><td rowspan="4">校对者</td><td rowspan="4"></td><td rowspan="4">发文日期</td><td rowspan="4"></td></tr>
<tr><td rowspan="4">传递法</td><td>限时送</td><td></td></tr>
<tr><td>特快送</td><td></td></tr>
<tr><td>快件</td><td></td></tr>
<tr><td>普通</td><td></td><td rowspan="2">核办人</td><td colspan="4" rowspan="2"></td><td colspan="1" rowspan="2">核稿人</td><td colspan="2" rowspan="2"></td><td rowspan="2">承办人</td><td rowspan="2"></td></tr>
<tr><td>保存</td><td colspan="2">年</td></tr>
</table>

表 1-4　发送公文签收记录表

<table>
<tr><td rowspan="4">序号</td><td rowspan="4">公文标题</td><td rowspan="4">文号</td><td rowspan="4">日期</td><td colspan="4">签收记录</td></tr>
<tr><td>签收人</td><td>单位</td><td>签收人</td><td>单位</td></tr>
<tr><td></td><td></td><td></td><td></td></tr>
<tr><td></td><td></td><td></td><td></td></tr>
</table>

(二)房地产开发企业收文办理

凡由外机关或部门送给本机关的文件，统称收文处理。

《办法》第三十条规定：“收文办理指对收到的公文的办理进程，包括签收、登记、审核、拟办、批办、承办、催办等程序。”

收文处理程序为：签收→登记→审核→拟办→批办→承办→催办。

公文的收文办理从签收到归档同样也涉及公司的各个部门，各部门应及时处理接收到的公文，以免延误工作。

1. 签收

签收就是签字表示收到来文，是收文处理工作的开端。一般机关或公司设有一个综合收发室，由专人负责文件的签收、拆封、登记和传阅。

签收文件要注意三点：

第一，对机要件、函件的信封套进行外部检查，查看封套所注的发文机关名称、收文单位是否为本单位，如有误投，应立即退回。

第二，清点核对投递单上的件数与实收的件数是否一致。签收时将发文机关名称、文件编号、发文机关的机要通信号、密级等项目登记在单位的收文簿上。

第三，收件人在检查无误后，应在送件人的发文回执清单上签名，注明收到日期，分清责任。

2. 登记

登记是签收文件的工作人员(秘书)对经手的文书进行管理和保护的必要措施，也是保障文书迅速办理的措施，是一项重要的制度。收文人员应及时地按表1-5进行登记，便于目标文件的查找和利用，统计和催办，文书工作的核对和交接。

表1-5　收文登记表

序号	发文单位	文件编号	文件标题	份数	接收人	接收时间	备注

3. 审核

《办法》在“登记”后加入了“审核”环节。《办法》第六章第三十一条规定：“收到下级机关上报的需要办理的公文，文秘部门应当进行审核。审核的重点是：是否应由本机关办理；是否符合行文规则；内容是否符合国家法律、法规及其他有关规定；涉及其他部门或地区职权的事项是否已协商、会签；文种使用、公文格式是否规范。”审核环节的增加，加大了秘书办理来文的权力和责任，也避免了不该办、不必办的公文流入办文环节。

凡正式文件均须由行政部门负责人根据文件内容和性质阅签后，分送到承办部门，重要文件应呈送公司领导(或分管领导)亲自阅批后分送承办部门阅办。

一般函、电、单据等，分别由行政办公部门机要秘书直接分转处理。如果涉及几个部门会办的文件，应同主办部门联系后再分转处理。

公文批示原则如下：

(1)对需送总公司(地区公司)领导批示的公文，根据谁主管谁批示的原则办理。如果有关公文须经多位总公司(地区公司)领导批示，一般应按领导排序由后向前传阅和审批。

(2)公文批示后，对有具体办理的事项，批示人应当明确签署意见、姓名和审批日期，其他批示人签阅视为同意；没有具体办理事项时，签阅表示阅知。

(3)批示人不能亲自批示(如出差、外出等)，由行政办公部门负责电话联系，并根据电话记录代为办理签署意见，事后由批示人补签。

(4)“普通”公文在 8 个工作小时内批示完毕；“紧急”公文应在 4 个工作小时内批示完毕；“加急”公文应随到随批，必要时可集体商榷。

有关公文经主管领导批示或行政办公部门批转传递到承办部门时，应填写“公文批转签收记录表”(表 1-6)。

表 1-6　公文批转签收记录表

<table>
<tr><th>序号</th><th>日期</th><th>文件题名</th><th>公文来源</th><th>拟办意见</th><th colspan="2">批转</th><th colspan="2">转出</th></tr>
<tr><td rowspan="2"></td><td rowspan="2"></td><td rowspan="2"></td><td rowspan="2"></td><td rowspan="2"></td><td></td><td></td><td rowspan="2"></td><td rowspan="2"></td></tr>
<tr><td></td><td></td></tr>
</table>

4. 拟办

拟办是在对来文进行阅读后，根据具体情况，针对来文如何处理提出初步意见，供领导或部门负责人审核决定作参考的过程。这一般由办公室负责人或者职能部门负责人来办理。

拟办来文时，应根据文书的性质、内容和有关要求，根据文件的密级等级、时间要求、阅读范围、来文份数，同时考虑领导的分工、职能部门的职权范围和单位的实际情况，简明扼要地提出初步办理意见。

拟办意见应明确批阅对象、部门和阅读范围等。对于只须传阅文件的部门，传阅后应签名确认(表 1-7)。

表 1-7　文件阅办单

<table>
<tr><td>来文单位</td><td colspan="2"></td><td>来文字号</td><td></td><td colspan="2">份数</td></tr>
<tr><td>收文编号</td><td colspan="2"></td><td>收文日期</td><td></td><td colspan="2">平时卷号</td></tr>
<tr><td>摘由</td><td colspan="6"></td></tr>
<tr><td>拟办意见</td><td colspan="6"></td></tr>
<tr><td>领导批示</td><td colspan="6"></td></tr>
<tr><td rowspan="3">传阅</td><td>阅件部门</td><td>阅件日期</td><td>签字</td><td>阅件部门</td><td>阅件日期</td><td>签字</td></tr>
<tr><td></td><td></td><td></td><td></td><td></td><td></td></tr>
<tr><td></td><td></td><td></td><td></td><td></td><td></td></tr>
<tr><td rowspan="2">处理结果</td><td></td><td></td><td></td><td>承办人</td><td colspan="2"></td></tr>
<tr><td></td><td></td><td></td><td>日期</td><td colspan="2"></td></tr>
</table>

5. 批办

批办是指单位负责人按照职权范围与分工，针对来文进行权限范围内的处理而做出的指示性意见，也可以是对拟办情况的肯定与否定。

做好批办环节是单位负责人及时处理、掌握重要的外来文件非常必要的一环。领导对收文并不需要一一批办，属行政办公部门受理范围的文件，由办公室主任批办或秘书批办。批办意见要对来文做出三项明确的批办内容：批办意见；批办时间；领导人签署姓名。

6. 承办

承办即“承接办理”，是根据文件“批办意见”，具体办理文件中要求办理的事项。通常，承办有以下三种情况：

(1)贯彻、落实文件规定的具体事项。

(2)根据文件精神和单位实际情况，形成一份新的文件(执行方案、工作计划须经领导批准同意)指导具体工作。

(3)凡属几个部门联合承办的事项，由牵头部门主动做好协商工作，争取协办部门的积极配合。

7. 催办

催办是对文件承办工作的检查和督促的过程。 这是避免办事拖沓、文件积压，加速文件运转的重要措施。

催办包括对内、对外两方面：对内催办的文件主要有需要办理的收文、送交领导审批的公文；对外催办的文件主要有要求回复的发文、与外单位合办的文件。

催办的形式视情况可采取电话问询、当面问询、发函问询或采取检查、汇报、指导等办法。

催办的重点应放在对内的急件、要件的催办处理上。一旦催办有结果，催办人(秘书)应针对该份文件注明办理结果，并向交办的领导回复办理情况，即“办复”。无论是领导或交办人口头汇报，还是文字“办复”，办理结果一般都要说明该事项的主办时间、主办人、办理结果以及是否有遗留问题、有无结论等。

(三)房地产开发企业公文归档管理

无论是发文还是收文，在办文环节的最后，都有文书归档工作，这是为以后的档案工作做好准备的工作环节。它包括：一，立卷归档。“注办”或“办复”后，部门秘书根据立卷要求将文件整理归卷。立好的案卷，可按照公司档案部门的规定，定期向档案部门移交。二，销毁。凡已办理完毕并无查考价值的文书，于当年年底编制销毁目录，报请主管领导批准后定期销毁；如属“保密”文件，则必须逐件登记目录，并派专人(两人以上)监督销毁。

由房地产公务文书的特点可知，房地产文书具有凭证的法律效力。文件归档管理的意义在于：维护公司合法权益；能够保持文件之间的有机联系，便于文件的查找和利用；可以维护文件的完整与完全，便于文件的保管，以及保守企业的商业秘密；文件归档管理为档案工作奠定了基础。

归档文件整理工作必须按规范进行科学管理，其归档的一般流程为：收集资料→分类立卷→编目→登记→归档保管。

1. 公文收集资料的类型

收集资料是公文归档的第一步，也是重要的一步。归档前必须先清楚哪些是有保存价值的资料，有针对性地去收集。房地产企业收集资料的类型主要有：

(1)公司与相关单位的来往信件、各种协议、合同。

(2)公司制订的计划、工作总结、制度等。

(3)公司会议纪要、会议记录、决定。

(4)公司设立、变更的申请、审批、登记等方面的材料。

(5)国家、地方政府政策文件类。

(6)工程项目资料，包括开发类文件(前期、配套文件)、各类合同、工程技术文件、招标类文件、项目策划、市场调研报告、报建文件、竣工文件、楼书文件等。

2. 公文的分类整理

(1)文件的整理。文件的整理是企业机关的公文处理工作与档案工作的交接环节，它既是公文处理工作的最后一道程序，又是档案工作的起点。人们把它称为文书工作与档案工作的“结合部”。文件材料以归档为界，归档前是文件，归档后是档案。

(2)归档文件整理工作。归档文件是指立档单位在其职能活动中形成的、办理完毕、应该作为文书档案保存的各种纸质文件材料。

归档文件整理是指将归档文件以“件”为单位进行装订、分类、排列、编号、编目、装盒，使之有序化的过程。“件”，是指归档文件的整理单位。一般以每份文件为一件，文件正文与定稿为一件，正文与附件为一件，原件与复制件为一件，转发文与被转发文为一件，报表、名册、图册为一件，来文与复文为一件。

(3)归档文件整理的组织工作：

①建立和健全文书部门整理制度。文书部门整理制度是指由机关的承办和处理公文的部门负责进行整理的制度。建立和健全这一制度可以充分发挥文书部门熟悉本职业务和了解文书处理过程的长处，便于提高归档文件整理的质量和整理工作的效率。

②公文整理环节的选择。公文整理环节的选择亦即选择立卷地点，是指机关的公文整理工作究竟放在机关的哪一层，或者机关的哪些机构、单位，由谁来负责整理。

③明确公文整理的范围。公文整理的范围，应根据其相互联系、特征和保存价值等整理分类。如上级机关的文件材料、本机关的文件材料、同级机关和非隶属机关的文件材料、下级机关的文件材料或公司管理文件、项目资料、声像资料、实物档案等。

分类方法固定为年度、保管期限、机构(问题)，允许各单位视具体情况组合及简化分类层次。

(4)归档文件整理的基本原则：

①遵循文件形成的规律，保持文件之间的有机联系。

②区分文件的不同保存价值。

③便于保管和利用(便于保管和利用是归档文件整理的根本目的，也是衡量归档文件整理质量的重要标准)。

3. 立卷归档的要求

(1)各部门专职人员在规定的归档时间内，把整理审定完毕的档案资料，递交档案室立卷归档。

(2)移交档案要填写“档案资料移交清单”，移交清单一式二份，双方签字各执一份。

(3)归档的文件资料必须完整(已经破损的文件应予修整，字迹模糊或易褪变的文件应予复制)、真实、准确，请示和批复、印本和底稿、正文和附件必须放在一起。

(4)整理归档文件所使用的书写材料、纸张、装订材料等应符合档案保护要求。

4. 编号

归档文件的编号，是指将归档文件在全宗中的位置用符号进行标识，并以归档章的形式在归档文件上注明。

归档文件应依分类方案和排列顺序逐件编号，在文件首页上端的空白位置加盖归档章并填写相关内容。归档章应设置全宗号、年度、保管期限、件号等。

5. 编目

编目是指编制归档文件目录。归档文件目录由归档文件目录封面、归档文件整理说明和归档文件目录三部分构成，并应装订成册。

(1)归档文件目录封面的内容应包括全宗名称、年度、保管期限、机构等项目。

(2)归档文件整理说明的内容应包括本年度归档单位概况，内设机构以及党，政主要领导人变化情况，本年度文书档案整理归档情况等。

(3)归档文件目录的内容包括件号、责任者、文号、题名、日期、页数和备注等。

(4)归档文件目录的具体填写要求。

①件号：填写室编件号。件号是指在归档文件分类方案的最低一级类目内，文件的排列顺序号，它是反映归档文件在全宗中的位置和固定归档文件的排列先后顺序的重要标识。件号包括室编件号和馆编件号两种。机关档案部门在文件材料整理归档阶段编制的是室编件号。室编件号即归档文件在最低一级类目内的排列顺序号，按文件排列从“1”开始标注，一份文件编一个件号。在档案向档案馆移交时，按照档案馆的有关规定填写馆编件号。

②责任者：指制发文件的组织或者个人。

③文号：指文件制发机关的发文字号。

④题名：指文件的标题。

⑤日期：指文件的形成时间。

⑥页数：以件为单位填写总页数。

⑦备注：用于填写需要补充和说明的情况。

6. 装盒

装盒是指将归档文件按室编件号顺序装入档案盒，并填写档案盒封面、盒脊及备考表等工作内容。

档案盒封面应标明全宗名称。盒脊或底边设置检索项包括全宗号、年度、保管期限、机构(问题)、起止件号、盒号六项。

7. 公文归档

公文归档是指机关文书部门或业务部将归档文件整理装盒以后，逐年移交给机关档案室集中保管。

每个企业都应制定具体的归档制度，归档制度的内容包括归档范围、归档时限、归档要求。归档时限是指机关文书部门或业务部门一般应在第二年上半年向档案部门移交档案。归档要求是指归档的文件在质量上应符合以下要求：

(1)归档的文件材料齐全、完整。

(2)文件和电报按其内容的联系，合并整理、立卷。

(3)归档的文件材料，应保持它们之间的历史联系，区分保存价值，便于保管和利用。

(4)档案盒和归档文件封套应使用无酸纸制作。

【项目训练】

1. 什么是文书部门整理制度？浅谈实行文书部门整理制度的优越性。

2. 机关公文整理环节的选择应考虑哪些因素？

3. 公文整理的范围包括哪些内容？

4. 怎样理解“归档文件”的含义？简述归档文件的整理单位“件”的含义。

5. 简述归档文件整理的质量要求。

6. 推行以“件”为单位的归档文件整理方法，应当做好哪些方面的工作？

7. 简述归档文件整理的工作步骤。

8. 归档文件目录的具体填写要求有哪些？

9. 公文归档是指什么？

10. 公文归档制度的内容包括哪些方面？

11. 公文归档时限的要求是什么？

12. 公文归档的要求是什么？

第二章　房地产行政类公文

学习目标

1. 了解房地产行政类公文的基础知识，明确房地产行业几种常用的行政类公文的使用范围、特点、格式和行文规则。

2. 理解房地产行政类公文的重要意义，培养房地产行政类公文写作的严谨性。

3. 掌握房地产企业中使用频率高、运用范围较广的九种行政类公文的写作方法及注意事项。

第一节　房地产行政类公文概述

一、行政公文的含义及分类

(一)行政公文的含义

行政公文是行政机关在公务活动和行政管理过程中形成的具有法定效力和规范体式的文书，是依法行政和进行公务活动的重要工具。 同时也是传达国家方针、政策，发布行政法规和规章，施行行政措施，指示和答复问题，指导、布置和商洽工作，报告情况，交流经验的重要工具。

法定效力，是指公文具有权威性和约束力，它代表制发机关的决策与意图，能对受文者产生不同程度的强制性影响。

规范体式：一是指我国的公文在撰写时采用的是现代汉语书面语体；二是指公文在格式上具有一定的规范性和稳定性。

为了规范行政公文的写作，国务院于 2000 年 8 月 24 日发布了《国家行政机关公文处理办法》(以下简称《办法》)。此外，国家于 2012 年还发布了《党政机关公文格式》(GB/T 9704—2012)(以下简称《格式》)。以上法规性文件和国家级标准，不仅是各级行政机关、企事业单位和人民团体在行政工作中必须遵循的公文准则，也为指导和规范房地产行政类公务文书的写作工作提供了主要依据。

(二)行政公文的分类

《办法》规定，国家行政机关公文有命令、决定、公告、通告、通知、通报、议案、报告、请示、批复、意见、函、会议纪要 13 种，其中行政机关专属公文有命令、公告、通告、议案 4 种，其余 9 种是党政通用公文。13 种公文制发、处理规定极其严格，并具有法律效力。根据其特点和行文方向又可分为以下几个小类：

(1)指导性公文，包括命令、决定、意见、通报、通知、批复、会议纪要 7 种，属下行文。

(2)呈报性公文，有议案、报告、请示、部分上行意见，属上行文。

(3)公布性公文，有公告、通告、部分下行意见，它们没有具体的主送机关或受文单位，因而没有明确的行文方向，属于泛行文。

(4)商洽性公文只有一种，就是函，属于平行文。

行政公文根据行文方向的不同，可分为下行文、平行文、上行文和泛行文；根据缓急程度，可分为特急、急件和一般文件；根据保密等级，可分为绝密、机密和秘密文件。

在房地产企业行政管理过程中，常酌情比照使用其中的9种文种：**决定、通知、通报、报告、请示、批复、意见、函、会议纪要**。限于篇幅，本书只介绍这9种常用的行政公文以及它们在房地产企业中的具体应用。

二、行政公文特点、作用及行文规范

行政公文具有权威性、规范性、时效性、程式性、政策性等特点，同时具备领导指挥、综合协调、规范管理、凭证依据的作用。

一般来说，规范包含两个方面：约定俗成和法定使成。我国现代公文规范就是专指我国现行公文体制中应当遵循的，已经在长期公文实践中形成并由各级机关及广大群众认定的，我国最高权力机关已经确定或明文规定的有关公文从制作、运转到管理的若干标准。我国现阶段公文的规范，是广大干部和群众在公文写作中探索和总结的一些已被公认的原则和规律，这些内容构成了我国现代公文工作应遵循的规范。

概括起来，我国现行公文的规范主要包括公文文种规范、公文格式规范、公文行文规范、公文语言规范、公文处理规范和公文其他规范6个方面。限于篇幅，本章只介绍**公文行文规范和公文格式规范**。

(一)公文行文规范

《办法》在第四章就行政公文的行文规范做了若干规定，归纳概括起来有以下8种规则。

1. 行文精简的规则

行文应当确有必要，注重实效，坚持少而精。可发可不发的公文不发，可长可短的公文要短。

2. 按职权范围行文的规则

各级行政机关的行文关系，都应根据本机关的隶属关系和职权范围确定，一般不得越级请示或者报告。

3. 职能部门行文的规则

各职能部门，在自己的权限内，可以相互行文，可以向下级机关相关业务部门行文，也可以根据本级政府机关的授权和有关规定，对下级政府直接行文；属于部门职权范围内的事务，应当由部门自行行文或联合行文，联合行文应当明确主办部门；须经上级审批的事项，经上级同意也可以由部门行文，文中应当注明“经上级同意”。

4. 联合行文的规则

同级政府机关、同级政府各部门、上级政府与下级政府机关可以联合行文；政府机关及其部门与军队机关及其部门可以联合行文；政府机关与同级人民团体和行使政府职能的事业单位也可以联合行文。

5. 文件抄送的规则

向下级机关或者本系统的重要文件，应同时抄送直接上级机关；因特殊情况必须越级行文时，应当同时抄送被越过的上级机关；受双重领导的机关向上级机关行文，应当写明主送机关和抄送机关；上级机关向受双重领导的下级机关行文，必要时应当抄送其另一上级机关。

6. 协商一致的规则

凡部门之间未对有关问题协商一致时，一律不得各自向下行文。如擅自行文，上级机关有权责令纠正或撤销。请示事项涉及其他部门业务范围时，应当经过协商并取得一致意见后上报。经过协商未能取得一致意见时，应当在请示中写明。

7. 向上级请示的规则

下级向上级报请示公文要注意以下 5 个问题：

一是按级请示。各机关在一般情况下，应向直接上级请示，不得越级行文请示问题。

二是请示一般应一文一事。

三是请示除领导者直接交办的事项以外，一般不要直接送领导者个人，应归秘书部门统一处理。

四是上报的请示不要同时抄发给下级机关。

五是不要多头请示。一份请示只应有一个主送机关，应根据内容写明主报机关和抄报机关，由主报机关负责答复请示事项。

8. 文件退回的规则

对不符合行文规则的上报公文，上级机关的秘书部门可径直退回下级呈报机关。

(二)公文格式规范

公文格式指公文的整体格局和外部组织形式，是公文严肃性、规范化的重要标志，也是其法定性和约束力在形式上的表现。其作用在于保证公文的完整性、正确性和有效性，并为日后的公文处理工作和档案工作提供条件和方便。其内容包括公文格式的类别规范、三种文种的特定规范和格式的制作规范。

1. 公文格式的类别规范

《办法》规定行政公文格式由秘密等级和保密期限、紧急程度、发文机关标识、发文字号、签发人、标题、主送机关、正文、附件说明、成文日期、印章、附注、附件、发文机关署名、页码、抄送机关、印发机关和印发日期组成。参照《格式》(GB/T 9704—2012)的前言中“增加发文机关署名和页码两个公文格式要素，删除主题词格式要素，并对公文格式各要素的编排进行较大调整”一项。

2. 三种特定格式规范

(1)信函格式。发文机关标志使用发文机关全称或者规范化简称，居中排布，上边缘至上页边为 30 mm，推荐使用红色小标宋体字。联合行文时，使用主办机关标志。

发文机关标志下 4 mm 处印一条红色双线(上粗下细)，距下页边 20 mm 处印一条红色双线(上细下粗)，线长均为 170 mm，居中排布。

如须标注份号、密级和保密期限、紧急程度，应当顶格居版心左边缘编排在第一条红色双线下，按照份号、密级和保密期限、紧急程度的顺序自上而下分行排列，第一个要素与该线的距离为3号汉字高度的7/8。

发文字号顶格居版心右边缘编排在第一条红色双线下，与该线的距离为3号汉字高度的7/8。

标题居中编排，与其上最后一个要素相距二行。

第二条红色双线上一行如有文字，与该线的距离为3号汉字高度的7/8。

首页不显示页码。

版记不加印发机关和印发日期、分隔线，位于公文最后一面版心内最下方。

(2)命令(令)格式。发文机关标志由发文机关全称加“命令”或“令”字组成，居中排布，上边缘至版心上边缘为20 mm，推荐使用红色小标宋体字。

发文机关标志下空二行居中编排令号，令号下空二行编排正文。

签发人职务、签名章和成文日期的编排见附录三的“7.3.5.3”项。

(3)纪要格式。发文机关标志由“××××××纪要”组成，居中排布，上边缘至版心上边缘为35 mm，推荐使用红色小标宋体字。

标注出席人员名单，一般用3号黑体字，在正文或附件说明下空一行左空二字编排“出席”二字，后标全角冒号，冒号后用3号仿宋体字标注出席人单位、姓名，回行时与冒号后的首字对齐。

标注请假和列席人员名单，除依次另起一行并将“出席”二字改为“请假”或“列席”外，编排方法同出席人员名单。

纪要格式可以根据实际制定。

3. 公文格式模板

公文格式模板详见附录三《党政机关公文格式》(GB/T 9704—2012)，这里不再赘述。

4. 公文制作规范

眉首部分

眉首由公文份数序号、秘密等级与保密期限、紧急程度、发文机关标志、发文字号、签发人组成，这部分需要用一条与版心等宽的红色反线与主体要素分隔开，以使文面美观、醒目。

(1)公文份数序号。公文份数序号是将同一文稿印制若干份时每份公文的顺序编号。编号的目的是准确掌握公文的印刷份数和分发范围、去向，《办法》规定，有密级的公文需编制份数序号。如需标注份号，一般用6位3号阿拉伯数字，顶格编排在版心左上角第一行，从个位开始用自然数编号，其余位数用零占位。

(2)秘密等级与保密期限。秘密等级是标识公文保密程度的一种标志。保密期限是对公文密级时效加以规定的说明。《办法》规定，涉及国家秘密的公文应当标明密级与保密期限。密级分为“绝密”“机密”“秘密”三个等级。《格式》规定，如需标注密级和保密期限，一般用3号黑体字，顶格编排在版心左上角第二行；“绝密”“机密”“秘密”后标“★”，并在后面紧跟保密期限，保密期限中的数字用阿拉伯数字标注。

(3)紧急程度。紧急程度是公文送达时限的要求。《办法》规定，紧急公文应当根据紧急程度分别标明“特急”“急件”。其中电报应当分别标明“特提”“特急”“加急”“平急”。《格式》规定，如需标注紧急程度，一般用3号黑体字，顶格编排在版心左上角；如需同时标注份号、密级和保密期限、紧急程度，按照份号、密级和保密期限、紧急程度的顺序自上而下分行排列。

(4)发文机关标志。发文机关标志又称红头。由发文机关全称或规范简称加“文件”二字组成，也可以使用发文机关全称或者规范化简称。《办法》规定，联合行文，主办机关排列在前。《格式》规定，发文机关标志居中排布，上边缘至版心上边缘为35 mm，推荐使用小标宋体字，颜色为红色，以醒目、美观、庄重为原则。

联合行文时，如需同时标注联署发文机关名称，一般应当将主办机关名称排列在前；如有“文件”二字，应当置于发文机关名称右侧，以联署发文机关名称为准上下居中排布。

发文机关标志上边缘至版心边缘一般为25 mm，推荐使用红色小标宋体字，字号醒目美观即可，通常应小于22 mm×15 mm。如联合行文机关过多，必须保证公文首页显示正文。

(5)发文字号。《办法》规定，发文字号应当包括机关代字、年份、序号。联合行文，只标明主办机关发文字号。《格式》规定，发文字号编排在发文机关标志下空二行位置，居中排布。年份、发文顺序号用阿拉伯数字标注；年份应标全称，用六角括号“〔 〕”括入；发文顺序号不加“第”字，不编虚位(即1不编为01)，在阿拉伯数字后加“号”字。

上行文的发文字号居左空一字编排，与最后一个签发人姓名处在同一行。

(6)签发人。签发人是指审批、签发公文文稿的主要负责人。《格式》规定，签发人由“签发人”三字加全角冒号和签发人姓名组成，居右空一字，编排在发文机关标志下空二行位置。“签发人”三字用3号仿宋体字，签发人姓名用3号楷体字。

如有多个签发人，签发人姓名按照发文机关的排列顺序从左到右、自上而下依次均匀编排，一般每行排两个姓名，回行时与上一行第一个签发人姓名对齐。

(7)版头中的分隔线。发文字号之下4 mm处居中印一条与版心等宽的红色分隔线。

主体部分

公文主体为公文首页红色反线以下到版记以上部分，是公文的行文部分。按排列顺序依次为公文标题、主送机关名称、正文、附件序号及附件标题、成文日期、机关印章、附注等。

(1)标题。是公文的名称或题目。《办法》规定，公文标题应当准确简要地概括公文的主要内容并标明公文种类，一般应标明发文机关。公文标题中除法规、规章名称加书名号标注外，一般不用标点符号。《格式》规定，公文标题一般用2号小标宋体字，编排于红色分隔线下空二行位置，分一行或多行居中排布；回行时，要做到词意完整，排列对称，长短适宜，间距恰当，标题排列应当使用梯形或菱形。标题分为：

完全式标题的格式：(发文机关名称)+关于(事由)+(文种)。

省略式标题格式之一：关于(事由)+(文种)；之二：(发文机关名称)+(文种)；之三：文种式。

(2)主送机关。《办法》规定，主送机关指公文的主要受理机关，应当使用全称、规范化简称或统称。《格式》规定，主送机关编排于标题下空一行位置，居左顶格，回行时仍顶格，最后一个机关名称后标全角冒号。如主送机关名称过多导致公文首页不能显示正文时，应当将主送机关名称移至版记，标注方法见附录三中“7.4.2”。

(3)正文。这是文件的主体部分，用以表达文件的内容、主旨。《格式》规定，公文首页必须显示正文。一般用3号仿宋体字，编排于主送机关名称下一行，每个自然段左空二字，回行顶格。数字、年份不能回行。文中结构层次序数依次可以用“一、”“(一)”“1.”“(1)”标注；一般第一层用黑体字，第二层用楷体字，第三层和第四层用仿宋体字标注。

正文框架：缘由(引据、引言)＋主体(事项)＋结尾。

(4)附件说明。是附属于正件的其他文件或材料的说明，在正文之后，成文日期之前注明的附件顺序和名称。如有附件，在正文下空一行左空二字编排“附件”二字，后标全角冒号和附件名称。如有多个附件，使用阿拉伯数字标注附件顺序号(如“附件：1.××××”)；附件名称后不加标点符号。附件名称较长需回行时，应当与上一行附件名称的首字对齐。

(5)发文机关署名。俗称“落款”，应使用机关全称或规范化简称。《格式》按“加盖印章的公文”“不加盖印章的公文”和“加盖签发人签名章的公文”三种情况进行规定。

一是加盖印章的公文。如果是单一机关行文时，一般在成文日期之上、以成文日期为准居中编排发文机关署名，印章端正、居中下压发文机关署名和成文日期，使发文机关署名和成文日期居印章中心偏下位置，印章顶端应当上距正文(或附件说明)一行之内。联合行文时，一般将各发文机关署名按照发文机关顺序整齐排列在相应位置，并将印章一一对应、端正、居中下压发文机关署名，最后一个印章端正、居中下压发文机关署名和成文日期，印章之间排列整齐、互不相交或相切，每排印章两端不得超出版心，首排印章顶端应当上距正文(或附件说明)一行之内。

二是不加盖印章的公文。如果是单一机关行文时，在正文(或附件说明)下空一行右空二字编排发文机关署名，在发文机关署名下一行编排成文日期，首字比发文机关署名首字右移二字，如成文日期长于发文机关署名，应当使成文日期右空二字编排，并相应增加发文机关署名右空字数。联合行文时，应当先编排主办机关署名，其余发文机关署名依次向下编排。

三是加盖签发人签名章的公文。如果是单一机关制发的公文加盖签发人签名章时，在正文(或附件说明)下空二行右空四字加盖签发人签名章，签名章左空二字标注签发人职务，以签名章为准上下居中排布。在签发人签名章下空一行右空四字编排成文日期。联合行文时，应当先编排主办机关签发人职务、签名章，其余机关签发人职务、签名章依次向下编排，与主办机关签发人职务、签名章上下对齐；每行只编排一个机关的签发人职务、签名章；签发人职务应当标注全称。签名章一般用红色。

(6)成文日期。公文形成或生效的时间标志，以负责人签发或会议通过的日期为准，联合行文，以最后签发机关负责人的签发日期为准。电报则以发出日期为准。决议、决定、条例、规定等不标明主送机关的公文，成文日期加圆括号标注于标题下方居中位置。用阿拉伯数字将年、月、日标全，年份应标全称，月、日不编虚位(即1不编为01)，标注于正文之下，右空四字距离。

(7)机关印章。公文作者合法性及公文效力的标志。《办法》规定，行政公文除“会议纪要”和以电报形式发出的以外，均应加盖印章。印章用红色，不得出现空白印章。联合上报的公文，由主办机关加盖印章；联合下发的公文，发文机关都应当加盖印章。

当公文排版后所剩余空白不能容下印章位置时，应采取调整行距、字距的措施加以解决，务使印章与正文同处一页，不得采取标志“此页无正文”的方法解决。

当联合行文需要加盖2个印章时，应将成文时间拉开，左右各空七字。两印章间互不相交或相切，相距不超过3 mm。

当联合行文需加盖3个以上印章时，应将各发文机关名称(可用简称)排列在正文之下，成文日期之上，成文日期标志在所有印章之下，右空两字距离。

(8)附件。附件应当另面编排，并在版记之前，与公文正文一起装订。“附件”二字及附件顺序号用3号黑体字顶格编排在版心左上角第一行。附件标题居中编排在版心第三行。附件顺序号和附件标题应当与附件说明的表述一致。附件格式要求同正文。

如附件与正文不能一起装订，应当在附件左上角第一行顶格编排公文的发文字号并在其后标注“附件”二字及附件顺序号。

(9)附注。对公文中生僻词语、专业术语、引语出处的解释。如需注释的词语多，应分别编上序号，按数码顺序排列。如有附注，需用3号仿宋体字，居左空两字加圆括号编排在成文日期下一行。

注意：“请示”应在此处标明联系人的姓名和电话。

版记部分

公文版记由分隔线、抄送机关、印发机关和印发日期组成。

(1)版记中的分隔线。版记中的分隔线与版心等宽，首条分隔线和末条分隔线用粗线(推荐高度为0.35 mm)，中间的分隔线用细线(推荐高度为0.25 mm)。首条分隔线位于版记中第一个要素之上，末条分隔线与公文最后一面的版心下边缘重合。

(2)抄送机关。抄送机关是指除主送机关以外的其他需要告知公文内容的上、下级和不相隶属机关。如有抄送机关，一般用4号仿宋体字，在印发机关和印发日期之上一行、左右各空一字编排。“抄送”二字后加全角冒号和抄送机关名称，回行时与冒号后的首字对齐，最后一个抄送机关名称后标句号。

如需把主送机关移至版记，除将“抄送”二字改为“主送”外，编排方法同抄送机关。既有主送机关又有抄送机关时，应当将主送机关置于抄送机关之上一行，之间不加分隔线。

(3)印发机关和印发日期。印发机关和印发日期一般用4号仿宋体字，编排在末条分隔线之上，印发机关左空一字，印发日期右空一字，用阿拉伯数字将年、月、日标全，年份应标全称，月、日不编虚位(即1不编为01)，后加“印发”二字。

版记中如有其他要素，应当将其与印发机关和印发日期用一条细分隔线隔开。

第二节　决定　通报

一、决定

(一)决定的适用范围

《办法》规定，**决定是“对重要事项或者重大行动做出安排，奖惩有关单位及人员，变更或撤销下级机关不适当的决定事项”**，它在日常行政管理过程中，应用较为广泛，主要表现为：

(1)对象广泛，各级党政机关、企事业单位和人民团体均可使用。

(2)内容广泛，包括发布政策法令、安排重要事项、对重大行动做出安排部署、表彰或惩戒单位或人员、变更或撤销下级机关不适当的决定事项等。

(3)决定可以经会议讨论通过而产生，也可以由领导机关直接行文。

(二)决定的特点

1. 指挥性

传达上级机关对重要事项或重大行动的安排部署，是国家机关、企事业单位行政管理的重要依据，受文机关都应接受指挥，贯彻执行。

2. 规范性

规范下级组织、机关的行为，保证国家机关、企事业单位活动和运营的顺利完成。

3. 重要性

重要性的内容应该是本机关较为重要的工作和事项，对工作做出战略性的安排，较为具体的日常事务则不宜用决定来行文。

(三)决定的种类

1. 知照性决定

国家机关、企事业单位对某些重要事项做出具体安排，下级单位和人员对决定的事项知晓即可，一般无具体的执行要求。如《×××房地产公司关于调整工资基数的决定》。

2. 指挥性决定

对某些事项或重大行动做出安排。有极强的指挥性，受文机关必须严格贯彻执行。包括两个方面：

(1)通过法定会议批准有关条例、规定、公约等形成的决定。

(2)部署事关全局，涉及党、国家或单位重大方针政策和战略决策等重要工作的决定，如《国务院关于修改〈住房公积金管理条例〉的决定》。

3. 奖惩性决定

国家机关、企事业单位表彰、奖励先进单位或个人，授予先进模范人物的荣誉称号，或者对有关单位或个人所犯严重错误进行惩戒或批评等。

(四)决定主体的构成要素及写法

重要会议形成的决定主体由标题、题注、主送机关、正文、发文机关署名、成文日期六部分组成。一般决定的主体由标题、主送机关、正文、发文机关署名、成文日期五部分组成。

1. 标题

完全式标题的格式：发文机关＋事由＋文种。如《国务院关于修改〈住房公积金管理条例〉的决定》。

省略式标题的格式：

(1)事由＋文种。如《关于修改〈住房公积金管理条例〉的决定》。

(2)发文机关＋文种。如《国务院决定》。

(3)文种式。如《决定》。

2. 题注

题注的格式为：时间＋×××会议通过，用圆括号括上。

凡重要会议通过的重要决定，应用题注的形式，将“(时间＋×××会议通过)”标注在标题下方，居中排列。有题注的决定，文后不再标识成文日期。

3. 主送机关

应使用受文机关全称或规范化简称。

决定通常应写明主送机关，但若属普发性决定，如部分指挥性、奖惩性决定等可以省略主送机关。

4. 正文

正文的常见结构为：开头＋主体＋结尾，不同类型的决定，结构和写法有所不同。

(1)知照性、指挥性决定的正文。

开头：由决定的依据(可以是××会议、××上级机关的文件精神，或者×××领导同志的批示等)，或者决定的目的、决定的原因等构成。

主体：应分条列项地写明决定的具体事项；提出希望或号召；可以主体部分写完即结束全文，不做专门的结尾。

(2)奖惩性决定的正文。

开头：概括叙述被表彰对象的先进事迹或者是被惩处对象的错误情况，进行分析，表明对其表彰或批评的理由。

主体：表彰或惩处的决定事项；发出号召或提出希望，要求以被表彰的对象为学习榜样，或者要求被惩处的对象吸取教训，防止类似的事件再度发生。

结尾语：常见结尾用语有“特此决定”“专此决定”等。

5. 发文机关署名

发文机关署名即署名：应使用发文机关全称(标题是“发文机关＋事由＋文种”的，可不署名)。

6. 成文日期

成文日期即署时：用阿拉伯数字标注完整的年、月、日。

(五)决定主体格式(表 2-1～表 2-3)

表 2-1　知照性、指挥性决定主体格式

主体组成要素	知照性、指挥性决定主体格式
标题：	**关于××××(事由)的决定**
主送机关：	×××(主送单位)：
正文：　　缘由	为了××××(目的)，根据×××(依据)，经研究，决定××××(决定的事项)。
事项	一、××××； 二、××××；……(决定的具体内容)
结尾语	特此决定
发文机关署名：	×××房地产集团公司(印章)
成文日期：	20××年×月×日

表 2-2　嘉奖性决定主体格式

主体组成要素	嘉奖性决定主体格式
标题：	**关于表彰××××的决定**
主送机关：	×××(主送单位)：
正文：　开头	最近，××××(被表彰人员或集体的事迹)。××××(被表彰事迹产生的影响和表现出的精神)。
事项	为了××××(表彰目的)，根据××××(表彰依据)，决定对××××等予以表彰(或授予××××等××××称号)。
提希望	希望××××(号召向先进学习，提出更高的工作要求和希望)。
结尾语	特此决定 附件：1. 表彰名单
发文机关署名：	×××房地产集团公司(印章)
成文日期：	20××年×月×日

表 2-3　处分性决定主体格式

主体组成要素	处分性决定主体格式
标题：	**关于××××处分的决定**
主送机关：	×××(主送单位)：
正文：　缘由	最近，××××(违规违纪事实)。××××(造成的危害和产生不良的影响)。
事项	根据××××(处分依据)，为了××××(目的主旨)，经研究，决定给予××××(受处理的人或单位)××××(处分决定)的处分。
结尾语	特此决定
发文机关署名：	××××房地产集团公司(印章)
成文日期：	20××年×月×日

(六)案例分析

案例一：

关于万××、李××同志任(免)职决定

(20××年×月×日　××××集团办公会通过)

××××集团所属各子公司：

为了加强×××工程监理公司领导班子建设、扎实推进生产管理工作、确保实现年度目标计划，经集团研究决定，任命万××同志担任×××工程监理公司总经理，全面负责×××工程监理公司的生产管理和团队建设工作。同时免去李××同志×××工程监理公司总经理职务，李××同志改任×××工程监理公司董事长，主要分管融资、事业拓展及遗留工作。

特此决定

××××集团(印章)

主题词：××××公司　任职　决定

抄　送：集团领导

简析：

这则任(免)决定是由集团办公会通过的，属于由重要会议通过的决定，所以只在正文标题下标识题注，文后不再标识成文日期。正文详细叙述被任(免)人员的任(免)原因、任(免)职岗位、职责范围即可。

案例二：

××××建筑公司关于授予××同志光荣称号的决定

各下属子公司：

2010年7月8日晚，本市××区普降暴雨，局部大暴雨，最大雨量达144.2 mm。××××建筑公司安全员××同志，冒雨巡查×××工程安全隐患，发现建筑塔吊几颗螺母松动后立即组织机修工队进行检修，指挥49名建筑工人紧急撤离到安全区域，并带领青壮年工人用身体顶住开始晃动的塔身。最后，该安全员终因体力不支，劳累过度，累倒于塔吊旁，献出了年轻的生命。××同志自2008年起担任××××建筑公司安全员以来，一直尽职尽责，在巡查监测、预警预报等安全工作方面，做出了突出贡献。××同志为了维护公司的安全生产，奋不顾身的行为，令人感动，堪称楷模。

经研究，决定授予××同志“优秀安全员”的光荣称号。

希望公司全体职工向××同志学习，在全建筑系统弘扬爱岗敬业、艰苦奋斗、无私奉献的优良作风，尽最大努力做好建筑工程的巡查监测、预警预报等安全工作，为加快公司发展做出更大贡献。

特此决定

2010年7月9日

简析：

这是一则表彰决定。正文首先叙述被表彰人员的先进事迹；其次论述被表彰事迹产生的影响和表现出的精神品质；再次写明表彰的具体事项；最后号召向先进学习，提出更高的工作要求和希望。

二、通报

(一)通报的适用范围

《办法》规定，**通报是“适用于表彰先进，批评错误，传达重要精神或者情况”的告知性、指导性公文。**从行文方向看是一种下行文，在房地产企业的行政工作中，使用较为广泛，同时，在公文运行中可以起到以下三方面的作用：

(1)奖掖先进，树立学习榜样，弘扬正气，宣传教育的作用。

(2)批评错误，惩戒反面典型，扼制歪风，警示教育的作用。

(3)沟通信息，上情下达，交流经验，推动工作的作用。

(二)通报的特点

1. 真实、典型性

通报的内容是具体的人、事或信息，必须具备足够的典型性。真实而典型的事例、经验(或教训)，才能发挥教育、启示、引导的作用。

2. 教育、启示性

通报的作用重在教育、启示。以先进的典型树立榜样，才能发挥感召的作用；以错误的典型做反面教材，才能产生警诫作用；及时提供有用的信息，启发思维，才能起到促进作用。

3. 政策、时效性

对具体的人物和事件的评价与定性要准确把握政策尺度，必须符合党的方针政策，表彰不能过度拔高，批评也不能乱扣帽子。

(三)通报的种类

1. 表彰性通报

在一定范围内表彰典型和先进的人物、单位，推广先进的经验。

2. 批评性通报

通报不宜针对小错，应针对具有典型性、后果严重的错误，或针对严重的错误倾向而发，这类通报还可以细分为批评严重错误的通报和处理重大事故的通报。

3. 情况类通报

传达重要精神或者交流重要情况。

(四)通报主体的构成要素及写法

通报主体由标题、主送机关、正文、发文机关署名、成文日期五部分组成。

1. 标题

标题格式："发文机关＋事由＋文种"或"事由＋文种"，如《××省关于第二期耕地保护目标责任制执行情况的通报》。

2. 主送机关

主送机关应使用受文机关全称或规范化简称。大多数通报有主送机关；普发性通报可不标主送机关。

3. 正文

(1)表彰类、批评类通报正文。

开头：陈述被通报对象的基本情况和基本事实，表述清楚时间、地点、人物、事件、原因、结果。

主体：对先进事实的意义、表率作用进行分析、评价；对错误、事故的性质、原因、危害、不良影响及教训予以分析、总结和定性；写明通报决定或处理意见；提出希望、要求。

结尾语：常见结尾用语有"特此通报""此报"等。

(2)情况通报正文。

开头：陈述情况或者传达精神，可采用夹叙夹议的写作手法，对有关情况或有关精神在陈述过程中予以适当点评议论。

主体：对所通报的情况分析原因、说明处理结果；提出意见和要求。

以上各种通报的结尾用语、发文机关署名、成文日期均相同。

(五)通报主体格式(表 2-4～表 2-6)

表 2-4　表彰性通报主体格式

主体组成要素	表彰性通报主体格式
标题：	**××房地产集团公司关于表彰(奖励)××××(集体或个人)的通报**
主送机关：	××××(主送单位)：
正文：　　缘由	××××(表彰奖励对象的先进事迹)。××××(产生的积极影响和表现出的精神)。为了××××(目的)，根据××××(依据)，经××××研究，决定对×××(集体或个人)等予以通报表彰。
事项	希望××××(号召向先进学习，提出更高的工作要求和希望)。
结尾语	特此通报
	(印章)
成文日期：	××××年×月×日

正文结构小结：事迹＋评议＋表彰决定＋希望(号召)

表 2-5　批评性通报主体格式

主体组成要素	批评性通报主体格式
标题：	**关于××××××××问题的通报**
主送机关：	××××(主送单位)：
正文：　　缘由	××××(通报××××违规违纪的事实和做法)。经查，××××(调查结果)。
事项	为了××××(目的)，根据××××(依据)，经研究，××××(对通报对象的结论和处理意见)。 ××××(警示教育和下一步拟采取的措施)。
结尾语	特此通报
发文机关署名：	×××房地产集团公司(印章)
成文日期：	××××年×月×日

正文结构小结：事实＋评议(原因、性质、危害)＋处理决定＋希望要求

表 2-6　情况通报主体格式

主体组成要素	情况通报主体格式
标题：	**×××房地产集团公司关于××××情况的通报**
主送机关：	××××(主送单位)：
正文：　　缘由	××××年×月×日，××××(单位)在××××(地点)发生××××事故(事件)。××××(事故或事件的性质)。为了××××(目的)，进一步加强××××工作，防止此类事故(事件)的发生，现将××××事故(事件)情况通报如下：
事项	一、××××××××(事故或事件的原因分析)。 二、××××××××(对有关单位和人员的处理情况)。 三、××××××××(应吸取的教训和拟采取的措施等)。
结尾语	特此通报
	(印章)
成文日期：	××××年×月×日

正文结构小结：概述情况＋分析情况＋希望要求

(六)案例分析

案例一:

×市关于对×××省风景园林有限公司弄虚作假行为的通报

×建〔2012〕6号

各区县建管局、各施工图审查机构:

近期,×市对×××省风景园林有限公司提交的入本市备案申请资料进行了审查,经与×××省住房和城乡建设厅职改办核实,“×××”的职称证和毕业证系伪造,×××省风景园林有限公司在入本市备案申请资料中存在弄虚作假行为。

根据《本委市外勘察设计企业入本委备案管理暂行办法》(×建发〔2011〕40号)的相关规定,为规范本委建设工程勘察设计市场秩序,提高勘察设计行业诚信度,决定对×××省风景园林有限公司的弄虚作假行为予以全市通报,将其计入企业和个人不良行为记录,自本通报发布之日起,×××省风景园林有限公司2年内不得申请入本市备案登记,不得在本市从事工程设计活动。

特此通报

××市城乡建设委员会

2012年5月28日

简析:

这是一则批评性通报,首先对×××省风景园林有限公司违规违纪的事实进行了叙述,其次叙述调查过程以及调查结果,再次以法律条款作为批评通报的依据,阐述批评的目的,最后写明对通报对象的处理意见和结论。

案例二:

×市国土房管局办公室关于房地产权籍交易业务知识考核成绩的通报

×国土房管办发〔2005〕97号

各区县(自治县、市)国土房管局、产权产籍监理所:

2012年12月2日,按照×市国土房管局办公室的统一安排,组织了房地产权籍交易业务知识测试。全市应参考286人,实际参考266人,有17人因公请假,3人生病。从测试情况来看,各地对业务测试普遍高度重视,认真组织复习,参考人员认真准备,积极应考,达到了预期效果。现将测试成绩通报如下:

90分以上108人,占参考人数的41%;80~90分计136人,占参考人数的51%;70~80分计20人,占参考人数的0.8%;60~70分计2人。最高分为96分,合格率100%。

希望各区县(自治县、市)局的权籍交易工作人员,以此次考核为契机,进一步增强服务意识,刻苦钻研业务,提高工作效率,加强自我约束,树立高效廉洁的良好形象,更好地为群众服务。

2012年12月23日

简析：

这是一则情况通报。发文缘由写明了“房地产权籍交易业务知识考核”事件的详细情况、参考人数、参考单位的组织情况，对成绩进行了统计并作出了客观的分析，剖析了事件的本质以及达到的组织本次活动的目的。

第三节 通知 报告

一、通知

(一)通知的适用范围

《办法》规定，**通知“适用于批转下级机关的公文，转发上级机关和不相隶属机关的公文，传达要求下级机关办理和需要有关单位周知或者执行的事项，任免人员”。**在各级机关及房地产企业行文实践中，是适用范围最广、使用频率最高的一种文种。现行行政公文最高法规文件《国家行政机关公文处理办法》都是用《国务院关于发布〈国家行政机关公文处理办法〉的通知》(国发〔2000〕23 号)进行发布的。

(二)通知的特点

1. 通用性

各级党政机关、企事业单位和社会团体都可使用，不受机关级别、类别限制。

2. 广泛性

上至国家大事，下至基层单位的具体工作都可涉及。可布置和安排工作，转发、批转公文，知照情况，传达事项，发布规章等。通知是法定公文中使用频率最高的一种文种。

3. 时效性

通知事项应及时办理、执行或知晓，在制作、发送时不容拖延，否则可能贻误工作。部分通知还须在指定时间段内有效。

4. 执行性

通知最主要的用途就是布置安排工作，具有较强的执行性和约束力，下级接到通知后必须遵照执行，不能推诿、搪塞、延误、敷衍或随意处置。

(三)通知的种类

1. 颁、转性通知

颁、转性通知也称为发文通知，由通知本文和被颁、转的文书两部分复合而成文，二者合一为完整的颁、转性通知，不可将被颁、转的文书视为附件。颁、转通知包含两种类型：

(1)发布。颁布法规、规章或者印发文件、资料。

(2)转发。转发上级机关和不相隶属机关公文或批转下级机关公文。

2. 指示性通知

当上级机关对下属机关、单位就某工作发出指示、提出要求、做出安排，而不能或不宜使用命令、指示行文时，就要使用指示性通知。这类通知也称为工作通知、布置性通知、规定性通知。

3. 知照、会议、任免通知

用于告知某些事项、情况或意图，行文方向比较灵活，可下行，也可平行。这类通知的内容包括任免干部、召开会议、变更机关名称、迁移办公地点、设置或撤并机构、启用或作废印章等，也称作告知性通知、周知性通知、事项性通知。

(四)通知主体的构成要素及写法

通知的主体由标题、主送机关、正文、发文机关署名、成文日期五部分组成。

1. 标题

完全式标题的格式：发文机关＋事由＋文种。标题中的“事由”是对通知主题的揭示，应力求准确、简明、概括。如关于印发《中华人民共和国土地管理法》的通知。

上述要求只是公文标题写作的一般要求，应特别注意的是下述情况下的标题的拟写。

(1)颁转性通知的标题，可酌情省略被转发、批转公文的制发机关的名称。如国务院用通知批转《国家新闻出版署、国家人事部关于编辑干部业务职称暂行规定》时，就拟写成《国务院批转〈编辑干部业务职称暂行规定〉的通知》。

(2)如是多层转发，不宜机械地“如实”写出层层转发机关及所转文件标题。如关于转发市委××部关于转发省委××部关于转发中共中央××部《关于××××工作的若干规定》的通知的通知的通知。应省去中间转发的各层环节，以直转源文件的形式拟制简明标题。

(3)如是若干机关联合发文，不宜将源文件标题中的若干机关全部照写，只标明其中主要机关，其他机关用“等机关”表述。

(4)颁布较为重要的法规、规章用“颁发”“发布”；公布一般的、试行或暂行的规章和有关文件、资料用“印发”“公布”。如是颁发法律、法规性文件，源文件标题加书名号标注进入通知标题；其余公文标题，不得加书名号和任何标点符号。

(5)事项紧急的通知，标题可拟写成“×××紧急通知”；多个单位联合行文的通知，标题可拟写成“×××联合通知”；前一公文发出后因故再发一个补充通知，标题可拟写成“×××补充通知”。

2. 主送机关

主送机关应使用受文机关全称或规范化简称，若主送机关为多个同类型机关，则用其统称。通知均应标明主送机关，以利于通知事项的办理。

3. 正文

常见通知的正文都是由开头、主体、结尾语三部分组成。

开头：简述形势、背景、情况入题，或直接点明通知的根据、原因或目的。段末使用过渡句“现将有关事项通知如下”开启下文。

主体：布置工作，阐明工作原则，拟定方法措施，交代具体事项；提出号召、希望或提出具体的执行要求。

结尾语：常用的有“特此通知”“以上各点，望遵照执行”等。

按通知种类的不同，正文结构又可细分如下(详见各种通知模板)。

(五)通知主体格式(表 2-7～表 2-12)

表 2-7　颁发性通知主体格式

主体组成要素	颁发性通知主体格式
标题：	**×××单位关于发布《法规性文件标题》的通知**
主送机关：	×××：
正文：　引据 颁转语 结尾语	现发布《法规性文件标题》(源文件发文字号)，自××××年×月×日起施行。于____发布，××××年×月×日起施行的《×××》(旧法规标题)同时废止。 特此通知
成文日期：	(印章) ××××年×月×日

表 2-8　转发性通知主体格式

主体组成要素	转发性通知主体格式
标题：	**×××单位转发(印发)×××(源文件标题)的通知**
主送机关：	×××：
正文：　引据 转发语	《源文件标题》(源文件发文字号)，已经________同意，现转发(印发)给你们，请认真贯彻执行。
成文日期：	(印章) ××××年×月×日

表 2-9　批转性通知主体格式

主体组成要素	批转性通知主体格式(注：批转性通知用于下级机关和不相隶属机关)
标题：	**×××单位关于批转×××的通知**
主送机关：	×××：
正文：　引据 批转语	(下级机关单位名称)《源文件标题　》(源文件发文字号)已(业)经(上级机关)同意，现批转给你们，请认真贯彻执行。
成文日期：	(印章) ××××年×月×日

注：引据的拟写原则。

颁发性、转发性、批转性通知的主体开篇部分叫引据，由专用语“贵×××(单位)”＋用书名号括上的源文件标题＋用圆括号括上的源文件发文字号组成。如《关于印发〈建设工程质量检测管理规定〉的通知》。

表 2-10　知照性通知主体格式

主体组成要素	知照性通知主体格式
标题：	**关于×××的通知**
主送机关： 正文：　　缘由 　　　　事项 　　　　结尾语	×××： 根据＿＿＿＿＿＿＿＿，为＿＿＿＿＿＿＿＿，现通知如下： 一、××××； 二、××××； 特此通知
发文机关署名： 成文日期：	××××单位(印章) ××××年×月×日

表 2-11　会议通知主体格式

主体组成要素	会议通知主体格式
标题：	**×××会议通知**
主送机关： 正文：　　缘由 　　　　事项 　　　　结尾语	×××： 根据＿＿＿＿＿＿，为＿＿＿＿＿＿＿＿，决定召开会议。 现将有关事项通知如下： 一、会议主题(内容)； 二、会议时间(时段)； 三、报到时间、地点； 四、与会人员及条件； 五、参会准备及资料； 六、其他事项(经费、食宿、活动、交通安排、联系方式、参会回执等)。 特此通知
发文机关署名： 成文日期：	××××单位(印章) ××××年×月×日

表 2-12　任免通知主体格式

主体组成要素	任免通知主体格式
标题：	**××××单位关于×××等同志任免的通知**
主送机关： 正文：　　缘由 　　　　事项	××××： 根据＿＿＿＿＿＿，经＿＿＿＿＿＿研究决定：任命＿＿＿为＿＿＿＿＿局长，免去＿＿＿＿。 ＿＿＿＿为＿＿＿＿＿＿＿局长。 ＿＿＿＿为＿＿＿＿＿＿＿副局长。 免去＿＿＿＿＿＿＿＿。
成文日期：	(印章) ××××年×月×日

注：①一般来说，对干部职务的任免，不宜采用以姓氏笔画为序的排列方式。而是要从职务高低、职位的重要性这些角度来考量。通常按照职务高的排列在前、职位相对重要的排列在前的方式来进行处理。这一点又与标题上对任免人员姓名的处理方式相契合。

②如果任命、免去的都是同等职位，则应该按照人们惯常的理解，将职位的重要性作为排列顺序的标志。

③任免通知中，一些领导干部可能正担任某种职务，现又将被任命一项新的职务，也就是说领导干部存在身兼数职的情况，可以在他所任职务之后采用(兼)的方式来进行处理。

④还有一些领导干部的职务任命中，可以特别注明他享受的级别待遇。

⑤如果同一部门、同一职位的领导人事变动出现在同一个通知中，一般可以按照“先免后任”的方式处理。

(六)案例分析

案例一：

××市建设委员会关于印发《建设工程质量检测管理规定》的通知

×建委发〔2009〕22号

各区县(自治县)建委：

为加强我市建设工程质量检测管理，根据《建筑法》《建设工程质量管理条例》和《建设工程质量检测管理办法》的规定，结合我市实际，我委制定《建设工程质量检测管理规定》(国建委〔2009〕10号)，并经市政府法制办公室同意登记，登记号为“×文审〔2009〕19号”。现印发给你们，请遵照执行。

特此通知

附件：建设工程质量检测管理规定

××市建设委员会

2009年9月25日

简析：

这是一则印发性通知，通知正文由缘由＋引据＋印发语组成，简洁明了。文件标题中的源文件属于法规、规章性文件，所以采用书名号括起来。引据则采用打破常规的写法，很自然地引出源文件的标题和源文件的发文字号，且符合文件规范的写法，源文件用书名号括起来，后跟用圆括号括起来的发文字号。

案例二：

关于转发对全国先进工程勘察设计企业予以表扬的通知

×建〔2013〕29号

各有关单位：

接住房和城乡建设部《关于对全国先进工程勘察设计企业予以表扬的通知》(国建部字〔2013〕19号)文，在全国82家先进工程勘察设计企业中，本市的××设计院、中煤×科工集团两家企业位居榜首。

现将该文转发各有关单位。希望受表扬企业珍惜荣誉，继续树立榜样形象，带动行业整体水平不断提升。同时号召全行业向受表扬企业学习，不断加强企业自身建设，按照党的十八大要求，牢固树立生态文明理念，在工作中尊重本市山地条件，突出地域文化传承，为提高全市勘察设计水平做出更大贡献。

附件：住房和城乡建设部关于对全国先进工程勘察设计企业予以表扬的通知

××市城乡建设委员会

2013 年 3 月 16 日

案例三：

××市建设委员会关于召开 2013 年建筑管理工作会议的通知

×建〔2013〕18 号

各区县(自治县)建委、各有关单位：

为了认真落实市委、市政府和建设部的相关工作要求，全面贯彻落实市委“规划建设管理工作会议”精神，抓住机遇，促进全市建筑行业持续、健康、稳定发展。经市政府同意，市建委决定召开“××市 2013 年建筑管理工作会议”，部署 2014 年的建管工作。现将有关事项通知如下：

一、会议时间

2013 年 3 月 16 日(星期六)，会期一天。具体安排为：

(一)3 月 16 日上午 9：30—12：00，召开全市 2013 年建筑管理工作大会；

(二)3 月 16 日下午 2：00—16：30，召开建筑管理专项工作座谈会。(包括区县建委负责人座谈会、区县建设工程质量监督机构负责人座谈会、区县建设工程施工安全监督机构负责人座谈会)

二、会议地点

(一)上午：××宾馆多功能厅(5—8 房)；

(二)下午：1. 区县建委负责人座谈会在××宾馆迎宾楼二楼会议室；

2. 区县建设工程质量监督机构负责人座谈会在××宾馆怡园会议室；

3. 区县建设工程施工安全监督机构负责人座谈会在××宾馆三号平房会议室。

三、参加人员

(一)各区县(自治县)建委领导，建管、质监、安监、招投标、造价、有形建筑市场方面的科(站)室负责人(每个区县 5 人参会)。

(二)一级施工企业、外地入渝建筑施工企业、甲级监理企业、甲级招标代理机构、甲级造价咨询企业、部分业主及开发单位、预拌商品混凝土生产企业、综合类检测机构负责人(每个单位限 1 人参会)。

邀请市人大、市政府、市政协有关领导出席会议，邀请市委办公厅、市政府办公厅、市级有关部门及主要新闻单位参会。

四、注意事项

(一)请全体参会人员参加 3 月 16 日上午召开的全市 2013 年建筑管理工作大会；下午召开的建筑管理专项工作座谈会，分别请区县建委负责人、区县建设工程质量监督机构负责人、区县建设工程施工安全监督机构负责人参加(其中质监、安监两方面负责人均应参会)。

(二)请参会人员按时到会，不得缺席。远郊区县的报到时间为3月15日15：00—20：00，报到地点：××宾馆迎宾楼大厅；主城及近郊区县的报到时间为3月16日早上8：00—9：15，报到地点：××宾馆多功能厅大会场外厅。

(三)请参会人员在3月16日早上9点20分前进入会场，关闭手机，保持会场安静。

(四)请各区县建委、各相关协会及市建委相关处室于3月13日前将参会人员回执表传真到市建委建管处，联系人：周彤彤女士，联系电话及传真：65634917，65635551。

(五)请各参会企业于3月13日前将参会人员回执表传真到各以下部门：(略)

附件：××市2013年建筑管理工作会议参会人员回执表

2013年3月8日

××市2013年建筑管理工作会议参会人员回执表

单位名称				
联系人		联系电话		
参会代表姓名	性　别	职　　务	是否住宿	手机号码

驾驶员人数：_____人　　　　驾驶员需住宿人数：___人

简析：

这是一则会议通知，从正文开篇、会议通知的主体要素到回执要求都切合行文规范，值得注意的是，会议通知的发出日期一般应提前一周左右，参会方务必在会前三天发送回执表到组织方。

二、报告

(一)报告的适用范围

《办法》规定，**报告“适用于向上级机关汇报工作，反映情况，答复上级机关的询问”**。在房地产企业行政管理工作中，报告使用十分广泛。报告只向本机关的直接上级发出，是陈述性、汇报性的上行文，同时也是使用频率很高的呈报性行政公文。

(二)报告的特点

1. 陈述性

报告的内容多为汇报工作、反映情况，表述手法宜采用叙述中的概述。

2. 汇报性

只对有关情况或工作进行反映、汇报，不能提出请求，不得夹带请示事项。

3. 广泛性

各级各类机关、单位和团体都可以使用，适用范围广。

(三)报告的种类

1. 工作报告

向上级机关汇报某一阶段的工作情况，或上级交办的某项任务的完成情况，重要会议、活动的情况。

2. 情况报告

向上级及时反馈实际工作中的某些突出问题及社情百态。

3. 答复报告

下级机关答复上级机关的关于某一比较重要的事项的询问或汇报执行某项批示的结果时所用，属于被动行文。

4. 报送报告

向上级报送非法定公文(如总结、计划、调查报告)以及物件等时所用，属于主动行文。

(四)报告主体的构成要素及写法

常见报告的主体由标题、主送机关、正文、发文机关署名、成文日期五部分组成。

1. 标题

完全式标题的格式：发文机关＋事由＋文种。如《重庆××学院关于报送 2013 年学院工作计划的报告》。

2. 主送机关

报告的主送机关一般是发文机关的直属上级机关，因而通常使用习惯性简称。受双重领导的机关向上级机关呈送报告，一般应根据报告内容的实际需要，写明主送机关和抄送机关。

3. 正文

(1)工作报告的正文。

开头：用概括性语言简要说明报告的主要内容和结论，并在段末由过渡句“现将有关情况报告如下”开启下文。

主体：包括工作的进展、取得的成绩、存在的问题及今后的打算，宜分条列项，逐条陈述。

①基本情况：简要交代前段工作的过程、做法；

②主要成绩和经验体会：具体陈述工作的过程、措施、结果和成绩，从中升华出理性的认识，概括出规律性的东西，指导今后的工作；

③存在的问题和基本教训：指出工作的缺点和不足，并分析根本原因；

④今后打算：提出改进工作的意见和对今后开展工作的建议。

结尾语：常用的有“特此报告”“以上报告，请审阅”“以上报告如有不妥，请指正”等。

(2)情况报告的正文。

开头：向上级汇报严重的事故、案情、敌情；重要的社情、民情；督促办理或检查某些重要工作；出现重大失误或问题时做出的检讨与反思。

主体：内容集中、单一，要突出重点，抓住事物的本质，实事求是地反映情况。提出的处理意见或建议，要写得具体、明确、简要。拟写须强调时效性，及时写作、报送，使上级尽快了解下情，做出决策。国务院明确规定：特大事故的发生单位必须在24小时内写出事故报告并报送上级机关，延期和谎报，必受一定处分。情况报告的正文主体部分须陈述以下几方面：

①叙述某一情况或问题的原委：如遇特大事故，写明发生的时间、地点、单位、事故的简要经过、伤亡人数、直接经济损失的初步估计，事故发生后采取的抢救措施及事故控制情况，事故发生原因的初步判断；

②提出对事故的基本看法，表明态度；

③存在的问题和基本教训：指出工作的缺点和不足，并分析根本原因；

④有时应提出处理意见。

结尾语：常用的有"特此报告""以上报告，请审阅""以上报告如有不妥，请指正"。

(3)答复报告的正文。

开头：针对上级机关的询问事项进行答复。

主体：按上级所询问的内容具体明确地逐一答复，注意以下几点要求：

①内容限于上级所询问的事项，答其所问；

②答复事项清楚具体，毫无保留，不可似是而非、模棱两可或有所保留；

③不可节外生枝，东拉西扯。

结尾语：常用的有"特此报告""以上报告，请审阅""以上报告如有不妥，请指正"。

(4)报送报告的正文。

开头：下级向上级机关报送文件、物件时的依据和理由。

主体：基本情况，写明送了哪些材料，共几份。

结尾语：常用的有"请查收""请审查""请审阅"。

(五)报告主体格式(表2-13)

表2-13　报告主体格式

主体组成要素		报告主体格式
标题：		××××单位关于××××的报告
主送机关：		××××：
正文：	缘由	根据__________，为__________，现将_____情况报告如下：
	事项	一、××××××××； 二、××××××××； 三、××××××××。
	结尾语	特此报告
成文日期：		（印章） ××××年×月×日

(六)案例分析

案例：

关于报送《市级骨干高职院校建设项目专项资金管理办法》的报告

×院〔2012〕15号

×市教育委员会：

按照×市教育委员会、×市财政局《关于进一步推进"市级示范性高等职业院校建设计划"实施市级骨干高职院校建设项目的通知》(×教高〔2011〕53号)和《关于申报2011年度市级骨干高等职业院校建设项目的通知》(×教办高函〔2011〕340号)文件精神，本院为保证项目建设顺利实施，根据有关财务法规，结合学院财务管理制度，制定《市级骨干高职院校建设项目专项资金管理办法(试行)》，呈报贵委审核。

特此报告

×××职业学院

2012年2月9日

简析：

这是一则报送报告，是×××职业学院向×市教育委员会报送该院拟定的《市级骨干高职院校建设项目专项资金管理办法(试行)》时随之而发的简短的说明性文字材料。用语符合应用文规范，准确、简洁、庄重、得体。

第四节　请示　批复

一、请示

(一)请示的适用范围

《办法》规定，**请示"适用于向上级机关请求指示、批准"**。凡是本机关无权决定和无力解决的事项，事前都应该向上级机关请示，以获得上级的指示、批准和帮助，减少工作中的失误和困难。请示属于呈报性行政公文。在房地产企业的日常行政工作中，如果遇到下列情况之一的，均应请示而行：

(1)发生新情况、新问题，不知如何处理。

(2)涉及本机关全局性的重大问题，在本机关职责范围内不能也不便处理。

(3)需增设机构、编制、上项目、列计划、增经费、添设备，不能自行解决。

(4)需任免和聘用干部，该干部是由上级管理。

(5)对上级机关的指示、规定，因不能准确理解而无法执行或执行中不适合本单位实际，请求上级给予指示或予以改变或允许变通执行。

(二)请示的特点

1. 祈请性

下级祈请上级明确指示或审核批准，涉及的事宜或问题，都是本机关无权或无力自行解决的。

2. 求复性

本机关无权或无力自行解决，须经上级指示、批准后，才能采取相应措施开展工作，下级请示发出后，期待上级的答复。

3. 双向性

下级有请示，上级必须以批复来答复。

4. 单一性

只能一文一事，切忌一文多事。

(三)请示的种类

1. 请求指示的请示

请求上级机关给予明确处理该情况或问题的政策、办法的指示。

2. 请求批准的请示

请求上级帮助，给予批准编制、经费、物资、项目等。

3. 请求批转的请示

职能部门对具有全局性或普遍性的问题提出解决办法、处理意见，按行文规则不能直接要求某些单位办理，只能用此类请示报经上级机关批准后，成为上级机关指挥性批转文件，下达给有关单位执行。

(四)请示主体的构成要素及写法

常见的请示主体由标题、主送机关、正文、发文机关署名、成文日期五部分组成。

1. 标题

标题的格式：发文机关＋事由＋文种。在请示标题拟写中应该特别注意：请示标题部分不能出现祈请类的词语，因为“请示”一词本身就有“请求指示”之意。文种更不能写成“请示报告”，在《办法》中“请示”和“报告”的适用范围界定非常明确，性质各异，只能单独使用。如《重庆房地产职业学院关于增设学院科研处副处长编制的请示》。

2. 主送机关

应使用受文机关全称或规范化简称。应该注意的是：

(1)一般只写一个主送机关，需要同时送其他机关，应当用抄送形式，但不得抄送其下级机关。

(2)除上级机关负责人直接交办的事项外，不得以机关名义向上级机关负责人报送请示。

3. 正文

开头：原因或理由(由于……为了……根据……)，包含以下内容：

(1)简要说明为什么要写请示、提出请求的背景和依据。

(2)对某些涉及面广、问题比较复杂的请示，应做到实事求是，情况清楚，依据有力，说理充分，语气恳切得体。

(3)理由是关键，将理由写得恰如其分，一般都会得到满意的批复。

主体：包含以下内容：

(1)明确陈述自己的观点，提出解决问题的具体意见或建议。

(2)写清楚请求上级机关或业务主管部门帮助本机关、单位解决什么问题，做出什么指示，以使上级能有针对性地给予批示。

(3)陈述和祈请事项明白、具体、恰当、切实、可行；不可含糊其辞、模棱两可。

(4)不可不顾实际可能，随意提出非分要求，给上级出难题，更不能只摆问题，不明确提出处理意见和建议，不负责任地上交矛盾。

结尾语：常用的有“以上请示妥否，请批示”“以上请示当否，请指示”“特此请示，望批准”等。

(五)请示写作注意事项

(1)必须事前行文。请示必须在拟办事项进行之前行文，绝不可先斩后奏。

(2)主旨单一、集中。请示必须一文一事，对“一事”要全面、正确地理解，凡是需要请示的事项，只要事物内在联系紧密，构成前因后果的逻辑关系，就应视为“一事”。

(3)遵循行文规则。请示应逐级行文，一般不得越级。主送上级机关的同时，不可抄送下属单位或平级机关。

(4)不多头主送。请示的主送机关是本机关的上级领导机关或上级业务指导机关。不能多头请示，只能主送一个上级机关。有双重上级机关者，一般只主送一个上级机关，对另一个上级机关则用抄送的办法处理。

(六)请示与报告的异同

1. 行文目的不同

报告是下情上报，属呈报性公文，不祈求上级批复；请示是请求上级批准、指示或答复，是一种呈请性公文，需上级批复。

2. 行文时间不同

报告是汇报工作、反映情况，一般在工作结束或工作告一阶段以及情况发生之后行文；请示是请求批准、指示或答复，必须在工作或活动开展之前行文，不允许擅自行事之后再做“请示”，切忌先斩后奏。

3. 内容繁简不同

请示一般一文一事，而报告既可一文一事，也可一文数事。

4. 收文处理不同

上级机关收到报告，只需了解情况以做决策参考，不需要答复；上级机关收到请示，则要认真研究，尽快给予答复。

(七)请示主体格式(表 2-14)

表 2-14　请示主体格式

主体组成要素		请示主体格式
标题：		关于××××的请示
主送机关：		××××：
正文：	缘由 事项	根据＿＿＿＿＿＿，为＿＿＿＿＿＿＿＿＿＿，请示事项如下： 一、×××××××××； 二、×××××××××； 三、×××××××××。
	结尾语	当否，请批准
发文机关署名：		×××单位(印章)
成文日期：		××××年×月×日

(八)案例分析

案例：

××工程建筑公司关于购置大型工程车的请示

×建司〔**2012**〕**8** 号

××工程建筑总公司：

××工程建筑公司于19××年接手×工程项目以来，工程进展不明显，其原因是工程项目中土石方工程量过大，没有性能好的大型工程车，难以按时完成建设任务。为了不影响工程进度和保质保量地完成工程建设任务，本工程建筑公司急需配备一辆大型工程车作为项目建设所用，望××工程建筑总公司拨款购置。

妥否，请批示

××工程建筑公司

2012 年 12 月 4 日

简析：

这是一则请求批准的请示，实事求是地简要说明了"××工程建筑公司"为什么要写请示，分析了写该请示的背景和原因，同时提出了解决问题的具体意见或建议，以使上级"××工程建筑总公司"能有针对性地给予批示，言简意赅。

二、批复

(一)批复的适用范围

《办法》规定，**批复"适用于答复下级机关的请示事项"**，是在房地产行政事务中，经常使用的文种之一，同时也属指挥性公文。批复的主送机关就是请示的发文机关，批复的事项就是请示的事项。

(二)批复的特点

1. 针对性

上级绝不会主动发批复，总是针对下级的请示而发的，并且针对下级机关的请示事项做出答复。

2. 权威性

批复针对下级的请示事项所做的批示、提出的解决问题的办法，是上级的意愿和权威的体现，是下级办事的依据，下级必须遵照执行。涉及重要事项和重大问题的批复，常常具有明确的法规作用。

3. 可行性

批复除给下级指示和批准外，往往还概括地讲明若干政策规定和注意事项，使批复具有可行性。

4. 单一性

批复针对请示而发，请示事项单一，一事一请示，故批复的内容一定要单纯，一请一复，不能在一篇批复中同时回答两个或两个以上的请示事项。

(三)批复的种类

1. 指示类批复

用于答复请求指示的请示。不仅对下级的请示做出答复，还要就请示事项的落实、执行或就该事项的重要性、意义及落实措施提出若干指示性意见，对下级的该项工作起指导作用。如《国家税务局关于个人收入调节税机关问题的批复》。

2. 批准类批复

用于答复请求批准的请示。对下级具有指导性作用，上级不予批准，下级就必须遵命撤销拟议，上级予以批准，下级才能付诸实施。如《国务院关于同意山西省撤销晋中地区设立地级晋中市的批复》。

(四)批复主体的构成要素及写法

常见批复主体由标题、主送机关、正文、发文机关署名、成文日期组成。

1. 标题

标题的格式：发文机关＋事由＋文种。“批复主题”应与“请示主题”一致；在批复标题中，不可出现“同意”“不同意”等主观性词语。

2. 主送机关

应使用受文机关全称或规范化简称，批复的主送机关就是请示的发文机关。

3. 正文

开头：用于交代批复的根据，先引请示标题，所引请示标题用书名号标注；后引发文字号，所引发文字号用圆括号标注；用“现批复如下”过渡句开启下文。

主体：针对下级所提出的问题和要求给予明确答复或具体指示。指示类批复根据有关政策作答，给予指示；批准类批复应明确表明是否批准的态度，有以下三种情况：

(1)批准请示事项，用“同意”表明态度，做若干指示，针对下级处理意见中不全面、不正确的部分加以补充或纠正。

(2)部分同意下级的请示事项，用“原则同意”表明态度。

(3)不同意下级的请示事项，用“不同意”明确表态。

三种情况中的表明态度的用语“同意”“不同意”“原则同意”之后，都应该补充具体内容，不能认为请示中已详细写明，这里就可以不写。请示与批复是不同性质的行政公文，并且请示的内容与批复的内容不一定完全一致。

结尾语：单独成段，常用“此复”“特此批复”等。

(五)批复写作注意事项

(1)讲求针对性。批复是被动行文，一定要针对请示事项回复，一请示一批复。

(2)观点明确，态度鲜明。在答复下级机关的问题时，观点要明确；在批准下级机关的请示时，态度要鲜明；在否定下级机关的请示时，理由要充分。

(3)及时批复。凡是下级机关的请示，上级机关都必须及时作答以免贻误工作。一些地方机关规定：上级机关收到下级机关的请示后应在 15 天以内给予答复。

（六）批复主体格式（表 2-15）

表 2-15　批复主体格式

主体组成要素	批复主体格式
标题：	×××单位关于×××的批复
主送机关：	×××：
正文：　引据	你们《关于×××的请示》（×××〔××××〕×号）收悉。现就有关问题批复如下：
批复内容	一、××××××××××； 二、××××××××××； 三、××××××××××。
结尾语	此复
成文日期：	××××年×月×日

（七）案例分析

案例：

关于××××雅居乐豪园项目建筑管理权下放的批复

×建〔2013〕253 号

×××区城乡建委：

你委《关于下放××××雅居乐豪园监管权限的请示》（××建〔2013〕69 号）收悉。经研究，同意你委负责××××雅居乐豪园项目的建筑管理工作，并承担相应监管责任。

请你委认真履行该工程项目的监管职责，严格执行基本建设程序，督促各方落实质量、安全责任，完善质量、安全保证体系，确保工程项目优质、高效、安全地建成。

此复

××市城乡建设委员会

2012 年 12 月 6 日

简析：

这是一则批准性批复，用于上级机关“××市城乡建设委员会”答复下级机关“×××区城乡建委”请求批准的“××××雅居乐豪园项目建筑管理权下放的请示”的批复。对下级具有指导性作用，一经上级机关批准，下级就能付诸实施，取得“××××雅居乐豪园项目建筑”管理权。

第五节　意见　函

一、意见

（一）意见的适用范围

《办法》规定，意见“适用于对重要问题提出见解和处理办法”。在行政公文中，意见是新修订后的《国家行政机关公文处理办法》中增加的文种，在房地产企业的日常行政事务工作中，适用范围和使用对象较广泛。

(二)意见的特点

1. 多向行文性

(1)上行：请求上级对自己的意见给予答复或做出处理。

(2)下行：对下级开展某些活动或工作做出指示、安排，要求下级遵照执行或参照执行。

(3)平行：对平级就某些重要问题提出意见，供对方参考。

2. 作用多样性

(1)下级上报意见，使上级从中了解某些新情况、新问题、新现象产生的原因。下级职能部门对其提出处理的意见，给上级解决好这些事务提供了很好的参考资料。

(2)下行的意见代表了上级对处理某工作、开展某活动的指示意见，下级应遵照执行或参照执行，这类意见起到了指示、通知等文种的作用。

3. 作者广泛性

上级、平级、下级均可使用，是法定公文中使用面较广泛的文种。

(三)意见的种类

1. 上行意见

(1)就重要问题向上级提出建设性的意见，应按请示性公文的程序和要求办理。

(2)所提意见若涉及其他部门职权范围内的事情，主办部门应当主动与有关部门协商，取得一致意见后方可行文。

(3)如有分歧，主办部门的主要负责人应当出面协调，仍不能取得一致时，主办部门应列明各方意见，提出有关建议，并与有关部门会签后报请上级决定，上级则应给予批示或批转。

2. 下行意见

用于对下级就进行某项工作、开展某活动提出指导性意见。有明确要求的，下级遵照执行；无明确要求的，下级参照执行。

3. 平行意见

就某些重要问题向平级或不相隶属单位提出意见，供对方参考。

(四)意见主体的构成要素及写法

常见意见主体由标题、主送机关、正文、发文机关署名、成文日期五部分组成。

1. 标题

标题的格式：发文机关＋事由＋文种。在通常情况下，使用省略式标题的上行意见都把发文机关及成文日期用题注的形式标注在标题之下，如果用完全式标题，题注中可只标注成文日期。上行意见的眉首部分与上行文的文本格式一致。如果意见内容较多，可在文种名称之前加上“几点”“若干”“一些”“部分”“指导”“处理”等前缀文字。如《住建部关于进一步加强直辖市市政设施建设的几点意见》《关于实施中小学危房改造工程的若干意见》。

2. 主送机关

应使用受文机关全称或规范化简称。下行意见应根据自己的职权范围明确写明主送机关名称，便于下级机关贯彻执行。

3. 正文

开头：提出意见的目的、依据、意义，制作意见的原因。在段末使用“现提出以下意见”过渡开启下文。

主体：内容较多，可分条列项地进行表达，使其内容能清楚明确地体现出来，便于受文者理解和办理。

结束语：常用的有“以上意见如无不妥，请批转有关部门执行”“以上意见，请予考虑”“以上意见仅供参考”等。

(五)意见主体格式(表 2-16)

表 2-16　意见主体格式

主体组成要素	意见主体格式
标题：	×××单位关于×××的意见
主送机关：	×××：
正文：缘由	________以来，________________，________。但是，__________。现提出如下意见：
事项	一、××××××； 二、××××××； 三、××××××。
结尾语	以上意见仅供参考
发文机关署名：	××分公司(印章)
成文日期：	××××年×月×日

(六)案例分析

案例：

详见附录二。

简析：

这是国务院办公厅就公文处理实施中的具体问题，给下级机关(各省、自治区、直辖市人民政府，国务院各部委、各直属机构)下达的“指导性意见”。文中的 11 条意见，既表现了发文机关的全局性观念，又指出了下级机关应该施行的“处理办法”。

请注意本例文对下行文意见的规定：“作为下行文，文中对贯彻执行有明确要求的，下级机关应遵照执行；无明确要求的，下级机关可参照执行。”

二、函

(一)函的适用范围

《办法》规定，函“**适用于不相隶属机关之间商洽工作、询问和答复问题、请求批准和答复审批事项**”。在房地产企业的日常行政事务工作中，是经常使用的一种文种，使用时要注意以下两点：

(1)“不相隶属”“无隶属关系”是指非同一组织系统内的任何机关之间的关系(既不是领导与被领导的上下级关系，也不是业务上的指导与被指导关系)。

(2)“有关主管部门”指的是职能部门，负责专项工作或专管部门，一旦涉及某主管部门主管范围内的公文，均须征得该主管部门的同意或支持，可发函向其请求批准，具有请示的性质。如某镇人民政府向银行贷款，用请批函，主管部门对该请批函只能用函答复审批的事项，不能用批复行文。

函的行文方向主要为平行、部分下行。上级机关在询问有关问题时，可以下行；但下级在答复上级的询问函时，不能用函，只能用答复报告。

(二)函的特点

1. 内容简明

直陈其事，不客套寒暄。讲明缘由后，就直接表明意图，不涉及其他。文字简约，篇幅短小。

2. 应用广泛

商洽工作，询问和答复问题，请求批准和答复审批事项，告知有关事项。凡是无隶属关系的机关，均可使用函行文。

(三)函的种类

1. 商洽类

不相隶属机关之间商洽工作、联系事项的函。

2. 询问类

向下级询问有关问题，或向有关部门询问本机关职权范围应该解决、但无据可查或者难以解决的问题的函。

3. 答复询问类

对不相隶属或平级机关所询问的问题，根据本部门的职责范围、客观条件和能力做出明确答复的函。

4. 请批类

向有关职能主管部门请求批准事项的函。

5. 答复请批事项类

针对请批函，根据本部门的职责做出同意、批准与否答复的函。

(四)函主体的构成要素及写法

常见的函由标题、主送机关、正文、发文机关署名、成文日期五部分组成。

1. 标题

标题的格式：发文机关＋事由＋文种。拟写函的标题，应注意以下几点：

(1)函的发文字号中机关代字后要写一“函”，表明其序号按“函”字系列排序，不按机关发文大序号排序。

(2)文种词之前可选用“商洽”“商请”“请求”等前缀词，表明函的用途。

(3)复函可以将受文机关或者单位的名称写入标题，文种词是“复函”。如《×××房地产集团公司关于解决枯水期部分用电指标给××供电局的复函》。

2. 主送机关

应使用受文机关全称或规范化简称。

3. 正文

(1)函的正文。

开头：简要说明发函的目的、理由或者根据。不转弯抹角，直陈其事。

主体：表明商洽、询问或者请求批准的具体事项，交代清楚，让对方明白怎样去做。

结尾语：常用的有“专此函达”“请予函复”“可否，请速函复”等。

(2)复函的正文。

开头：先引源文件，所引源文件用书名号标注；后引源文件发文字号，所引源文件发文字号用圆括号标注；再加“收悉”二字；最后用过渡语“现函复如下”开启下文。

主体：针对发函提出的事项、询问的问题或者请求批准的事项，据实据理据情做出实质性的答复。

结尾语：常用的有“专此函复”“专此函告”“特此函复”等。

(五)请批函与请示的异同

(1)相同点：都是可以用来请求批准事项的公文。

(2)区别：

①请批函向没有隶属关系的有关主管部门行文，属于平行文。

②请示向同一系统的上级领导机关或者业务上归口的指导机关行文，属于上行文。

(六)复函和批复的异同

(1)相同点：都可以用来答复请求批准的事项。

(2)区别：

①复函答复审批事项，所针对的文种是请批函，受文机关是不相隶属机关。

②批复所针对的文种是请示，受文机关是相隶属的下级。

③有关主管部门不能因为对方用函向自己请求审批事项，就错误地认为对方“无礼”。

④不能因为自己有权批准对方的审批事项，就用批复行文。

(七)函主体格式(表2-17～表2-19)

表2-17　商洽函主体格式

主体组成要素	商洽函主体格式
标题：	**×××单位关于商请×××(人名)的函**
主送机关： 正文：缘由 事项 结尾语	×××： 为____________________，__________ ________。 特此商洽，盼予函复
成文日期：	(印章) ××××年×月×日

表 2-18　询问函、请批函主体格式

主体组成要素	询问函、请批函主体格式
标题：	**×××单位关于×××(事)的函**
主送机关：	×××：
正文：　缘由	根据＿＿＿＿＿＿＿＿，为＿＿＿＿＿＿＿＿，现函告如下：
事项	一、××××××××××； 二、××××××××××； 三、××××××××××。
结尾语	可否，请速函复
	（印章）
成文日期：	××××年×月×日

表 2-19　复函主体格式

主体组成要素	复函主体格式
标题：	**关于×××的复函**
主送机关：	×××：
正文：　引据	《来函标题》(来函发文字号)收悉，经＿＿＿＿研究，现函复如下：
函复事项	一、××××××××××； 二、××××××××××； 三、××××××××××。
结尾语	特此函复
发文机关署名：	×××单位(印章)
成文日期：	××××年×月×日

(八)案例分析

案例一：

××省×××建筑装饰公司

粤建饰〔1987〕6 号

关于日野 FC16SA 大卡车存在严重质量问题要求赔偿损失的函

××省汽车贸易中心：

本公司于 2010 年 5 月 1 日向贵公司原业务一科购买附有商检合格证的日野 FC16SA 型六吨卡车 1 辆，发票号码为 0671012，于 2010 年 5 月 11 日交货，9 月中旬正式投入营运使用。该车使用后，陆续发现前、后轮内侧胎不规则锯齿形磨损，以内侧内边缘为甚。经有关技术专家及×市公安局第七检测站检验，认定此批车存在严重质量问题，与原供货资料标准不符。本公司已于11月初暂停止使用。为此，特向贵单位请求：

一、于本月30日前，派员前来检验质量鉴证等问题；

二、重新按质论价，赔偿经济损失或退货。

希贵公司讲求信用，按国家有关法律、法规的规定与我公司共同协商解决上述商品的质量问题。

特此商洽，盼予函复

附件：1. 购车发票一张

2. ×市公安局检测站检验书

××省×××建筑装饰公司(公章)

2010年11月28日

附注：1. 联系地址：×市××路××号××省××公司汽车队

2. 联系人：×××、×××，电话：×××××××××××

简析：

这是一则商洽索赔的函。正文的事由部分简明扼要地交代了事情的原委、发现的情况、检验认定、采取的措施等，为提出商洽的要求提供了有力证据；要求部分写得有礼有节，要求合理，并提出希望。最后附上附件作为证明材料。附注处写明了联系方法，以便联系。此函行文得体，表意明确、周密。

案例二：

××省建筑协会关于询问×大学城建设工程项目进展的函

×大学城建设工程项目部：

×大学城建设工程项目开工到现在，已有半年。为了解工程进展情况，促进工程按期完工，希望针对下列所询问题，将×大学城建设工程项目情况于9月底前报本协会办公室。

一、整个工程进度。

二、工程项目的分包情况，承揽工程公司的资质。

三、在工程进度中，遇到的设计上的问题有哪些？

四、现在存在哪些问题？哪些问题需要我们帮助解决？

××省建筑协会

2001年6月1日

简析：

这是一则询问函。正文第一句写行文背景，第二句在写明目的、要求之后，将具体问题分条列项提出，显得条理清楚。××省建筑协会与×大学城建设工程项目部属于不相隶属机关，故应用函行文。

案例三：

××市人民政府办公厅关于临时工和合同工能否执罚问题请示的复函

市政办函〔1996〕40号

市市容环境卫生管理局：

你局《关于明确临时工、合同工能否执罚问题的请示》收悉。现复函如下：

一、《中华人民共和国行政处罚法》于1996年10月1日起执行。该法对行政执法主体及执法人员做出了明确而严格的规定。

二、按照行政处罚法和《国务院关于贯彻实施〈中华人民共和国行政处罚法〉的通知》，从今年10月1日起，不能再对合同工、临时工从事行政处罚工作。

三、你局应按照上述精神，对全市市容卫生执罚人员进行清理，理顺执罚体制，保证行政处罚法的贯彻实施，促进市容卫生管理工作有序开展。

此复

××市人民政府

1996年8月25日

简析：

这是一则答复函。行文针对来函询问的问题，依据《中华人民共和国行政处罚法》的相关条款，明确、具体地做了答复，措辞得当，言简意赅。

第六节　会议纪要

一、会议纪要

（一）会议纪要的适用范围

《办法》规定，**会议纪要“适用于记载、传达会议情况和议定事项”**，是较重要会议的产物，是会议主要成果的反映。在房地产企业的日常事务工作中有沟通情况、统一认识、布置工作和记载凭证的作用。

（二）会议纪要的特点

1. 纪实性

客观地反映会议的基本情况、重要内容和主要精神，不能断章取义、主观推测、妄加评论，写作材料必须真实、准确。

2. 重要性

(1)是指较重要的会议才有会议纪要。

(2)是指记载会议重要内容，即会议宗旨。概括、提炼会议的内容，写出主要事项和基本精神。

(三)会议纪要的种类

1. 决策类会议纪要

是机关、单位的高层领导决定大政方针的会议纪要，它的主要作用在于指挥、指导工作。

2. 协调类会议纪要

是某项工作的牵头单位召集相关单位、部门讨论、协商，取得一致意见，使各单位、部门能各负其责地做好工作的会议纪要，有凭证的功能。

3. 研讨类会议纪要

研讨会、座谈会的会议纪要。研讨会、座谈会可以是工作性质的，也可以是学术性质的。

(1)工作性质的研讨会、座谈会，是研讨工作中的新情况、新问题，获得解决的办法、措施。

(2)学术性质的研讨会、座谈会，是研讨学术、理论问题，交流情况、意见，提出看法。这种会议纪要可以在报刊上面发表。如《中纪委关于加强纪检工作座谈会纪要》就发表于1982年1月8日的《人民日报》。

(四)会议纪要的组成要素及写法

对于会议纪要，主要应该把握其特定格式和标题、正文的写法。

1. 特定格式

(1)专用的眉首。定期召开的会议，可以用专用的“眉首”。如：

×××××会议纪要

(第18号)或(发文字号)

×××办公室　　　　　　　　　　××××年×月×日

《党政机关公文格式》(GB/T 9704—2012)规定：会议纪要标识由“×××××会议纪要”组成，字号由发文机关酌定。

(2)发文字号。协调性会议纪要和研讨性会议纪要可以不编发文字号。决策性会议纪要的发文字号有两种情况：

一是机关代字后加“会”字，如“×府会〔2013〕×号”；

二是按会议召开的次序编号，如“×××××会议纪要”的发文字号是“第18号”。

(3)不加盖印章。《办法》和《格式》(GB/T 9704—2012)均规定，会议纪要不加盖印章。

(4)无主送机关。会议纪要没有“主送机关”这一格式项目，在“版记”的“抄送栏”内，写一“发”字，后着冒号，再列出需要送达的机关名称。

2. 标题

会议纪要标题的格式有三种：

(1)发文机关＋关于×××工作＋会议纪要。如《中纪委关于加强纪检工作座谈会纪要》。

(2)与会单位＋主要内容＋××纪要。如《北京市和重庆市关于进一步加强建筑安全工作的商谈纪要》。

(3)正标题＋副标题。如《把建筑安全工作摆放在压倒一切的位置上——重庆新鸥鹏集团董事会座谈会纪要》。

定期召开的决策性会议纪要，因为有了特定版式中的“眉首”的标识，就不再拟制标题。

3. 正文

(1)决策类会议纪要的正文。会议概况：会议时间、主持人、会议名称、出席人(或列席人)的职务和姓名、基本议程，由“现将会议研究决定的事项纪要如下”过渡开启下文;议定事项：“议定事项”可按照议题先后或重要性程度递减的顺序，分条列项写出。

(2)协调类会议纪要的正文。会议概况：会议目的、任务，由“会议确定以下事项”过渡开启下文;议定事项：“议定事项”写成条款式，便于受文者明确各自的责任，确保完成;结尾：用“附”字领起，列出出席者的单位、职务、姓名。

(3)研讨类会议纪要的正文。会议概况：时间、地点、会议名称、参加者(若过多，可在结尾时写明);议定事项：用“会议一致认为”“会议指出”“代表在发言中指出”等作段首语，引出经会议研讨后产生的观点、看法;结尾：提出希望、要求。

(五)会议纪要特定的格式(表 2-20)

表 2-20 会议纪要格式

组成要素	会议纪要格式
眉首：机关标识	×××××会议纪要
发文字号	(第××号)或(发文字号)
承办机关 发文日期	×××办公室 ××××年×月×日
标题：	会议名称+会议纪要
正文： 会议概况	时间、地点、名称、主持人、主要出席人、主要议程、讨论的主要问题等，过渡语句：
议定事项	一、××××××××××； 二、××××××××××； 三、××××××××××。
结尾	希望________________。

(六)案例分析

案例：

×××公司××工程现场例会会议纪要

第 71 号

××公司×××工程指挥部　　　　2013 年 6 月 18 日

关于××工程进展情况会议纪要

本次会议为第 71 次工地例会，会议由舜元建设集团有限公司××工程项目总监×××同志主持。舜元建设集团有限公司××工程项目部的全体中层干部参会。首先，施工单位简要介绍本周工程进展情况、汇报下周工作计划，提出需尽快协调解决事宜；其次，建设单位答复相关问题并提出具体要求；最后，监理单位就相关问题提出具体要求。

一、舜元建设集团有限公司(总包)：

1. 本周工程进展：

①11 号 13 层电渣压力焊完成；……

②1 号真石漆开始施工；……

③2 号真石漆开始施工；……

2. 下周工作计划：

①1 号真石漆施工；……

②2 号真石漆施工；……

③11 号 13 层浇筑；……

二、需协调事宜：

1. 门楼桩施工何时开始？……

2. 水管外露是否要开槽？……

……

最后，大家一致认为……

发：下属各分公司

简析：

这则会议纪要纪“实”、撮“要”，属于协调性会议纪要。由于是定期召开的会议，就使用了特定的“眉首”。该纪要客观地反映了会议的基本情况、重要内容和主要精神。牵头单位召集相关单位、部门，对现在的工程进度和下一步的工作进行讨论、协商，最后取得一致意见，达到了各负其责地做好工作的会议目的，有凭证的功能。

【项目训练·一】

一、单选题

1. 某总公司要撤销下属某公司做出的提高某商品价格的决定，应用(　　)行文。

A. 命令　　B. 指示　　C. 决定　　D. 通知

2. 省略式的决定标题中不能省略(　　)。

A. 发文机关名称　　B. 关于　　C. 事由　　D. 文种

3. 可以省略主送机关的决定是(　　)决定。

A. 普发性　　B. 专发性　　C. 保密性　　D. 紧急性

4. 奖惩性决定正文的开头部分应(　　)。

A. 概述情况　　B. 分析评价　　C. 做出决定　　D. 希望或号召

二、多选题

1.《办法》规定，决定适用于(　　)。

A. 对重要事项或者重大行动做出安排　　B. 奖惩有关单位及人员

C. 变更或撤销下级机关不适当的决定事项　　D. 转发重要文件

E. 答复下级请示事项

2. 决定主要具有(　　)特点。

A. 指挥性　　B. 规范性　　C. 重要性　　D. 保密性

E. 新闻性

3. 决定可分为(　　)等类型。

A. 知照性决定　　B. 指挥性决定

C. 奖惩性决定　　D. 更改性决定

E. 事务性决定

4.《办法》规定，表彰和嘉奖先进可用(　　)行文。

A. 命令　　B. 决定　　C. 通报　　D. 函

E. 通知

三、写作题

请以×××房地产公司的名义草拟一份表彰 2012 年度 5 个优秀工程项目组和 12 名优秀技术管理干部、50 名优秀员工的决定。

【项目训练·二】

一、单选题

1. 表彰先进，批评错误，传达重要精神或者情况时，应选用(　　)。

A. 通知　　B. 通报　　C. 公报　　D. 通告

2. 通报属于(　　)。

A. 告知性、指导性公文　　B. 法规规章性公文

C. 表彰性公文　　D. 上行文

3. 某百货大楼因管理不善发生重大火灾，其上级部门对此下发了公文，该公文应选择(　　)。

A. 情况通报　　B. 批评通报　　C. 情况报告　　D. 简报

二、写作题

20××年×月×日，××市建筑工程公司财务室遭到一伙歹徒袭击抢劫。在公司财产安全受到严重威胁时，财务人员张×、陈×，×区公安分局孙志强、李杰奋勇当先，临危不惧，与歹徒进行了殊死搏斗。孙志强、李杰在与歹徒的搏斗中受伤，最后张×、陈×协助公安干警将歹徒全部擒获。为了表彰他们的英勇行为，××市人民政府决定给予×区公安分局孙志强、李杰等各记大功一次，授予××市建筑工程公司财务人员张×、陈×“英勇斗争先进个人”称号，并给予每人 5 000 元人民币的奖励。

请根据上述材料，以××市人民政府的名义写一份通报。

【项目训练·三】

一、单选题

1. 下列法定公文中使用频率最高的文种是(　　)。

A. 通报　　B. 通知　　C. 公告　　D. 决定

2. 通知的用途(　　)。

A. 相对狭窄　　B. 比较单一

C. 极为广泛　　D. 只具有知照性

3. 下列词语中，用在颁布一般性的、试行或暂行的规章和有关文件、资料的通知的标题中的是(　　)。

A. 转发　　B. 印发　　C. 批转　　D. 颁发

4. 转发类通知所转发的文件(　　)。

A. 必须是法规规章性公文　　B. 应当视为附件

C. 不能视为附件　　D. 只能是下级机关的来文

5. 公布人员任免事项，一般应采用(　　)行文。

A. 通报　　B. 通知　　C. 公告　　D. 报告

6. 标题《××××转发国家经贸委和国家质量技术监督局关于坚决贯彻落实中央领导同志重要指示精神，认真做好锅炉、压力容器制造、安装、运行安全和质量工作的紧急通知的通知》，错误的是(　　)。

A. 不应出现两个文种名称　　B. 通知主题表意不准确

C. 通知主题概括不简洁　　D. 文种使用不当

7.《条例》和《办法》对于通知这种公文在(　　)上的规定大体相同。

A. 适用范围　　B. 发文对象

C. 主送机关　　D. 任何方面

8. 行政机关制发的通知(　　)。

A. 不能发布有关规章和传达上级指示

B. 可以发布有关规章和传达上级指示

C. 不能发布有关规章

D. 不能传达上级指示

9. 下列说法中，错误的是(　　)。

A. 通知是各级党政机关、单位、团体都可使用的公文文种

B. 通知的使用不受机关级别限制

C. 通知的使用不受机关类别限制

D. 通知是上行文中使用频率最高的一个文种

10. 发布类通知是(　　)中的一种。

A. 颁转性通知　　B. 指示性通知

C. 知照性通知　　D. 规定性通知

11. 告知任免和聘用事项，应采用(　　)行文。

A. 通知　　B. 通告　　C. 指示　　D. 通报

二、多选题

1. 在(　　)情况下的通知，其标题的文种名称前可加上一定的说明性文字。

A. 通知的事项特别紧急　　B. 批转下级机关的公文

C. 通知由多个机关单位联合发出　　D. 发补充性通知

E. 转发上级机关和不相隶属机关的公文

2. 通知的特点有(　　)。

A. 明显的时效性　　B. 内容的政治性

C. 用途的广泛性　　D. 极强的通用性

E. 较强的执行性

3. 通知可分为(　　)三大类。

A. 颁转性通知　　B. 指示性通知

C. 补充通知　　D. 知照性通知

E. 紧急通知

4. 知照性通知主要用于(　　)。

A. 颁发有关法规、规章　　B. 告知某种意图

C. 转发文件　　D. 告知某些情况

5. 颁转性通知包含(　　)两个类型。

A. 发布类通知　　B. 指示性通知

C. 转发类通知　　D. 知照性通知

E. 工作通知

6. 转发类通知所转发的文件是通知正文的组成部分，应将其置于本通知的成文日期之下、“版记”之前。同时，还要对被转发的文件做(　　)的技术处理。

A. 去掉其印章，保留或恢复其发文机关署名

B. 删其“眉首”部分并将其文字号移至其标题之下

C. 必须用缩写方式压缩其内容，以免过长

D. 去掉“版记”部分

E. 必须用摘要的方式摘其要点，而不应原文照转

7. 通知的标题(　　)。

A. 一般采用完全式　　B. 有时可省略文种名称

C. 有时可省略发文机关名称　　D. 有时可采用新闻式写法

E. 有时可在文种名称前加说明性文字

三、写作题

重庆×××集团 2012 年 7 月 9—10 日在解放碑鸥鹏大厦十八楼圆形会议厅召开“2012 年三季度建筑工程安全生产会议”，下属子公司经理和安全部门负责人参会，会议主题是：①2012 年第一、二季度建筑工程安全生产工作报告；②布置 2012 年第三、四季度建筑工程安全生产工作；③子公司人事变动决定。

要求：1. 参会人员于 7 月 8 日 17：30 在鸥鹏大厦五楼门厅报到；

2. 集团公司安全部×××部长准备约 120 分钟的报告材料并讲话；

3. 各子公司经理准备前两季度的建筑工程安全工作各种记录台账进行会中交流；

4. 所有参会人员着公司配备正装(夏装)；

5. 参会人员在报到时交会务费 300 元/人，来回差旅费回原单位报销。

请你代×××集团办公室拟写一份会议通知。

【项目训练 · 四】

一、单选题

1. 从行文方向看，报告是(　　)公文。

A. 平行　　B. 下行　　C. 上行　　D. 多向行文

2. 报告的主要特征是(　　)。

A. 典型性　　B. 陈述性　　C. 呈请性　　D. 丰富性

3. 在上行文中，最具有陈述性特点的公文是(　　)。

A. 决定　　B. 通知　　C. 报告　　D. 请示

4. 报告的主送机关应是(　　)机关。

A. 上级　　B. 平级　　C. 下级　　D. 不相隶属

二、多选题

1. 报告的结构一般包括(　　)部分。

A. 标题　　B. 主送机关　　C. 正文　　D. 版记

E. 发文机关署名

2. 工作报告的正文一般包括(　　)部分。

A. 基本情况　　B. 成绩和经验

C. 问题和教训　　D. 今后的打算

3. 报告按内容可分为(　　)。

A. 学习报告　　B. 工作报告

C. 情况报告　　D. 答复报告

E. 报送报告

4. 情况报告的写作要求(　　)。

A. 内容准确　　B. 重点突出

C. 陈述清楚　　D. 处理意见明确

E. 及时写作和报告

三、写作题

重庆×××集团公司下属××××公司各部门在公文行文时存在行文格式不统一、越级行文、"请示"直接报送领导者个人、在"报告"中夹带"请示"事项、"请示"内容一文涉及数事等情况。为严谨公司内部办公秩序，纠正公司内部行文传递方向，使传递线路快捷有效，抑制无价值公文的产生，请你代重庆×××集团下属××××公司办公室拟写一份情况报告。

【项目训练·五】

一、单选题

1. ×××大学请求上级增拨教育经费，应选(　　)行文。

A. 通知　　B. 请示　　C. 报告　　D. 函

2. 请示是(　　)公文。

A. 上行　　B. 下行　　C. 平行　　D. 公布性

3. 请示必须在(　　)行文。

A. 事前　　B. 事中　　C. 事后　　D. 随时

4. 请示写作(　　)。

A. 必须坚持"一文一事"　　B. 可以"数文一事"

C. 必须坚持"一文数事"　　D. 可以"一文数事"

5. 请示正文的写作顺序一般是(　　)。

A. 先事项要求、再原因、最后结语

B. 先原因、再事项要求、最后结语

C. 先原因、再结语、最后事项要求

D. 先事项要求、再结语、最后原因

二、多选题

1. 根据请示内容的不同，可分为(　　)种类型。

A. 请求指示的请示　　B. 请求批准的请示
C. 请求批示的请示　　D. 请求批转的请示
E. 请求拨款的请示

2. 请示的主要特点有(　　)。
A. 典型性　　B. 祈请性　　C. 期复性　　D. 新闻性
E. 批示性

3. 请示正文的写作内容包括(　　)。
A. 请示的标题　　B. 主送机关
C. 请示的原因　　D. 请示的事项和要求
E. 请示的结语

4. 请示的结束语可选用(　　)。
A. 以上意见妥否，请批示　　B. 以上建议妥否，请批示
C. 以上意见如无不妥，请批示　　D. 以上意见如无不妥，请批准
E. 特此请示，望批复

三、写作题

×××建筑工程公司关于楼盘开发设计启动经费的事情，向直属上级部门提出相关请示。根据×××建筑工程公司经费管理有关文件要求，为确保楼盘开发设计工作顺利开展，向直属上级部门提出申请楼盘开发设计启动经费，用于购置开发设计中必要的办公设备、人员开支、会议经费、设计等费用，共需经费 18 万元人民币，并附上楼盘开发设计启动经费明细和设计处各个岗位工作职责。

请你在 2013 年 10 月 10 日代"×××建筑工程公司办公室"拟写一份请示。

【项目训练·六】

一、单选题

1. 批复适用于答复(　　)请示事项。
A. 同级机关　　B. 上级机关
C. 不相隶属机关　　D. 下级机关

2. 批复是与(　　)相对应的一种公文。
A. 函　　B. 报告　　C. 请示　　D. 议案

3. 下列四个标题，只有(　　)是规范的。
A. 关于给××学校的批复
B. ××地区计划委员会批复
C. 给××财政局的批复
D. ××地区教育委员会关于同意增拨教育经费的批复

4. 批复正文开头首先应写出(　　)。
A. 批复引据　　B. 批复目的
C. 批复意见　　D. 批复事项

二、多选题

1. 批复具有(　　)特点。
A. 呈请性　　B. 针对性
C. 单一性　　D. 可行性

E. 权威性

2. 批复的正文一般由(　　)部分组成。

A. 批复的标题　B. 发文字号

C. 批复引据　D. 批复内容

E. 批复结语

3. 根据批复的作用，一般分为(　　)。

A. 指示性批复　B. 说明性批复

C. 权威性批复　D. 可行性批复

E. 批准性批复

4. 批复引据至少应对请示的(　　)进行引述。

A. 日期　B. 标题　C. 发文机关　D. 主题

E. 发文字号

5. 写作批复时应该做到(　　)。

A. 及时迅速　B. 一请一批复　C. 讲求针对性　D. 态度鲜明

E. 数份请示合批减少发文

三、写作题

××工程建筑公司关于购置大型工程车的请示

×建司〔2012〕8号

××工程建筑总公司：

××工程建筑公司于19××年接手×工程项目以来，工程进展不明显，其原因是工程项目中土石方工程量过大，没有性能好的大型工程车，难以按时完成建设任务。为了不影响工程进度和保质保量地完成工程建设任务，本工程建筑公司急需配备一辆大型工程车作为项目建设所用，望××工程建筑总公司拨款购置。

妥否，请批示

××工程建筑公司

2012年12月4日

请根据以上材料代“××工程建筑总公司”办公室拟写一份批复。

【项目训练·七】

一、单选题

1. 某分公司拟就新建厂的选址问题向总公司提出建议，应选(　　)行文。

A. 通告　B. 请示　C. 意见　D. 函

2. 省略式的意见标题中不能省略(　　)。

A. 发文机关名称　B. 关于　C. 事由　D. 文种

3. 上行意见开头应按(　　)公文的程序和要求办理。

A. 请示性　B. 报告性　C. 通报性　D. 商洽性

二、多选题

1. 意见按内容性质的不同，可以分为(　　)等类型。

A. 请批性意见　B. 指示性意见

C. 建议性意见　　　　D. 宣传性意见

E. 教育性意见

2. 意见标题的文种前可以加上(　　)等说明性的词语。

A. 处理　　B. 许多　　C. 若干　　D. 几点

E. 决定

3. 意见的正文主要由(　　)构成。

A. 标题　　B. 开头　　C. 主体　　D. 结语

E. 主题词

4. 意见可以为受文机关(　　)。

A. 指导工作　　B. 提出建议　　C. 提供参考　　D. 答复请示

E. 通知事项

三、写作题

××镇环境卫生较差，行人随地吐痰、乱扔乱丢垃圾、随地乱倒脏水等现象屡见不鲜，严重影响市容市貌。请以某社区居委会的名义向××镇人民政协提交一份建议加强××镇城市环境卫生管理的意见。

【项目训练·八】

一、单选题

1. ××市卫生局向市财政局请求增拨预防"禽流感"疫情的经费，应使用的文种是(　　)。

A. 请示　　B. 函　　C. 报告　　D. 申请书

2. ××开发区向××市税务局了解区内合资企业享受免税待遇的有关情况，应使用的文种是(　　)。

A. 商洽函　　B. 请求批准函　　C. 询问函　　D. 申请书

3. ××啤酒集团为推广新产品"雪花啤酒"欲在××小区举行"雪花啤酒消夏晚会"，向××小区物业管理公司行文应使用的文种是(　　)。

A. 商洽函　　B. 请求批准函　　C. 询问函　　D. 申请书

4. ××上市公司因业绩优秀，纯利润连续3年超过6%，向证监会提出配股要求，应使用的文种是(　　)。

A. 商洽函　　B. 请求批准函　　C. 询问函　　D. 请示

二、多选题

1. 根据函的内容及用途来分类，应包括(　　)。

A. 商洽函　　　　B. 询问函

C. 答复询问的函　　　　D. 请求批准函

E. 答复审批事项的函

2. 复函的开头一般应包括(　　)。

A. 来函的发文缘由　　　　B. 来函的标题

C. 来函的发文字号　　　　D. 来函的问题

E. 来函的意图

3. 发函时常用的结束语是(　　)。

A. 专此函达，请予函复　　　　B. 可否，请予函复

C. 妥否，谨请函复　　　　　　　　　　　D. 特此报告，请予批复

E. 此致，敬礼

三、写作题

根据以下材料写一篇公文。具体要求：1. 请以重庆××集团公司的名义向重庆××职业学院发函。2. 请以重庆××职业学院的名义向重庆××集团公司复函。

魏辛，男，35 岁，硕士生导师、注册会计师，供职于重庆××职业学院，现任学院研发系主任之职。因工作需要，重庆××集团公司打算将其调入。又因其父母及妻儿均在重庆××集团总部所在地居住，为了照顾家庭，魏辛欣然同意。

中篇

房地产专用文书

房地产项目管理是一个系统工程，要求管理者对房地产项目的建设和使用进行全过程和全方位的综合管理，实现生产要素在房地产项目上的优化配置，为用户提供优质产品。为了更好地完成这一系统工程，在房地产项目管理过程中，必须应用一些管理类公文。在第三章将介绍招投标相关公文、意向书、协议书和合同。

随着我国房地产业的飞速发展和住房制度改革的不断深入，房地产已经成为社会组织和个人财产权利的重要内容，房地产法律关系的内容趋于复杂，房地产纠纷案件的发生率也呈上升态势，并且居高不下，对房地产纠纷诉讼公文的学习、研究也越来越引起了人们的重视。在第四章中，将介绍房地产常用的纠纷诉讼公文，如起诉状、上诉状、答辩状、申诉状等的特点和写作常识；指导学生进行有效的作文训练，帮助学生形成良好的写作习惯，熟练掌握写作技巧，并把书本知识转化为自己的实用技能。

房地产市场因受国家宏观经济调控的影响，市场情况瞬息万变。房地产企业为了能在竞争激烈的市场中占有一席之地，必须及时把握市场变化的情况。在实际工作中，房地产企业把握市场情况的有效手段之一，就是对房地产市场进行调研，并以调研报告的形式对当前房地产市场进行分析、预测和总结。房地产市场调研报告类公文，能有效地帮助房地产企业及时了解房地产市场行情，对未来市场发展方向做出正确的判断、调整，以获取最大化的利润和避免不必要的经济损失。在第五章中，我们主要介绍房地产市场调研报告类公文，包括市场调查报告、市场预测报告、可行性研究报告、经济活动分析报告四种。

第三章　房地产项目管理类文书

学习目标

1. 了解房地产项目管理类文书(招投标书、意向书、协议书、合同)的含义、特点、作用等。

2. 掌握招投标书、意向书、协议书、合同的写作方法、格式要求，能完成简单的写作。

第一节　招标书

一、招标的含义

招标，是具有法人资格的单位按照一定法律程序进行的经济活动，是招标人(业主或建设单位)择优选择承包单位的一种做法。 建设单位将拟建的工程项目利用施工单位通过报价、报工期、报装修标准等经济手段投标竞争的方式，实现工程承包。

在招标过程中，建设单位对拟建的工程项目先算出建成该项目工程所需的全部资金额，此项资金的数据(包括工期等)称为“标底”。标底是招标的建设单位最保密的数据。建设单位依据这个标底，将与标底相关的内容组成招标文件，即招标书，去接受或邀请几家或数十家具备投标资格的建筑施工单位对该工程进行投标，从而在各施工单位投标的基础上，利用投标企业之间的竞争，选取信誉好、工期与质量有保证、标价合理的企业中标(即为承包人)。中标的施工单位则必须在一定的时间内同招标单位签订工程承包合同。

二、招标的方式

《中华人民共和国招投标法》明确规定招标分为公开招标和邀请招标两种方式。

1. 公开招标

公开招标又称为无限竞争性招标，由招标单位通过报刊、广播、电视、网络等传播媒介，刊登招标广告、通告、公告等，公开邀请相关单位参加投标竞争，凡是符合规定条件的单位都可以自愿参加投标。招标公告(广告、通告)的内容一般包括招标工程概况、范围、招标形式、工期要求、投标单位资质要求、招标程度、时间等。公开招标有助于打破垄断，促进公平、良性竞争，因此深受广大投标者的欢迎。不足之处在于招标工作量大、手续烦琐、时间较长。

2. 邀请招标

邀请招标也称为有限竞争性招标，即由招标单位向预先选择的单位发出邀请信，邀请他们参加某工程的投标竞争。邀请单位的数量是有限的，通常是3～10个。邀请招标信一般比招标公告(广告、通告)详细，并附有主要实物工程量清单、施工平面示意图等，以便让被邀标单位尽快了解工程情况，确定是否参加投标。邀请招标可以节省招标费用，但限制了竞争范围。这种方式一般适用于以下情形：金额不大的招标；按规定不宜公开招标的项目招标；时间紧迫的项目招标；工程性质特殊、施工单位有限的招标等。

公开招标一般用公告、广告、通告等形式，邀请招标一般用信函、通知等形式。但无论哪种招标方式，其招标文件中所涉及的文书种类基本上是一致的，包含投标人须知(通告类)、工程综合说明书和设计图纸技术说明书(说明类)、工程合同(合同类)。

三、招标文书的含义和特点

(一)招标文书的含义

招标公文包括招标申请书、招标公告、招标邀请书、招标书。它是招标人向上级相关主管部门请求批准招标，或为了征召承包者或合作者，将招标主要事项和要求上报主管部门，以及公告于世或相关施工单位，并利用投标者之间的竞争达到优选合作伙伴的一种告知性文书。

(二)招标文书的特点

1. 公开性

招标文书是一种周知性文书，一般通过大众传媒公开发表。同时招标与投标、开标、评标、定标、合同授予等一系列环节，都应遵循公开、公正、公平和诚实信用的原则，依法接受有关行政监督部门的监督。

2. 竞争性

招标人通过招标文书公开选拔合作伙伴，招标人不得以不合理的条件限制或排斥潜在的投标人，不得对潜在的投标人实施歧视待遇，充分体现了优胜劣汰的市场法则。投标人在价格、质量、技术、信誉、能力、策略等方面的激烈竞争，使招标人能够选到优良的合作伙伴。

3. 公正性

任何符合条件的投标人均可参加投标，在投标规则面前各投标人具有平等的竞争机会。

四、招标文书的写作格式

(一)招标申请书

招标申请书是招标单位准备向社会发布招标公告前，向招标、投标管理部门或上级有关部门报送的请求批准招标的一种文书。

制作招标申请书有利于有关主管部门加强组织管理，保证招标、投标工作顺利有序地进行，同时也便于对工程建设进行宏观控制和监督检查。建设主管机关审批，是履行行政管理职能所不可缺少的程序。审批文件是整个招标活动的基本依据。

招标申请书在写作上一般包括标题、称谓、正文、发文机关署名四个部分，具体格式见表 3-1。

表 3-1　申请书格式

格式说明	举　　例
标题 写法一：招标单位名称＋招标事由＋文种。 写法二：招标单位名称＋文种。 写法三：招标事由＋文种	《泰兴集团总公司建设蓝天厂房招标申请书》 《×××公司招标申请书》 《×××地区民宅改造工程招标申请书》
称谓　上级主管部门全称或规范化简称	×××市招标投标管理委员会
正文 招标申请书内容一般包括招标项目名称、建设工程地点、项目批准机关及文号、投资数额、建设前期准备工作情况、工程范围、工期要求、技术质量要求、招标方式和范围、招标日期、招标单位及其负责人(或代理商或代理人)等。其中一些具体内容一般以附件的形式出现	**×××地区民宅改造工程招标申请书** ×××市招标投标管理委员会： 我区×××地区民宅改造建设项目，根据×××发〔××××〕号文件批准，现已具备施工条件，特申请通过招标选择施工单位，望批准为盼。 附件： 1.《招标准备情况一览表》4 份 2.《×××地区民宅建造后的楼群图示》10 份
发文机关署名	申请单位名称(公章)、负责人、申请日期，加盖公章。

案例：

×××市建筑安装工程招标申请书

招标项目		建筑地点	
批准投资计划的单位及文号		投资额(万元)	
招标工程内容及工程量			
施工前期准备工作情况	1. 报建　2. 设计　3. 场地 4. 材料设备　5. 概、预算		
建议投标单位	1.　2.　3. 4.　5.　6.		
申请单位	1. 招标方式　2. 招标时间 3. 招标负责单位　4. 招标负责人 (签章) 年　月　日		
审批意见	(签章) 年　月　日		
备　　考			

简析：

这篇招标申请书不是我们通常看到的文字叙述式，而是表格式的，内容清楚明晰，让人一目了然。对于较简单的工程项目可以采用这种申请书形式。

(二)招标公告

招标公告是为了招人投标而发的公告，又称招标通告、招标启示或招标广告。一般包括标题、正文、结尾三部分，具体格式见表 3-2。

表 3-2　招标公告格式

格式说明	举　例
标题 写法一：招标单位名称+招标事由+文种。 写法二：招标单位名称+文种。 写法三：文种名称	《泰兴集团建设蓝天厂房招标公告》 《泰兴集团招标公告》 《招标通告》
正文 1. 引言：招标单位招标依据、目的以及招标项目名称。 2. 主体(招标公告的核心)： 详细介绍招标内容、要求以及有关事项(分条列项)。 (1)招标内容：标明工程名称、建筑面积、设计要求、承包方式、交工日期等。 (2)招投标双方的权利和义务、双方签订合同的原则、组织领导以及其他事项等	**泰兴集团建设蓝天厂房招标公告** 经上级主管部门批准，我集团将投资蓝天厂房的建设项目，且建筑工程实行公开招标。现将招标有关事项公告如下： 一、工程名称：泰兴集团总公司蓝天厂房。 二、建筑地点：山东省泰安市天地桥东 1 000 米。 三、建筑面积：5 400 平方米(楼高五层)。 四、承包方式：实行全部包工包料。 五、企业投标条件： 1. 有投标意向。 2. 具备法人资格。 3. 具有一、二级施工执照。 4. 有其主管部门和开户银行的认可。 六、招标须知： 1. 投标人请在 3 月 8 日—4 月 15 日期间每日 10：00—15：00 这段时间到泰兴集团一楼文印室购买招标文书，购买价格为 30 元。 2. 投标人请将投标文书及上级主管部门的有关签证密封投寄或派人直接送至我集团一楼 111 室。 3. 投标截止日期：2008 年 5 月 15 日。 4. 开标日期：2008 年 5 月 20 日。 5. 开标地点：我集团一楼会议厅 112 室
发文机关署名	包括招标单位名称(公章)、地址、联系人、联系电话、传真、邮编、网址等

招标公告写作的基本要求：

(1)真实准确，符合政策法规。招标公告中的条文叙述要符合客观实际，周全严密，并符合国家有关招标法规。

(2)简洁明晰。招标公告，要写得言简意赅，含义清楚明了，没有歧义，不滥用缩略语。不用抒情、描写等表达方式，少用口语。

(3)使用国家法定计量单位。

案例一：

北京市国土资源和房屋管理局出让中关村科技园国有土地使用权的招标公告

为加快中关村科技园区的建设，北京市政府决定以公开招标的形式出让中关村西区的国有土地使用权。本次公开招标的单位是北京市国土资源和房屋管理局；授权发标单位是北京科技园建设股份有限公司；招标承办单位是北京科技园拍卖招标有限公司。招标出让的中关村西区土地为七通一平的熟地，即上水、雨水、污水、中水、供电、通信、天然气7条市政管线齐全，土地平整，道路畅通，适于建筑的土地。

一、招标出让的土地范围及首期招标出让的宗地编号

中关村西区位于北京海淀区海淀镇，规划范围东起白颐路，西至海淀区政府大院西墙及规划的和坊路，北起规划的北四环路，南至规划的海淀镇南街，总占地面积51.44公顷。首期招标宗地编号为：1、2、3、4、5、7、8、9、10、11、13、14、21、22、23、25共计16块地。每块宗地的详细情况请参阅招标文件。

二、投标人资格

中华人民共和国境内外企业、其他组织或个人均可参加投标。允许独立投标或联合投标。非房地产开发公司中标的，可以获得房地产早期项目开发经营权。中标人必须严格按照经北京市规划委员会审定的中关村西区修建性详细规划进行开发建设。

三、招标文件

投标人可于××××年8月23日—9月29日，向北京科技园拍卖招标有限公司购买招标文件。

四、投标截止日期

××××年10月19日，投标人的投标文件须于当日北京时间17：00前送达北京科技园拍卖招标有限公司(北京海淀区海淀南路21号9103室)。

五、投标文件

投标人的投标文件应包括下列内容：投标书、营业执照副本复印件、法定代表人证明书、法定代表人身份证复印件(个人投标人为身份证复印件)、授权委托书和代理人身份证复印件、投标保证金(每幅地100万元人民币)。投标保证金是指在××××年11月15日前有效的，并可在北京市各家中资银行及外资银行的分支机构及时兑现的银行支票或汇票。本次招标不接受电话、邮寄及口头投标。

联系地址：北京海淀区海淀南路21号9103室

联系电话：8610－82629204

传真：82628814

招标单位：北京市国土资源和房屋管理局

授权发标单位：北京科技园建设股份有限公司

招标代理机构：北京科技园拍卖招标有限公司

2000年8月10日

简析：

这是一篇国有土地使用权出让的招标公告。标题采用了完全式标题，即由招标单位名称＋招标事由＋文种构成。正文引言部分详细交代了公开招标的原因，项目名称。正文主体部分分条列项地说明了公开招标的土地情况、投标人的资格、招标文件的获得、投标文件的具体内容、招标期限。内容完整、简洁，能给投标人提供良好的投标依据。发文机关署名的联系单位、方式清楚明确，符合招标公告要求。

案例二：

松原市文化新闻出版局基础工程建设项目招标公告

松原市文化新闻出版局的松原市图书馆、博物馆、群众艺术馆工程，已由行政主管部门批准建设。现决定对该项目的基础工程施工进行公开招标，选定承包人。

一、工程项目概况

1. 工程规模：建筑面积15 000平方米，框架结构。

2. 招标范围：图书馆、博物馆、群众艺术馆工程基础施工。

3. 资金来源：政府投资已经落实。

4. 工程建设地点：松原市中山广场。

5. 计划开工日期为2008年9月10日，计划竣工日期为2008年9月30日，工期20日历天。

6. 工程质量要求符合国家《建筑工程施工质量验收统一标准》的合格工程及国家现行相关工程施工质量验收标准的合格工程。

二、投标人资格

1. 凡具备承担招标工程项目的能力并具备规定的资格条件的施工企业，均可参加上述招标工程项目的投标。

2. 投标申请人须是具备建设行政主管部门核发的基础工程施工专业承包三级及以上资质，以及安全生产许可证(副本)原件及复印件的法人或其他组织。

3. 列入政府不良行为记录的企业或个人，不准参加投标。

4. 本工程对投标申请人的资格审查采用资格后审方式，主要资格审查标准和内容详见招标文件中的资格审查文件，只有资格审查合格的投标申请人才有可能被授予合同。

三、招标文件

1. 投标申请人可从吉林瑞成工程招标造价咨询有限公司处获取招标文件、资格审查文件和相关资料，时间为2008年8月25—30日，每天上午9—11时，13时30分—15时30分(公休日、节假日除外)，购买招标文件联系电话：0431－85828970、15948711700。外省施工企业还须到吉林省政务大厅(长春市贵阳街287号)办理《吉林省入吉建筑企业投标备案通知单》方可参加投标。

2. 招标文件每套售价为人民币1 000元(含图纸)，售后不退。本公告第6条所述的资料如需邮寄，可以书面形式通知招标人，并另加邮费每套200元。招标人在收到邮购款后2日内，以快递方式向投标申请人寄送上述资料。

四、投标人须知

1. 投标申请人在提交投标文件时，应按照有关规定提供不少于投标总价的人民币5万元的投标保证金。

2. 投标文件应按招标文件规定时间、地点提交。逾期送达的投标文件将被拒绝。

3. 招标工程项目的开标将于上述投标截止的同一时间在招标文件规定地点公开进行，投标人的法定代表人或其委托代理人应准时参加。

4. 投标人不足5家时，招标人重新组织招标。

招标人：松原市文化新闻出版局

传真：0438－2113064

联系人：庞志权

联系电话：15844818751

招标代理机构：吉林瑞成工程招标造价咨询有限公司

办公地址：长春市胜利大街539号

邮政编码：130051

联系电话：0431－85828970

传真：0431－85828970

联系人：纪海波

2008年8月25日

简析：

这是一篇工程建设项目招标公告，标题采用的是省略式的，即由招标单位名称＋文种构成。正文引言部分交代了招标的依据，主体部分则分四个方面分别介绍了项目工程概况、投标人资格、投标文件要求、招标人要求。发文机关署名具体说明了招标单位名称、联系方式等。内容翔实，语言简洁。

(三)招标邀请书

招标单位若采用邀请招标的方式，邀请有关单位参加投标，则需要写招标邀请书。招标邀请书是书信体公文，由标题、称谓、正文、署名四部分构成，具体格式见表3-3。

表3-3 招标邀请书格式

说　明	举　例
标题 写法一：招标单位名称＋文种 写法二：文种名称	《××工程投资咨询服务公司招标邀请书》 《招标邀请书》
称谓 开头顶格写邀请单位名称，要用标准化全称或者标准化简称	**蓝天厂房建设项目招标邀请书** 铭固建筑工程公司：
正文 写明招标的目的、依据和招标的事项。如另有招标公告，则不需要就招标事项进行详细说明，只需说明随函邮寄即可	蓝天厂房建设是我集团总公司拟投资建设项目，经请示上级主管部门同意采取招标办法进行发包。 你单位多年来从事房屋工程建设，施工任务完成得很好。对此，我们表示赞赏。 随函寄上"泰兴集团蓝天厂房建设招标书"一份。如同意，请在3月8日—4月15日期间每日10：00—15：00这段时间到泰兴集团一楼文印室购买招标文书(购买价格为30元)，望按规定日期参加工程投标
发文机关署名 招标单位名称(公章)、地址、联系方式	招标单位：泰兴集团总公司 地址：×××××××× 联系人：泰兴集团总公司办公室刘明 电话：07030334 邮政编码：400010

案例：

成都特驱农牧科技有限公司招标邀请书

×××建筑公司：

成都特驱农牧科技有限公司拟定修建的预混料车间钢构工程已具备开工条件，经招标人初审贵公司符合投标资格，在此，诚邀请贵公司参加本工程的投标。

一、招标项目概况

1. 工程地点：成都特驱农牧科技有限公司厂区内。

2. 工期：30 日历天。

3. 质量：达到国家验收合格标准。

4. 付款方式：本工程不设预付款，且月进度款支付比例不大于当月实际完成产值的 80%。

二、招标方式

1. 本次招标采用工程量清单报价(采用宏业软件计算)，实行固定总价包干。

2. 被邀请的投标人须对成都特驱农牧科技有限公司预混料车间钢构工程进行报价，招标人择优选择其中一个单位中标。

三、投标保证金和履约保证金

1. 被邀请投标人在购买招标文件时，缴纳 5 万元投标保证金。

2. 未中标单位的投标保证金在宣布中标单位后 10 日内无息退还，中标单位投标保证金将自动转为履约保证金。

3. 履约保证金的使用及退还：所有工程主体完工后无息退还。

四、其他

贵公司如愿意参与本工程投标，请于 2012 年 6 月 5 日前向成都特驱农牧科技有限公司办公室领取招标文件(电子版)。投标保证金请按下列账号转账：户名：×××；开户银行：×××；银行账号：×××××××××××××。

请贵公司在收到此邀请书之后在 6 月 4 日下午 5 点以前将确认参加此次投标的意见回传至我司，如果你单位不准备参与投标，亦请尽快通知我们。

招标单位：成都特驱农牧科技有限公司(单位公章)

联系人：王翔

联系电话：18628052049

传真：85745419

2012 年 5 月 28 日

简析：

这篇招标邀请书的标题采用的是招标单位名称＋文种的形式，由于本招标公告没有随附“招标说明书”，因此邀请书的内容较为详细，分四个方面分别介绍了工程概况、招标方式、投标保证金和履约保证金，以及投标注意事项。给受邀单位以全面的信息，也给受邀单位考虑和决定的空间。语言清楚、得体。

(四)招标说明书

招标说明书，是对招标公告或招标邀请书内容的扩展，用来对有关招标事项做出具体说明。一般由标题、正文、发文机关署名三部分组成，具体格式见表 3-4。

表 3-4 招标说明书格式

结构说明	举　例
标题 招标单位名称＋招标事由＋文种	《××公司建筑安装工程招标说明书》
正文 (1)开头：简要说明招标的目的、依据，项目名称及招标单位的基本情况。 (2)主体：详细说明招标的有关内容和要求事项	例文见后 招标项目的性质、数量、技术规格或技术要求； 投标价格的要求及其计算方式； 评标的标准和方法； 交货、竣工或提供服务的时间； 投标人应当提供的有关资格证明文件； 投标保证金的数额或其他选手的担保； 投标文件的编制要求； 提供投标文件的方式、地点和截止日期； 开标、评标、定标的日程安排； 合同格式及主要合同条款
发文机关署名	写明招标单位全称(公章)、日期。

案例：

蓝天厂房工程建设招标说明书

一、工程概况

1. 工程规模：建筑面积约 5 400 平方米，共五层。

2. 工程地点：山东泰安市天地桥东 1 000 米。

3. 工程条件：已具备经相关部门审查的招标图纸。

4. 工程内容及技术要求：

(1)新建房屋基础，±0.00 以下为 800，用毛石、水泥砂浆砌，房屋打上圈梁 250×300(包括联系梁)，下圈梁 300×400，钢筋主筋为 12 号×4 根，箍筋为 8 号二级钢(地圈梁以下垫层用素混凝土)。房屋四大角及假山梁底，支钢筋立柱，钢筋主筋为 12 号×4 根，箍筋为 8 号二级钢。

(2)地面铺设米黄色全瓷地面砖(规格为 80×80)，室内地面下全部用薄膜隔潮；房屋内外墙面用水泥砂浆抹平；内外墙粉刷乳胶漆(其中外墙颜色为下红、上浅黄)。

(3)房屋结构：木梁 39 架(小头最低不低于 12 公分，不得接梁)，每间檩条 19 根，檩条小头直径不低于 8 公分，各类木料全部用落叶松；耙草用芦苇耙草；优质红瓦盖顶；墙用红砖，M50 水泥砂浆砌。前墙垛宽 100 公分，上坎 35 公分，12 号钢 4 根，箍筋 8 号二级钢，上圈梁，小平口高 1 米。

(4)门窗：用村两委认可的优质铝合金门窗，玻璃门窗，铝合金门窗每平方米 200 元人民币(甲方指定)。

(5)公共卫生间：9 米×4 米，红砖砂浆砌垒，钢筋混凝土商混面，内墙及地面全瓷砖，卫生洁具 6 套，挂便器 3 个，洗手台 2 套。砌垒化粪池，1 米宽×1 米深×5 米长，用全瓷管排入污水主管道。

(6)污水管道：长 120 米，直径 30 公分。间隔 10 米设地漏。

(7)自来水铺装：设自来水洗手台一套，至主管道，并配下水管道。

(8)电路铺装：室内每间屋，两个日光灯、两个开关、两头设插座、一台吊扇，分别用6平方和4平方国标铜线铺装。

(9)材料配比：

材料配比

	砂 浆			
砌 墙	M5.0砂浆			
抹墙面	M10.0砂浆			
院内地面 重量比	C25			
	水泥	沙	石子	水
	402	642	1142	185
	1	：1.60	：2.84	：0.46

二、招标范围

蓝天厂房工程建设的土建、装饰、给排水(按招标图纸及工程量清单所含内容，包括室外台阶、洗手台、卫生洁具、卫生间隔断等)。

三、中标原则

发包方出控制价，招标人按综合报价去掉最高与最低报价，取与中间报价相接近低者为中标人。工程实行包死价，不得转包，否则视为废标。

四、报价要求

1. 投标单位应根据招标单位提供的工程量清单报价表，按招标文件要求及企业自身情况进行报价。

2. 工程量清单综合单价计价法由工程量清单综合单价报价、施工技术措施项目费、行政事业收费及其他措施项目费报价构成。

3. 若工程量清单综合单价报价表的项目、数量与招标图纸有出入，投标单位应收到工程量清单综合单价报价表及招标图纸×天后以书面形式向招标人(或招标代理机构)提出，否则招标人将视投标单位认可工程量综合单价报价表的项目、数量，按图纸内容一次包干，结算时不再调整。

4. 投标单位应充分考虑创优良工程所需的一切费用。

5. 投标单位应充分考虑施工期间各类建材的市场风险和国家政策性调整风险系数。

6. 投标单位应充分考虑文明施工所需的一切费用。

五、承包方式

1. 采用总承包的方式，由中标单位承担总承包的义务和责任。

2. 包工、包料、包质量、包工期。

3. 按本次招标范围及中标价一次包干。

六、总承包单位责任及费用

1. 对工程的工期、质量、造价和交付使用后的保修向建设单位负责。分包单位按合同规定，对其分包的工程向总包单位负责。

2. 负责编制施工组织总设计，全面负责工程进度、工程质量、施工技术安全生产等管理工作。

3. 统一向建设单位领取工程技术文件和施工图纸，按时供应给分包单位。

4. 统筹安排分包单位的生产、生活临时设施。

5. 负责编制阶段工程预算、结算；并统一组织分包单位编制分包工程结算，仍由总包单位报送。

6. 分包工程经检验评定后，由总包单位和分包单位在评定书上签字，作为分包单位向总包单位交工的凭证。

7. 总包单位影响分包合同履行，并给分包单位造成损失时，由总包单位向分包单位负责赔偿损失。属于建设单位的原因致使分包合同不能履行时，总包单位先对分包单位赔偿损失，再依据总包合同规定处理。

8. 属招标人提出(或经招标人同意的设计变更)的装饰面料、设备的换用，与原招标文件(或招标图纸)所列明的规定、品牌等要求不一致的，可调整所换用的材料、设备的价差(不计算其他费用)，多退少补。

七、合同主要条款

(一)工期：184 天；计划开竣工时间：2008 年 7 月 1 日—12 月 31 日。

(二)质量：要求达到国家或行业的质量检验评定的合格标准。

(三)工程付款：

1. 基础完成付 50 万元，工程验收合格后，发包方向承包方付工程款 90%，剩余 10%作为工程质量保证金。

2. 剩余工程款待保修期满后 14 天付清(由验收备案发证之日起开始计算保修期)。

3. 保修：按国家有关保修条款执行。

4. 分包与转包：严禁转包，未经建设单位同意不得分包。

5. 奖罚：

(1)工期：每延误一天罚 10 000 元。

(2)质量标准：质量验收达不到约定标准罚合同价 10%。

(3)凡未按期完工的工程，其未经甲方签认顺延所延误的天数超过 15 天后，每延误一天，市建设局将停止乙方参加投标一天。

八、会议时间

1. 踏勘现场时间：2008 年 3 月 5 日上午 9:00。

2. 投标截止日期：2008 年 5 月 15 日。

3. 开标日期：2008 年 5 月 20 日。

4. 开标地点：我集团一楼会议厅 112 室。

九、补充要求

1. 本工程由甲方负责完成建设场地范围内的场地平整，负责将施工用电电源挂设到工地建筑红线内并装好总表，乙方需分流表必须事先通知甲方，施工中用电费由乙方自理；甲方负责将供水源接到施工现场内并装好总表，施工中用水费由乙方自理。

2. 材料要求：

(1)投标单位必须按建设单位在招标文件中列明的材料要求(附“材料明细表”)或招标图纸要求，在施工中将选用的材料样板送建设单位确认后订货。

(2)乙方购买的材料必须符合设计和规范要求，必须向甲方提供厂家批号、出厂合格证、质量检验证书等资料证明；甲方可随时对乙方所购买的材料进行监督、检查。

(3)投标单位准备投标书一式二份，正本一份，副本一份，正本与副本不符时，以正本为准。未按要求提交投标书的，按无效标处理。

本招标文件经招标单位核对签名后，由招标人在投标人报名时出售给各参加投标的单位。

招标单位(盖章)：

签发人(签名)：

2008 年 2 月 28 日

简析：

这篇招标说明书按照工程概况、报价要求、承包相关要求、合同条款、投开标安排、投标文件要求分为六部分。每一部分都以分条列项的方式，具体说明每一部分的内容。整篇招标说明书条理清楚，内容详细，能为投标单位提供准确的招标信息，并结合自身的条件，决定是否参加投标。

第二节　投标书

一、投标的含义

投标，是指投标人应招标人的邀请，按照招标的要求和条件，在规定的时间内向招标人递价，争取中标的行为。

投标的基本做法：投标人首先取得招标文件，认真分析研究后，编制投标书。投标书内容必须十分明确，中标后与招标人签订合同所要包含的重要内容应全部列人，并在有效期内不得撤回标书、变更标书报价或对标书内容做实质性修改。为防止投标人在投标后撤标或在中标后拒不签订合同，招标人通常都要求投标人提供一定比例或金额的投标保证金。招标人决定中标人后，未中标的投标人已缴纳的保证金即予退还。

作为投标过程中的主体，投标人是指响应招标、参加投标竞争的法人或其他组织，投标人应当具备承担招标项目的能力。国家有关规定或者招标文件对投标人资格条件有规定的，投标人应当具备规定的资格条件。作为投标人，不得从事以下行为：

(1)投标人不得串通投标。

(2)投标人不得以行贿手段谋取中标。

(3)投标人不得以低于成本的报价竞标。

(4)投标人不得以他人名义投标或者弄虚作假，骗取中标。

二、投标类文书

投标类文书，是投标方在投标过程中使用的各种文书的总称。它主要包括投标申请书、投标书。

(一)投标申请书的含义和写法

1. 投标申请书的含义

投标申请书是供招标单位审定投标资格的文件，不经申请就不能参加投标，通过它向招标人表示投标意愿，表明投标资格。

2. 投标申请书的写作格式

投标申请书由标题、称谓、正文、附件和发文机关署名组成，具体格式见表 3-5。

表 3-5　投标申请书格式

结构说明	举　例
标题 写法一：投标内容＋文种名称。 写法二：文种名称	《建筑安装工程投标申请书》 《投标申请书》
称谓 写明招投标管理单位名称	**投标申请书** ××市招投标管理办公室：
正文 表明参加投标的意见和参加投标的态度	我单位根据现有的施工能力，决定参加××工程投标，我们将遵守其各项规定，保证达到招标文件的有关要求。 特此申请
附件 说明投标资格的证明材料，如果是企业投标，还要附企业简介	附件：1. 投标企业简介 2. 投标资格审查文件
发文机关署名 投标申请人的名称(公章)、负责人姓名和签章，以及投标申请时间	投标单位：××市××建筑工程公司(章) 法定代表人：×××(章) ××××年×月×日

案例：

投标申请书

××省交通厅招投标办公室：

我公司根据现有施工能力及人力资源情况，决定参加长虹高速公路工程投标。我们是AAA级企业，有条件、有能力、更有决心按招标文件的要求和提出的标准创优质工程，并在施工过程中遵守各项规定，如期完成工程任务。

特此申请，望批准为盼。

附件：1. 企业简介

2. 投标资格审查文件

3. AAA级企业证书

××省××市第二公路工程总公司(章)

负责人：×××(章)

××××年×月×日

简析：

这篇投标申请书标题采用的是文种名称的形式，在正文中明确表达了自己的投标愿意，也表明了自己的优势所在。附件部分为了证明自己，投标单位出示了自己企业简介、投标资格审查文件、AAA级企业证书的相关证明材料。发文机关署名，清楚写明自己单位名称、负责人。内容完备，叙述清楚。

(二)投标书

1. 投标书的含义

投标书又被称为投标函、投标说明书。是投标人按照招标书的条件和要求，向招标人提交报价和应对方案，以期竞争中标的一种文书。

投标书是对招标书提出的条件和要求的响应和承诺。先有招标书，后有投标书，招标书是投标书的先导和依据，是整个招标过程中的核心文书。然而投标的目的是竞争中标，因此投标人必须在充分领会招标文件、进行现场实地考察和调查的基础上精心编制投标书。投标活动是一个比能力、比技术、比实力、比信誉、比价格、比策略的竞争过程，是一个限制与反限制的过程。投标是否成功，因素很多，但投标书质量的高低是一个重要因素。

2. 投标书的特点

(1)针对性。投标书是对招标书的应答，投标人必须针对招标书提出的要求和条件，具体阐述应标能力和条件，提供应标方案。

(2)竞争性。招标书充分利用了竞争机制，以竞标的方式吸引投标人加入。投标人少于三个的，招标人应重新招标。投标人在质量、技术、价格、信誉、能力、策略等方面充分展示自己的竞争优势，来争取中标。

(3)可行性。在投标过程中，投标人必须进行深入的市场调研，对招标项目的技术指标进行准确的评估、论证，对报价进行科学的分析和精确的计算，提出切实可行的应对方案，以接受招标人的选择。

(4)时限性。招标书有明确的招标起止时间，投标人需要在规定的时限内完成招标项目的评估、论证工作。投标人在规定的提交投标文件的截止时间前，可以补充、修改或者撤回已提交的投标文件，并书面通知招标人。补充、修改的内容为投标文件的组成部分。

3. 投标书的种类

投标书按不同的标准可划分为不同的类别：

(1)按投标内容划分，可分为建筑工程投标书、大宗商品交易投标书、招聘经营者投标书、企业承包投标书、企业租赁投标书。

(2)按投标范围划分，可分为国际投标书、国内投标书。

(3)按投标方的身份划分，可分为个人投标书、合伙投标书、法人投标书、联合投标书。

4. 投标书的写作

投标书的写作程序见表 3-6。

表 3-6　投标书的写作程序

1	获取招标信息
2	登记并购买招标文件
3	成立投标报价班子
4	评估招标项目，精确计算报价
5	递交投标申请
6	编写投标文件

投标书一般包括标题、称谓、正文、发文机关署名、附件五个部分，具体格式见表 3-7。

表 3-7　投标书格式

结构说明	举　　例
标题 写法一：投标单位＋项目名称＋文种。 写法二：投标单位＋文种。 写法三：项目名称＋文种。 写法四：文种名称	 《铭固建筑工程有限公司蓝天厂房建设工程投标书》 《铭固建筑工程有限公司投标书》 《蓝天厂房建设工程投标书》 《投标书》《投标说明书》
称谓　招标单位名称或招标办公室名称，用标准化全称或标准化简称	**蓝天厂房建设工程投标书** 泰兴集团总公司：
正文 1. 导语：通常写投标的目的、依据、指导思想和投标意愿。 2. 主体：投标书的核心部分，也是开标后评标、议标的主要依据。要求依据招标书的内容和要求，写得具体、准确、严密、简练。可以分条列项以文字形式表述，也可以表格形式逐一写出。 内容主要包括： (1)标函内容，即招标项目内容，有项目名称、地点、包干形式、数量。 (2)标价，完成招标项目的总金额，每单位的金额，如每建筑平方米的造价，以及完成项目的分解金额。 (3)保证完成的工期(交货期)，具体时间和总计天数。 (4)质量保证，可达到的等级和保证质量的有效措施。 (5)其他，如服务条件等。 另外，还可以附加招标单位的自我介绍，包括企业名称、地址、性质、级别，曾经经营或建筑过的重大项目，企业技术力量，技术人员，企业施工设备等。 如果招标书要求投标方提供银行或上级部门担保的，投标方应在投标书“标函”中附上一份银行或上级部门的履约保证书	在研究了贵公司蓝天厂房建设工程的招标条件和勘察、设计、施工图纸，以及参观了建筑工地后，经我们认真研究核算，愿意承担上述工程的施工任务。我们的投标书(标函)内容如下： **一、标函内容** 1. 工程名称：蓝天厂房建设工程。 2. 建筑地点：山东泰安市天地桥东 1 000 米。 3. 建筑面积：5 400 平方米。 4. 建筑层数：五层。 5. 结构形式：长方形。 6. 设计单位：创意设计有限公司。 7. 工程内容：达到贵公司提出的要求。 8. 包干形式：按贵公司规定的要求承包。 **二、标价** 1. 总造价：100 万元。 直接费：80 万元。 间接费用：18 万元。 材料差价：2 万元。 2. 每平方米造价：100 元。 3. 工期：六个月。 开工日期：2008 年 7 月 1 日。 竣工日期：2008 年 12 月 31 日。 合计天数：184 天。 4. 质量：达到国家或行业的质量检验评定的合格标准。 5. 施工方法及选用施工机械：(略) **三、承诺** 我们同意，在本投标书发出后的 30 天之内，我们都将受本投标书的约束，我们愿在这一期间(从 2008 年 5 月 15 日至 2008 年 6 月 30 日止)的任何时候接受贵单位的中标通知。一旦我们的投标被接纳，我们将与贵单位共同协商，按招标书所列条款的内容正式签署建筑安装工程施工合同，并切实按照合同的要求进行施工，保证按质、按量、按时完工。 我们承诺，本投标书(标函)一经寄出，不得以任何理由更改，中标后不得拒绝签订施工合同；一旦本投标书中标，在签订正式合同之前，本投标书连同贵单位的中标通知，将构成我们与贵单位之间有法律约束力的协议文件

续表

结构说明	举　例
发文机关署名 写明投标单位名称（公章）、地址、邮编、法人代表、联系电话、传真、邮箱、网址，投标书发出日期	投标书发出日期：2008年5月1日 投标单位：铭固建筑工程有限公司（公章） 企业负责人：铭固建筑工程有限公司总经理 联系人：李先生 电话：13973451826 地址：山东省国土局对面
附件	有必要附上有关图纸、表格、担保单位担保书

5. 投标书写作的基本要求

（1）遵守法律、法规。投标书是具有法律效力的公文，写作必须遵守相关的法律、法规。投标者不能相互串通投标报价，不能与招标者串通投标，不能弄虚作假，不得损害国家、集体和第三者的利益。

（2）内容实际，表达规范。要提高投标的成功率，投标前要对招标项目的内容和要求，以及自身条件和能力进行客观的评估，然后制定切合实际的报价和措施，展示竞争实力。投标书的各项指标和措施，要注意与招标书对应，对招标条件和要求做出明确的回答，数字要精确，体式要规范，防止因出现漏洞而使投标失败。

案例：

教学楼工程承建投标书

在×××职业技术学院7号教学楼建造工程招标公告发布后，我公司认真研究了该招标项目的施工要求和设计图纸，我公司完全具备承包施工条件，决定对此项工程投标，具体说明如下：

一、综合说明：（略）

二、建筑材料耗用标准：见附表。

三、总造价：××××××万元。

四、工期：开工日期：××××年×月×日，竣工日期：××××年×月×日。

工程计划进度：见附表。

五、质量保证：全面加强质量管理，严格操作规程；加强各分项工程的检查验收；加强现场领导，认真保管各种设计、施工、试验资料，确保工程质量达到国家相关质量规定。

六、主要施工措施和安全措施：

1. 安装塔吊一台，机吊两台，解决垂直和水平运输。

2. 采取平面流水和立体交叉施工，关键工序连班作业。

3. 坚持文明施工，保障施工安全。

4. 坚持勤俭节约的原则，杜绝浪费。

七、对招标单位的要求：提供临时设施占地及临时房屋。

附件：1. 建筑材料耗用标准

　　　2. 工程计划进度

投标单位：××建筑工程总公司（公章）

负责人：×××(章)

地址：×××××××××

电话：×××××××××

传真：×××××××××

××××年×月×日

简析：

本篇投标书，标题采用了项目名称＋文种的形式，正文部分先写明自己完全具备投标条件，做出投标承诺；然后分条列项，对投标工作情况、建筑材料耗用标准、总造价、工期、工程计划进度、质量保证、施工措施和安全措施做出综合说明，实事求是，切实可行；发文机关署名部分注明了投标单位名称、负责人及联系方式。整体内容详备明晰，文字简洁。

第三节　开标　评标　中标

在工程招投标过程中，除了招标和投标两个主要环节外，开标、评标、中标也是其中不可或缺的重要环节。开标、评标、中标是首尾相接的招投标阶段的主要内容。开标活动是否顺利，合法合规，是否满足招标文件中关于开标的各种具体规定，直接关系到评标、中标活动的成败。而评标方法的不同，也可能使最终确定的中标人截然不同。

一、开标

(一)开标的含义

开标即揭标，也被称为唱标。它是指招标人按照招标文件中所规定的投标人提交投标文件的截止时间、地点，召集所有投标人集中开会，当众启封投标文件，公开宣布投标人名称、投标价格以及投标文件中其他内容的活动。这个过程是招投标程序中的一个法定环节，也是定标的第一个环节。它对于保证投标过程中贯彻、执行公开、公平、公正的“三公”原则和诚实守信原则具有重要意义。

(二)开标的程序(表3-8)

表3-8　开标的程序

1	介绍招标单位及人员	由招标单位工作人员介绍参加开标的各方到场人员和开标主持人，公布招标单位法定代表人证件或代理人委托书及证件
2	检查投标人证件	开标主持人检验各投标单位法定代表人或其指定代理人的证件、委托书，确认无误
3	宣布纪律	开标主持人重申招标文件要点，宣布评标办法
4	确认招标文件	投标单位法定代表人或其指定代理人申明对招标文件是否确认
5	检查投标文件	由投标人或其推选的代表检查投标文件的密封情况
6	确定唱标次序公开唱标	投标文件的密封情况经确认无误后，按标书送达时间先后或以抽签方式排列拆封次序，由工作人员当众拆封并唱标，宣读投标人名称、投标价格和其他有关内容
7	唱标记录确认签字	招标人指定专人将开标的整个过程记录在案，存档备查，所记录的事项要由主持人和其他有关人员签字确认。开标记录主要内容：(1)项目编号；(2)项目名称；(3)投标人名称；(4)投标报价；(5)开标日期；(6)其他必要的事项(如工期、质量等)

(三)无效投标的条件(表 3-9)

表 3-9　无效投标的条件

1	投标人未按时参加开标会议
2	投标文件未按招标文件要求予以密封
3	投标文件中的投标函未加盖投标人企业和企业法定代表人印章的，或者企业法定代表人、委托代理人没有合法、有效的委托书及委托代理人印章的
4	投标文件关键内容未按招标文件规定格式填写，且字迹模糊、辨认不清或者内容不全的
5	投标文件逾期送达的。但对于因非投标人过失(因邮政、战争、罢工等原因)，而在开标前未送达的，招标机构可考虑接受该迟到的投标书
6	投标人递交两份或多份内容不同的投标文件，或在一份投标文件中对同一招标项目报有两个或多个报价，且未声明哪个有效，但按招标文件规定提交备选投标方案的除外
7	投标人名称或组织机构与资格预审时不一致的
8	投标人未按招标文件要求提供投标保函和投标保证金的
9	联合投标的，投标文件未附有联合体各方共同投标协议的

二、评标

(一)评标的含义

评标指评标委员会按照招标文件的要求，对开标中所有拆封并唱标的投标文件进行审查、评比、分析，出具评审报告，并向招标人推荐中标候选人，或根据招标人授权直接确定中标人的过程。

对评审委员会专家的一般要求：从事相关领域工作满 8 年并具有高级职称或同等专业水平，熟悉有关招投标的法律、法规，具有招标项目相关实践经验，能认真、公正、诚实、廉洁地履行职责。

评审委员会总人数应是不少于 5 人的奇数，其中，招标人、招标代理机构以外的技术、经济等方面的专家不得少于评审委员会总人数的三分之二，建筑单位推荐的专家不得超过三分之一。

(二)评标的程序

评标一般按“两段三审”的程序进行。“两段”是指初评和详评，初评是对投标文件进行初步筛选，详评是对初评合格的投标文件，招标委员会按照评审细则对其技术部分和商务部分进行进一步评审，最后，由评审委员会出具详细的评标报告，推荐中标候选人。“三审”是指符合性评审、技术性评审、商务性评审。具体内容见表 3-10。

表 3-10　“两段三审”

阶段	评审目的	具体内容
初评	符合性评审	检查投标文件是否实质上响应招标文件的要求： 1. 投标文件的有效性 2. 投标文件的完整性 3. 投标文件与招标文件的一致性

续表

阶段	评审目的	具体内容
详评	技术性评审	确认和比较投标人完成本工程的技术能力，以及他们施工方案的可靠性： 1. 投标文件是否包括了招标文件所要求提交的各项技术文件，它们同招标文件中的技术说明或图纸是否一致 2. 实施进度计划是否符合招标人的时间要求，这一计划是否科学、严谨 3. 投标人准备用哪些措施来保证实施进度 4. 如何控制和保证质量，提出的措施是否可行 5. 组织机构、专业技术力量和设备配置是否能满足项目需要 6. 如果投标人在正式投标时已列出拟与之合作或分包的单位名称，那么这些合作伙伴或分包单位是否具有相应的资质 7. 投标人对招标项目在技术上有何保留或建议，这些保留条件是否影响技术性能和质量，其建议的可行性及其技术经济价值何在
	商务性评审	从工程成本、财务、经济分析等方面评审投标报价的准确性、合理性、经济效益和风险等，比较授标给不同的投标人带来的不同后果： 1. 将投标报价与标底报价进行对比分析 2. 投标报价构成和水平是否合理 3. 审查所有保函是否被接受 4. 进一步审查投标人的财务实力和资信程度 5. 投标人对支付条件有何要求或给予招标人何种优惠条件 6. 分析投标人提出的财务和付款方面建议的合理性 7. 是否提出与招标文件中合理条款相悖的要求
终审	提出评标报告	1. 投标情况和数据表 2. 评标委员会成员名单 3. 开标记录 4. 符合要求的投标一览表，以及废标情况说明 5. 评标标准、评标方法或评标因素一览表 6. 经评审的价格或评分比较一览表 7. 经评审的投标人排序，以及推荐的中标候选人名单 8. 澄清、说明、补正事项纪要

三、中标

(一)中标的含义

中标，也称决标、定标，是指招标人根据评标委员会的评标报告，在推荐的中标候选人中最后确定中标人。

(二)评标中标期限

评标中标期限也被称为投标有效期，是指从投标截止之日起到公布中标之日为止的一段时间，按照国际惯例，一般为90～120天。

注意事项：

(1)招标人根据评标报告和中标候选人确定中标人，也可授权评标委员会直接确定中标人。

(2)经评标能当场定标的，应当场宣布中标人。

(3)不能当场定标的，我国在施工招标管理办法中规定，中小型项目在开标后10天内定标，大型项目在开标后30天内定标。

(4)招标人应当自定标之日起15天内向招投标管理机构提交招标投标情况的书面报告。

(三)中标的条件

《招标投标法》规定，中标人的投标应当符合下列条件之一：

(1)能最大限度地满足招标文件中规定的各项综合评价标准。

(2)能满足招标文件的实质性要求，并且经评审的投标价格最低，但投标价格低于成本的除外。

(四)中标无效(表3-11)

表3-11 《招标投标法》规定中标无效主要有以下六种情况

1	招标代理机构违反本法规规定，泄露应当保密的与招标投标活动有关的情况和资料，或者与招标人、投标人串通损害国家利益、社会公共利益或者他人合法权益的行为影响中标结果的，中标无效
2	招标人向他人透露已获取招标文件的投标人的名称、数量或者可能影响公平竞争的有关招标投标的其他情况，或者泄露标底的行为影响中标结果的，中标无效
3	投标人相互串通投标，投标人与招标人串通投标的，投标人以向招标人或者评标委员会行贿的手段谋取中标的，中标无效
4	投标人以他人名义投标或者以其他方式弄虚作假，骗取中标的，中标无效
5	依法必须进行招标的项目，招标人违反本法规定，与投标人就投标价格、投标方案等实质性内容进行谈判的行为影响中标结果的，中标无效
6	招标人在评标委员会依法推荐的中标候选人以外确定中标人的，依法必须进行招标的项目在所有投标被评标委员会否决后自行确定中标人的，中标无效

(五)中标的基本过程(表3-12)

表3-12 中标的过程

步骤	主要工作	具体内容
1	确定中标人	一般由招标人确定中标人，中标人确定后，进行7天公示，无异议投诉的，公示期满，由招标人向中标人发出中标通知书
2	投标人提出异议	公示期内，投标单位有权向招标人提出异议，如果异议不被接受，还可以向国家有关行政监督部门提出申诉，或者直接向人民法院提起诉讼
3	招标投标结果的备案	招标人应当自确定中标人之日起于15日内，向有关行政监督部门提交招标投标情况的书面报告，并进行备案

(六)中标通知书

1. 中标通知书的相关规定

中标通知书实质上就是招标人对中标人做出的承诺。中标人确定后，招标人应向中标人发出中标通知书，并通知所有未中标的投标人。中标通知书对招标人和中标人都具有法律效力，招标人与中标人应在中标通知书发出后的30个工作日内签订合同。中标人不在规定时间内及时与招标人签订合同的，招标人有权没收投标保证金。招标人与中标人签订合同后5个工作日内，要向中标人和未中标人退还投标保证金。

2. 中标通知书的写作格式(表 3-13)

表 3-13　中标通知书格式

结构说明	举　例
标题 写法一：事由＋文种。 写法二：文种名称	《××工程中标通知书》 《中标通知书》
主送单位 中标单位标准化全称或标准化简称	**中标通知书** ××建筑工程公司：
正文 1. 前言：交代通知依据。 2. 主体：说明通知事项，即中标决定以及有关事项，包括工程标价、数目、工期及质量标准等提出执行要求	我部门第×号招标文件中的××建筑招标工程，通过评标，确定贵公司中标。 中标总价为人民币××××××万元。 工程期限为20××年××月××日至20××年××月××日。 工程质量必须达到国家施工验收规范的优良标准。 请于20××年××月××日到市招标办公室签订工程承包合同
发文机关署名	写明签发中标通知书的单位名称(公章)、日期

(七)案例分析

案例：

工程施工中标通知书

(中标单位：江西省第五建筑工程有限公司)

清新交易中心字(2011—046)号

<table>
<tr><td>招标单位</td><td>清新龙云产业转移工业园投资有限公司</td><td>招标代理</td><td colspan="2">广东华联建设项目管理咨询有限公司</td></tr>
<tr><td>中标单位</td><td>江西省第五建筑工程有限公司</td><td>建设地点</td><td colspan="2">佛山禅城(清新)产业转移工业园</td></tr>
<tr><td>工程名称</td><td colspan="4">云龙产业大道道路工程施工(A区第一标段K0＋000～K3＋960)</td></tr>
<tr><td>招标规模</td><td colspan="4">包括交通设施、排水管网、路灯安装及铺筑混凝土路面</td></tr>
<tr><td>招标范围</td><td colspan="4">招标文件及施工图纸范围内的全部内容</td></tr>
<tr><td>承包方式</td><td colspan="4">总承包。工程采用固定清单单价合同，工程量按实结算，最终结算价审定以清新县投资审核中心的审核结果为准</td></tr>
<tr><td>承包期限</td><td>360天</td><td>中标金额</td><td colspan="2">122 328 405.49元</td></tr>
<tr><td>有关证号</td><td colspan="4">清新发改：〔2009〕105号</td></tr>
<tr><td>要求</td><td colspan="4">1. 中标单位接通知后，请于2011年10月20日前签订工程发承包合同和办理开工手续
2. 本通知书一式七份，招标单位一份、中标单位四份、县建设工程交易中心一份、招标代理机构一份</td></tr>
<tr><td rowspan="3">需要补充说明的问题</td><td rowspan="3">中标价已包含安全防护、文明施工措施费3 086 567.43元及投标报价119 241 838.06元</td><td>项目负责人(建造师)</td><td colspan="2">万旭明</td></tr>
<tr><td>级别</td><td colspan="2">一级</td></tr>
<tr><td>证书编号</td><td colspan="2">赣136070700996</td></tr>
<tr><td>签发单位</td><td>清新龙云产业转移工业园投资有限公司</td><td>确认单位</td><td colspan="2">清新县建设工程交易中心</td></tr>
</table>

2011年9月20日

简析：

这篇中标通知书在格式上和通常使用的中标通知书不一样，它采用的是表格形式。但在内容上，中标通知书所要求涉及的内容却是完整的，符合中标通知书的写作要求，而且给人一目了然、清楚简洁的印象。

第四节　意向书　协议书　合同

在工程招投标过程中，如果招标人确定了中标人，并向中标人发出了中标通知书，那么招标人与中标人就必须在30个工作日内签订相关合同。在工程经济活动中，除了合同以外，与合同紧密相关的公文还包括意向书和协议书，本节就将为大家介绍意向书、协议书、合同三种公文的写作。

一、意向书

(一)意向书的含义

意向书是协作双方或多方当事人，对某项经济技术合作项目在进入实质性谈判，达成协议、签订合同之前，根据初步接触后所形成的具有原则性、意愿性、趋向性意见的公文。

意向书在国内外经济合作活动中，具有非常重要的作用。在对对方的资信能力、技术、经营作风未充分了解之前，对合作项目先签订一个意向书是较为合适的。它虽然不具备法律效力，但对双方或多方当事人行为具有一定的约束力，能够保证双方或多方当事人的利益。而且它是制定合作项目建议书的基础，是制定可行性报告的基础，为签订经济合作合同做好了充分准备。在许多经济活动中，一般情况是先签订意向书，达成意向后，有一方向上级部门请求批准，提出项目建议书，然后签署协议书，最后才正式签订合同。

(二)意向书的特点

1. 协商协调性

意向书表达了协作双方或多方的合作意愿，必须是在友好协商取得一致意见的基础上才能签订。在意愿表达上多用商量的语气，不带任何强制性。

2. 条款的原则性

虽然意向书表达的是合作意愿，只要合作目标明确，可以先不对具体问题做分项表述，不涉及具体细则，不求进程和步骤的具体。但意向书中的各项条款，还是必须就一些重大问题做出原则性的确定。这样可以求同存异，为进一步讨论留下余地。

3. 变动的灵活性

意向书不具备法律效力，只对各方的信誉起约束作用，因此，意向书的变动比较灵活。意向书发出后，在正式签订协议书或合同之前，各方可以随时变更、补充，甚至废除意向书的内容。在同一份意向书里也可以提出多种方案供对方选择，或者对其中的某项条款同时提出几种意见，让对方比较和选择。

4. 使用的临时性

意向书是在合作双方或多方初步商谈的基础上达成的合作意向，一旦深入接触，签订了协议书或合同，意向书就完成了它的使命。因此，意向书是一种临时性的文书。

(三)意向书的种类

根据合作各方享有的权益和承担的义务进行划分，意向书可以分为两类：

(1)具有“双方契约”和“有偿合同”性质的意向书。这种意向书的签约双方或各方，既享有一定权益，也承担一定义务。

(2)具有“单方契约”和“无偿合同”性质的意向书。这种意向书的签约双方中只有一方单独承担某种义务。

(四)意向书的写作格式

意向书包括标题、首部、正文和尾部四个部分，具体格式见表3-14。

表3-14　意向书格式

结构说明	举　　例
标题 写法一：合作单位名称＋事由＋文种。 写法二：事由＋文种。 写法三：文种	《上海××贸易公司、江苏××有限责任公司合作经营小家电意向书》 《关于兴建新东方商业广场的意向书》 《意向书》
首部(导语) 订立意向书的单位名称。 一般还需写明意向书的指导思想、政策依据，以及实现的总体目标，最后用承上启下的惯用语引入正文	**房屋购买意向书** 甲方(出售方)：陕西××房地产开发有限公司 乙方(购买方)：　　×××× 甲乙双方经过协商，在自愿平等的基础上，乙方愿意购买由甲方开发的××县×××小区××号楼××单元××层××户房产，并达成以下购房意向：
正文 分条列项具体写明经过协商达成的各项条款。 正文的后面部分，一般以“未尽事宜，在正式签订合同时或协议时予以补充”做结语，为以后签订合同或协议留有余地。 要求：各条款界限分明，内容相对完整，不要重叠交叉，不要过于琐碎，更不要有所疏漏	1. 愿意以××××元/平方米购买该房屋。 2. 付款方式： (1)分期付款：基础工程完工后交至房款的30%，其余部分按工程进度缴纳，主体封顶时交至房款的80%，竣工验收后交清全部房款。一次性付款者可优惠2%。 (2)按揭付款：基础工程完工后交至房款的30%，其余部分按揭。乙方在缴纳首付时须提交个人按揭资料。如果因乙方自身原因或者银行政策调整致使按揭手续未通过审批时，乙方须按分期付款方式付清其余款项。甲方须向银行提供完整的贷款资料。 3. 乙方为表示购买该房屋之诚意，同意于签订房屋购买意向书当日支付意向金人民币大写×××××元整(￥×××××元)。 4. 本意向书签署后，甲方和乙方不得随意取消购买意愿，如因乙方资金困难或无法办理贷款，意向金申请甲方同意后可退还，不计利息。 5. 如有未尽事宜，应本着实事求是的原则，根据实际情况，在正式签订合同时予以补充。双方签订《房屋买卖合同》后，此意向书终止，购房意向金转为房款。 6. 本协议一式两份，甲、乙双方各执一份
尾部	各方签字、时间 (1)单签式意向书，只由出具意向书一方签署，文书一式两份，由合作另一方在副本上签字认可，交还对方。 (2)联签式意向书，由双方联合签署，各执一份为凭。 (3)换文式意向书，用双方交换文书的方式，表达合作意向，各在自己文书上签字

(五)意向书写作的基本要求

(1)不要表现出对关键问题的要求。意向书仅表明合作各方的合作意愿，而不是对该项目的完全确认。所以，在编写意向书时，对项目关键问题的要求不宜写入，以便在下一步洽谈时能进退自如，取得主动。

(2)凡是要求上级或其他部门解决的问题，不能写入意向书。

(3)不写入超越各方工作范围的意向条款，不写入同国家政策与法规相抵触的内容。

(4)思考周密，慎用肯定性词句，以便留有余地。

(六)案例分析

案例：

商铺租赁意向书

甲方(出租方)：×××

乙方(承租方)：×××

身份证号码：__________ 商业登记号码：__________

联系人：______________联系电话：______________

一、乙方有意以下列条件向甲方承租××××商铺

1. 品牌名称：××××

2. 经营范围：××××

3. 意向商铺位置：第××层第×××号铺位

4. 建筑面积：××××平方米，套内建筑面积×××平方米

5. 租期：××××年

6. 意向租金：××××元

二、乙方同意向甲方支付人民币××××元整为租赁该铺位的认租意向金。

三、乙方享有在同等条件下优先承租上述意向商铺的权利。

四、甲方正式对外公开招商，乙方在接到甲方通知后××天内与甲方签署《租赁确认书》或正式《租赁合同》，所缴纳的认租意向金自动转为租赁定金或履约保证金；逾期则视作乙方自愿放弃优先承租该意向商铺的权利，甲方有权另行处理该意向商铺而无需事前知会乙方，并退还乙方已缴纳的认租意向金。

五、本《承租意向书》一式三份，甲方执两份，乙方执一份，具同等法律效力。

如有未尽事宜，应本着实事求是的原则，根据实际情况，在正式签订合同时予以补充。

甲方(章)：________	乙方(章)：________
法定代表人(签字)：________	法定代表人(签字)：________
委托代理人：________	委托代理人：________
电话：________	电话：________
传真：________	传真：________
住所地：________	住所地：________
开户银行：________	开户银行：________
账号：________	账号：________
邮政编码：________	邮政编码：________
________年____月____日	________年____月____日
签字地点：________	签字地点：________

简析：

这篇房屋租赁意向书，标题采用的是事项＋文种的形式，在正文内容上分四个方面分

别说明了甲、乙双方共同约定的事项，条款清楚，语言简练，并留有余地，为以后签订正式的租赁合同奠定了基础。

二、协议书

(一)协议书的含义

协议书是国家机关、企事业单位、社会团体或公民个人之间，为了完成某项合作或其他事项，经过共同协商，取得一致意见后订立的一种具有经济或其他关系的书面契约。

协议书适用范围广泛，可以是经济活动，也可以是行政事务。协议书对签订双方当事人或多方当事人没有严格的限制，可以是法人与法人，也可以是单位与个人或单位上下级之间。协议书的法律效力相对较弱，因为协议书需要经过行政主管部门签证或公证机关公证才能产生法律效力。

(二)协议书的特点

协议书是一种契约文书。它除了具有合法性、合意性、公平性、诚信性等契约文书的特点外，还具有自己的特点。

1. 原则性

它表现为签订协议书的双方或多方当事人，对合作的内容、条件、要求等做原则性约定，详细具体的内容和形式，须继协议书后，再经充分洽谈签订正式合同。

2. 灵活性

协议书的内容比较广泛，也没有固定统一的写作格式，其内容的安排、条款的详略等，全由双方或多方当事人协商议定。

3. 广泛性

协议书的使用范围广泛，凡不宜签订合同的合作形式，只要双方或多方当事人协商一致，均可以签订协议书。

(三)协议书的作用

协议书的签订是双方协作关系的具体反映，是经济管理的有效手段，是达到当事人目的的有效措施。它的作用主要体现在三个方面。

1. 为正式签订合同做准备，是签订合同的依据

在经济协作过程中，由于各种原因，双方常常不可能立即取得共识而签订正式合同，需要经过多次谈判、磋商。为了表示双方诚意，保证正式洽谈取得成果，在签订正式合同前可先签订协议书。

2. 补充或修订合同条款，起完善作用

有的合同在履行过程中，双方或一方当事人发现有些条款内容不够妥当，或遇到新情况使原条款无法履行，双方或多方经过协商同意对原条款做补充修订，将这些补充和修订的内容以协议书的形式签订，形成了原合同的一部分。

3. 起合同作用

一些内容详细具体的协议书，实质上就是合同，具有与合同相同的法律效力。

(四)协议书的写作格式

协议书在格式上分为首部、主部和尾部三个部分，具体格式见表 3-15。

表 3-15 协议书格式

<table>
<tr><th>结构说明</th><th>举　例</th></tr>
<tr><td>首部
1. 标题
写法一：事由＋文种。
写法二：文种名称。
2. 协议当事人名称</td><td>关于×××小区车位售卖协议书
出售人：(售方)重庆××××地产(集团)有限公司
购买人：(买方)××××　　身份证号：×××××××××××××
房号：××××　　联系方式：×××××××××</td></tr>
<tr><td>主部
1. 前言
说明签订协议的原因、依据、目的，然后用程式化的语言转入主体，如“现就有关事项达成如下协议”。
2. 主体
对协议涉及的有关事宜做出全面、明确的说明。
(1)协商议定的事项。
(2)双方的权利、义务。
(3)共同完成的事项，做事的程度、要求、完成时间、报酬。
(4)违约责任</td><td>为了提高车位使用效率，满足小区业主停车需要和物业管理需要，出售人将×小区××＃车位预先出售给购买人，经双方友好协商自愿达成如下协议，并共遵守：
一、售卖车位位置
该售卖车位位于重庆市江北区金源路××××。
二、售卖面积及价格
1. ×小区负层××＃车位，预计建筑面积，套内面积×××m^2。
2. 该车位合计售卖总价为：××××元。
三、付款办法及结算
经买方评估所有风险及国家现行法律、法规规定，签订本协议时，买方预付售方该车位100％的车位款，计××××元。
四、其他约定
由于该车位已抵押，售方承诺在××××年×月×日前以电话、手机短信、传真、挂号信、在本小区张贴公告等方式通知买方结清车位款，买方应在×日内与售方完成价款结算，并完善备案登记、合同签约及办理产权证所需全部手续。否则售方按照买方未付尾款总额每天收取1％的违约金，如买方逾期超过30日以上的，售方可单方面解除本协议，并收回车位，责任由买方自行承担。
售方与买方按照本协议约定签订正式买卖合同后，售方负责结押车库的抵押登记手续。若售方未在规定期限内办理解押手续，买方每天收取所付车位款万分之一的违约金。
买方如需要提前使用，须向售方申请，经售方同意且经与售方委托的物业管理公司办理相关手续后方可使用。买方应承担所有物业管理费用，并向物业管理公司缴纳×××元的车位使用保证金。
本协议经双方认真评估各种风险后签订，真实体现了各自意愿和平等原则，任何一方不得以任何理由违背和不履行。
五、协议生效和解除
本协议经售方加盖公章及委托代理人签字，并经买方签字并加盖手印(公章)，并缴纳100％款项后生效。
本协议经双方协商一致或全部条款履行完毕后自动解除。
六、争议解决
本协议履行过程中如发生争议，双方协商解决，协商不能达成一致，任何一方可向重庆市江北区人民法院提起诉讼解决。
本协议一式五份，售方四份，买方一份</td></tr>
<tr><td>尾部</td><td>写明订立协议的双方单位的全称，加盖公章，签订协议</td></tr>
</table>

(五)协议书写作的基本要求

(1)内容上，必须符合国家的法律、法规，方针政策，否则是无效协议；要坚持诚信自愿，平等互利原则；内容具体，条款清晰。

(2)表达上，语言明确，措辞准确，不能语义含糊甚至产生歧义。

(3)协议书的内容修订和补充，需要经过双方当事人同意，改动之处加盖公章。

(六)案例分析

案例：

房地产项目合作协议书

甲方：________________(以下简称甲方)

乙方：________________(以下简称乙方)

为使××××项目(以下简称本项目)在济南高新技术产业开发区实现产业化，根据国家及地方有关法律、法规，双方本着平等、自愿、有偿的原则，订立本协议。

一、土地问题

1. 土地位置及出让方式

甲方同意本项目进入济南出口加工区实现产业化。初步确定项目建设地点位于××××，占地约××××亩。其中独自使用面积××××亩，代征道路面积××××亩，确切位置、坐标四至和土地面积待甲方规划土地建设管理部门实测后确认。甲方将国有土地使用权以有偿出让方式提供给乙方。

2. 土地价格

为体现对本项目的支持，甲方初步确定以××××万元人民币/亩的优惠价格，将项目所需该宗土地的使用权出让给乙方，出让金总额为××××万元人民币。该宗土地征用成本与出让值差额计××××万元，由高新区参照项目单位纳税中高新区财政收益部分给予相同额度的扶持。

3. 付款方式

高新技术产业开发区规划土地建设管理部门与乙方签订正式土地使用权出让合同。乙方在该合同签订后15日内，一次性向甲方付清土地使用权出让金。甲方收到全部土地使用权出让金后，按国家有关规定，尽快办妥国有土地使用证等有关手续。

二、工程建设

1. 开工条件

(1)按照乙方建设规划要求，甲方承诺于××××年××月×日前，保证本期用地具备上水、污水、雨水、热力、宽带网、公用天线、通电、通信、通路和场平即“九通一平”的基本建设条件，确保乙方顺利进场。否则承担由此给乙方造成的经济损失。

(2)甲方积极协助乙方办理有关建设手续。乙方则负责按规定时间、额度缴纳有关费用。

2. 工程进度

乙方必须在××××年××月×日前进场开工建设，并严格按照施工进度计划投入资金进行建设，保证建设进度。

3. 竣工时间

乙方必须在××××年××月×日前竣工，延期竣工时应于原定竣工日期前30日以上时间内，向甲方提出延期说明，取得甲方认可。

三、违约责任

(1)如果乙方未按《土地使用权出让合同》约定及时支付土地出让金等其他应付款项，从滞纳之日起，每日按应缴纳费用0.5‰作为滞纳金。逾期90日而未全部付清的，甲方有权解除协议，并可请求违约赔偿。

(2)乙方取得土地使用权后未按协议规定建设的，应缴纳已付土地出让金5%的违约金；

连续两年不投资建设的，甲方有权按照国家有关规定收回土地使用权。

(3)如果由于甲方原因使乙方延期占用土地使用权时，甲方应赔偿乙方已付土地出让金5%的违约金。

(4)为避免国有资产流失，保证甲方对本项目的补贴在一定时间内得到补偿。自本项目正式投产起5年内，乙方向高新区税务机关缴纳的各种税金(退税或创汇奖励)，低于乙方已报送给甲方的项目报告书中所承诺的相应税种(退税或创汇奖励)金额的50%时(优惠政策除外)，乙方应赔偿给甲方其税金差额，即乙方在项目报告书中承诺的某一税种具体金额×50%＝乙方当年该税种实际缴纳金额。

四、其他

(1)在履行本协议时，若发生争议，双方协商解决；协商不成的，双方同意向济南市仲裁委员会申请仲裁；没有达成书面仲裁协议的，可向人民法院起诉。

(2)任何一方对于因发生不可抗力且自身无过错造成延误不能履行本协议有关条款之规定义务时，该种不履行将不构成违约，但当事一方必须采取一切必要的补救措施以减少造成的损失。并在发生不可抗力30日内向另一方提交协议不能履行的或部分不能履行的，以及需要延期的理由报告，同时，提供有关部门出具的不可抗力证明。

(3)本协议一式×份，甲、乙双方各执×份。×份协议具有同等法律效力，经甲、乙双方法定代表人(或委托代理人)签字盖章生效。

(4)本协议于××××年××月×日在中华人民共和国山东济南市签订。

(5)本协议有效期限自××××年××月×日起至××××年××月×日止。

(6)本协议未尽事宜，双方可另行约定后作为本协议附件，与本协议具有同等法律效力。

甲方：(章)	乙方：(章)
法定代表人(委托代理人)：	法定代表人(委托代理人)：
邮政编码：	邮政编码：
电话号码：	电话号码：

简析：

这篇房地产项目合作协议书的标题采用的是事由＋文种的形式，在内容上从土地问题、工程建设、违约责任及其他四个方面分别说明了协议约定的事项，条款清楚，语言准确、简练，并留有余地，为日后签订正式合同留下继续磋商、修改、补充的空间。

三、合同

(一)合同的含义

合同，在我国古代又称为“契约”，是商品经济发展到一定阶段的产物。契约是以文字的形式把缔约双方就同意交易事项自愿达成的一致意见记载下来，作为检查信用的凭证，具有约束作用。早在西周时期，契约的使用就已经比较规范，那时的契约也称“判书”“质剂”，管理契约的官吏称为“质人”，相关的法律被称为“质剂法”。中古至唐宋，契约被称为“和同”“合同契”“合同文契”。宋元以后，“合同”成为通用术语，广泛适用于各类交易行为。

1999年3月15日，我国颁布了《中华人民共和国合同法》(以下简称《合同法》)。《合同法》的正式实施，为保护当事人的合法权益，维护社会经济秩序，促进市场经济的健康发展提供了新的法律规范。

《合同法》总则第一章第二条规定，合同是平等主体的自然人、法人、其他组织之间设立、变更、终止民事权利义务关系的协议。

合同的主体(即合同当事人)包括自然人、法人和其他组织。自然人即公民。法人首先是组织，但并非任何一个组织都能成为法人。法人需要具备四个条件：一是依照法定程序成立；二是具有独立财产；三是具有自己的名称、组织机构和场所；四是能以自己的名义进行民事活动，承担民事责任。这些法人，包括国家机关、企事业单位、社会团体和按照法律手续取得了个体经营资格的城市居民。合同的实现至少有双方当事人参加。合同的当事人之间依法享受民事权利、承担民事义务，一方的权利是另一方的义务，一方的义务是另一方的权利。各方当事人在协调一致的基础之上，达成相互之间的权利义务关系。

(二)合同的特点

1. 合法性

合同的合法性，首先，体现在合同双方当事人应具有合法资格，应当具有相应的民事权利能力和民事行为能力；其次，《合同法》明文规定："订立合同，必须遵守法律和行政法规。任何单位和个人不得利用合同进行违法活动，扰乱社会经济秩序，损害国家利益和公共利益，牟取非法收入。"合同内容及形式的合法，是合同得以发挥作用的前提。同时，订立的程序也要合法，国家对合同的订立、履行、变更、解除及违约责任等，都以法规的形式做出了明确规定。

2. 规范性

合同不能随意撰写，合同的内容和形式都须规范化。《合同法》规定：当事人订立合同，有书面形式、口头形式和其他形式。法律、行政法规规定采用书面形式的，应当采用书面形式(合同书、信件、电报、电传、电子数据交换和电子邮件)。合同内容由当事人约定，当事人可以参照各类合同的示范文本订立合同。只有规范合同，才能做到有章可循、有据可查，防止疏漏、歧义，避免矛盾、纠纷，确保合同各方当事人的合法权益真正落实。

3. 平等性

合同当事人的法律地位平等，双方当事人无论单位大小，地位高低，都有依法自主订立合同的权利，任何一方都不受对方约束，任何一方不得将自己的意志强加给另一方，任何单位和个人不得非法干预。双方当事人应当遵循公平、公正的原则确定各自的权利和义务。

4. 协商性

合同是当事人双方协商一致的产物，是当事人合意的结果。它包含三层含义：一是合同的成立必须有两个或两个以上的当事人；二是各方当事人需要从各自利益出发，真实完整地做出意思表示；三是各方意思表示达成一致。如果当事人的意思表示未取得一致，合同就不能成立。在履行合同的过程中，如需要变更合同条款，也要重新协商补签，任何不经双方或多方协商一致而改变合同者，均要承担违约责任。

(三)合同的作用

(1)保护当事人权益的依据。

(2)签订经济合同是当事人双方的法律行为。合同的确立，标志着当事人双方都受到约束，其主体的利益也得到了法律保护。当合同主体之间发生纠纷时，当事人可通过法律程序上诉，法院有责任按照合同的有关规定，对经济合同当事人双方做出裁决，使各自的利益得到保护。

(3)规范市场行为，优化经济环境。

(4)要形成统一开放、竞争有序的市场经济，必须有健全的法律体系。合同化管理是法制建设的重要组成部分，合同使不同企业、不同身份的人员都有平等的地位。合同的各项条款严格地规范了利益各方的竞争行为，竞争的平等有序又为进一步开拓市场、搞活经济创造了更好的条件。

(5)提高经济效益的措施。

(6)合同制是一种用经济手段管理经济的有效措施。各个行业为了实现一定的经济目的，在签订经济合同之前，要进行认真的调查研究，做好市场预测，对原料、产品、销售都要了解掌握。合同一经签订，企业为了履行合同，管理者必须实施有效的管理，充分利用人力、物力，千方百计地挖潜、降耗、增产，以保障企业内部各环节互相衔接，货物流通通畅，物尽其用，加速资金周转。这样就能促进企业精打细算，努力提高经济效益。

(四)合同的分类(表 3-16)

表 3-16 不同标准下的合同分类

分类标准	分 类	说 明
按形式分	书面合同 口头合同 其他形式合同	书面合同包括合同书、信件、数据电文(包括电报、电传、传真、电子数据交换、电子邮件)
按期限分	短期 中期 长期 终身	
按内容分	买卖合同	(1)买卖合同：是出卖人转移标的物的所有权给买受人，买受人支付价款的合同。
	供电、水、气、热力合同	(2)供水、电、气、热力合同：是供电人向用电人供电，用电人支付电费的合同(供用水、气、热力合同参照供用电合同的规定)。
	赠予合同	(3)赠予合同：是赠予人将自己的财产无偿给予受赠人，受赠人表示接受赠予的合同。
	借款合同	(4)借款合同：是借款人向贷款人借款，到期返还借款并支付利息的合同。
	租赁合同	(5)租赁合同：是出租人将租赁物交付承租人使用、收益，承租人支付租金的合同。
	融资租赁合同	(6)融资租赁合同：是出租人根据承租人对出卖人、租赁物的选择，向出卖人购买租赁物，提供给承租人使用，承租人支付租金的合同。
	承揽合同	(7)承揽合同：是承揽人按照定做人的要求完成工作，交付工作成果，定做人给付报酬的合同。
	建设工程合同	(8)建设工程合同：是承包人进行工程建设，发包人支付价款的合同。
	运输合同	(9)运输合同：是承运人将旅客或者货物从起运地点运输到约定地点，旅客、托运人或者收货人支付票款或运输费用的合同。
	技术合同	(10)技术合同：是当事人就技术开发、转让、咨询或者服务订立的，确立相互之间权利和义务的合同。
	保管合同	(11)保管合同：是保管人保管寄存人交付的货物，并返还该物的合同。
	仓储合同	(12)仓储合同：是保管人储存存货人交付的仓储物，存货人支付仓储物的合同。
	委托合同	(13)委托合同：是委托人和受托人约定，由受托人处理委托人事务的合同。
	行纪合同	(14)行纪合同：是行纪人以自己的名义从事贸易活动，委托人支付报酬的合同。
	居间合同	(15)居间合同：是居间人向委托人报告订立合同的机会或者提供订立合同的媒介服务，委托人支付报酬的合同

在以上这些合同中，本书将结合房地产企业的特点，选取重要合同类别分别进行重点介绍。

(五)合同的内容和格式

合同内容主要是当事人对双方权利义务关系的各种约定，体现在两个方面：一是当事人根据法律规定必须约定的内容，也称必备内容或法定内容，法定内容包括当事人的名称或姓名、住所、标的、数量、质量、价格或酬金，以及履行的期限、地点、方式，违约责任，解决争议的方式方法。二是根据合同不同种类、不同性质及不同需求，由当事人双方自行约定的内容，也称选择性内容。如买卖合同与工程建设合同，权利义务关系不同，合同内容也不同；同样是买卖合同，食品买卖合同与电器买卖合同中当事人的权利义务关系不同，合同内容也不同。

合同基本格式有三种：

1. 条款式

条款式合同是当事人双方(或多方)依据《合同法》规定的条款，把协商一致的内容，分条列项写入合同中。这种格式有利于具体、详细地表达双方当事人的合作意愿。

2. 表格式

表格式合同是当事人双方(或多方)把协商一致的内容逐项填入设计好的表格中。这种合同格式固定、项目简单、主要内容要素一目了然，特别适用于大量反复使用的合同。不足之处是有些内容要素在表格中难以得到充分表现。

3. 条款与表格结合式

条款与表格结合式是合同当事人双方(或多方)把协商一致的内容分成条款和表格两种方式写入合同中。其中表格主要填写标的名称、规格、单位、数量、单价、金额以及具体的交货时间与数量等内容；而条款则主要记载双方协商一致的履行方式、违约责任、解决争议的办法，以及其他相关事项等。这种混合式合同，既有条款式合同的缜密与细致，又不乏表格式合同的简明与清晰，内容各得其所，使用频率较高。

下面将以条款式合同为例，讲解合同的基本内容和格式(表 3-17)。

表 3-17　合同的基本内容和格式

结构说明	举　例
标题 (合同编号置于标题右下方) 方法一：合同种类直接做标题。 方法二：合同内容＋合同种类。 方法三：订立人＋合同内容＋合同种类。 方法四：订立时间＋合同内容＋合同种类	 《租赁合同》 《房屋租赁合同》 《海信集团与宏图科技服务有限公司关于管理系统软件转让合同》 《2009 年房屋租赁合同》
合同当事人 标题左下方，提行顶格写“订立合同单位”或“订立合同人”。 要求：要准确写出签约单位或个人全称、全名。 为了行文方便，多在名称后加括号注明甲方和乙方。	**房屋租赁合同** 编号：×××× 订立合同当事人 出租方(以下简称甲方)：××× 承租方(以下简称乙方)：×××

续表

结构说明	举　例
正文 1. 引言 签订合同的目的或依据，用“为了……”或“依据……”开头。 2. 主体(合同的核心) (1)标的 合同最基本条款，是合同当事人双方权利和义务共同指向的对象。它可以是物、货币、行为或项目工程、技术等。 (2)数量和质量 数量和质量是标的的具体化，也是衡量标的指标、确认权利和义务大小的尺度。 数量是指标的的计量，如产品数量、借款金额，也包括计算方法、计量单位。要以国家规定的度量衡为计算单位，数字要精确。 质量是衡量标的优劣程度的指标。标的质量一般以标的品种、性能、规格、成分、样式、型号、包装、等级等组成。 (3)价款或酬金 简称价金，是签订合同一方取得对方产品、完成工程、劳务或智力成果所支付的代价或报酬，以货币数量表示。 合同中要明确规定价金的单价、总金额、计算标准及结算方式和程序。 (4)履行期限、地点和方式 履行期限是指合同双方一致确定的合同兑现时间，即履行合同的时间范围。它是衡量合同是否按期完成的标准。 履行地点是合同当事人各自承担义务的具体地点，必须详细写明，如交货地点等。 履行方式是合同当事人各自承担义务的方式、方法，包括标的交付方式以及价款或报酬的结算方式等。	根据《中华人民共和国合同法》及相关法律、法规的规定，甲、乙双方在平等、自愿的基础上，就甲方将房屋出租给乙方使用，乙方承租甲方房屋事宜，为明确双方权利义务，经协商一致，订立本合同。 第一条　甲方自愿将自有的坐落在××市××街××巷××号的房屋××栋××号，建筑面积××平方米、使用面积××平方米，类型××，结构等级××，出租给乙方作××使用。 第二条　甲方房屋质量和设施。 本房屋完损等级××，一般装修，主要装修设施有：防盗门1扇；床及床垫各3张；麻将席3张；布沙发1套；实木餐桌椅1套；茶几2张；电视组合柜1套；美的柜式空调1台；壁挂式美的空调1台；微波炉1台；热水器1台；天然气灶1台；洗衣机1台；冰箱1台；电话1部，经双方共同检查，以上设施都能正常使用。甲方将以上设备交由乙方使用，乙方在租用期内，室内家具及电器不得损坏或丢失，如有损坏或丢失照价赔偿。但正常使用过程中出现故障，由甲方负责维修。 第三条　租金及支付方式。 1. 该房屋每月租金为×××元(大写×万×仟×佰×拾×元整)。 租金总额为×××元(大写×万×仟×佰×拾×元整)。 2. 房屋租金支付方式如下： 乙方按月支付给甲方房屋租金，甲方收款后应提供给乙方有效的收款凭证。 3. 租赁期间相关费用及税金 甲方应承担的费用：租赁期间，房屋和土地的产权税由甲方依法交纳。如果发生政府有关部门征收本合同中未列出项目但与该房屋有关的费用，应由甲方负担。 乙方交纳以下费用： (1)乙方应按时交纳自行负担的费用。 (2)甲方不得擅自增加本合同未明确由乙方交纳的费用。 第四条　租赁期限。 1. 该房屋租赁期共×个月。自××××年×月×日起至××××年×月×日止。乙方按月支付给甲方房屋租金。 2. 乙方向甲方承诺，租赁该房屋仅作为××使用。 3. 租赁期满，甲方有权收回出租房屋，乙方应如期交还。如甲方仍继续出租房屋的，乙方拥有优先承租权。乙方如要求续租，则必须在租赁期满×个月之前书面通知甲方，经甲方同意后，重新签订租赁合同。

续表

结构说明	举　例
(5)违约责任 又称经济责任或罚则。指合同当事人一方或双方在违反合同条款时应当承担继续履行合同、采取补救措施或赔偿损失等违约责任。 违约责任的条款应先定义在合同履行过程中可能出现的违约情况，后写明发生这种情况后，责任方承担什么责任。 违约责任是履行合同的重要保障，也是解决合同纠纷的可靠依据，表述一定要明确。 (6)解决争议的方法 此条款约定在履行合同发生争议时解决问题的方式和程序，要明确注明是通过仲裁解决、协商解决还是诉讼解决。	第五条　违约责任。 一、甲方违约责任处理规定 1. 甲方因不能提供本合同约定的房屋而解除合同的，应支付乙方本合同租金总额×%的违约金。甲方除应按约定支付违约金外，还应对超出违约金以外的损失进行赔偿。 2. 如乙方要求甲方继续履行合同的，甲方每逾期交房一日，则每日应向乙方支付日租金×倍的滞纳金。甲方还应承担因逾期交付给乙方造成的损失。 3. 由于甲方怠于履行维修义务或情况紧急，乙方组织维修的，甲方应支付乙方费用或折抵租金，但乙方应提供有效凭证。 4. 甲方违反本合同约定，提前收回房屋的，应按照合同总租金的×%向乙方支付违约金，若支付的违约金不足弥补乙方损失的，甲方还应该承担赔偿责任。 5. 甲方因房屋权属瑕疵或非法出租房屋而导致本合同无效时，甲方应赔偿乙方损失。 二、乙方违约责任 1. 租赁期间，乙方有下列行为之一的，甲方有权终止合同，收回该房屋，乙方应按照合同总租金的×%向甲方支付违约金。若支付的违约金不足弥补甲方损失的，乙方还应负责赔偿直至达到弥补全部损失为止。 (1)未经甲方书面同意，将房屋转租、转借给他人使用。 (2)未经甲方书面同意，拆改变动房屋结构或损坏房屋。 (3)改变本合同规定的租赁用途或利用该房屋进行违法活动的。 (4)拖欠房租累计×个月以上的。 2. 在租赁期内，乙方逾期交纳本合同约定应由乙方负担的费用的，每逾期一天，则应按上述费用总额的×%支付甲方滞纳金。 3. 在租赁期内，乙方未经甲方同意，中途擅自退租的，乙方应该按合同总租金×%的额度向甲方支付违约金。若支付的违约金不足弥补甲方损失的，乙方还应承担赔偿责任。 4. 乙方如逾期支付租金，每逾期一日，则乙方须按日租金的×倍支付滞纳金。 5. 租赁期满，乙方应如期交还该房屋。乙方逾期归还，则每逾期一日应向甲方支付原日租金×倍的滞纳金。乙方还应承担因逾期归还给甲方造成的损失。 第六条　争议解决。 本合同项下发生的争议，由双方当事人协商或申请调解；协商或调解解决不成的，按下列第____种方式解决(以下两种方式只能选择一种)： 1. 提请仲裁委员会仲裁。 2. 依法向有管辖权的人民法院提起诉讼。

续表

结构说明	举　例
尾部 1. 结尾 注明合同的有效期限和文本保存。	本合同自双方签(章)后生效。 本合同一式4份，其中正本2份，甲乙方各执1份；副本2份，送市房管局、工商局备案
2. 附件	附件：××××××
3. 合同双方当事人署名	出租方(甲方)：<u>×××</u>　　承租方(乙方)：<u>×××</u>

注：①有效期限指合同执行生效、终止的时间。文本保存要注明合同文本的保管方式，即合同一式几份，各方当事人保管的数量。

②合同中必需的但无法写入具体条款中的事项，用附件形式列于合同后，有补充说明和资料依据的作用。附件是合同的组成部分，同样具有法律效力。

③在正文右下方写明签订合同的双方名称或单位名称和代表姓名，并加盖公章。

④签约日期未在标题下注明的，此处要写全。

⑤如有主管部门和鉴证机关公证的，也要写明机关名称、意见、日期、经办人，并加盖公章。

⑥如有必要，还应注明双方地址、邮政编码、电话号码、电报挂号、开户银行及账号等。

(六)合同写作的基本要求

1. 条款完备、具体

合同每项条款都直接关系到合同各方当事人的责任和利益，因此各项条款必须经过各方当事人协商确定，尽量不要遗漏。不仅格式和主要条款要完善，每一条款的内容也要尽量周密严谨，避免发生漏洞。

2. 表述准确、严密

合同文种表述应力求准确、严密，遣词造句要小心斟酌，切忌含糊不清或模棱两可的句子或语言，以防歧义的产生。同时还要注意正确使用标点符号，防止句号、逗号用错或点错而造成不必要的纠纷或损失。

3. 字迹清楚，文面整洁

合同订立后，一经签字盖章，即具有法律效力。所以合同的撰写要严肃认真，不能出半点差错，这就必须做到字迹清楚工整、文面整洁干净，不得随意涂改。合同如有错误或遇到特殊情况确需修改时，应将双方同意的意见作为附件加上。如在原件上修改，应加盖双方印章。

(七)案例分析

案例一：

建设工程勘察合同

(岩土工程勘察、水文地质勘察(含凿井)工程测量、工程物探)

发包人：×××

勘察人：×××

发包人委托勘察人承担：××××××××××××××××××××××××任务。

根据《中华人民共和国合同法》及国家有关法规规定，结合本工程的具体情况，为明确责任，协作配合，确保工程勘察质量，经发包人、勘察人协商一致，签订本合同，共同遵守。

第一条　工程概况。

1.1　工程名称：××××。

1.2　工程建设地点：××××。

1.3　工程规模、特征：××××。

1.4　工程勘察任务委托文号、日期：××××。

1.5　工程勘察任务(内容)与技术要求：××××。

1.6　承接方式：××××。

1.7　预计勘察工作量：××××。

第二条　发包人应及时向勘察人提供下列文件资料，并对其准确性、可靠性负责。

2.1　提供本工程批准文件(复印件)，以及用地(附红线范围)、施工、勘察许可等批件(复印件)。

2.2　提供工程勘察任务委托书、技术要求和工作范围的地形图、建筑总平面布置图。

2.3　提供勘察工作范围已有的技术资料及工程所需的坐标与标高资料。

2.4　提供勘察工作范围地下已有埋藏物的资料(如电力、电讯电缆、各种管道、人防设施、洞室等)及具体位置分布图。

2.5　发包人不能提供上述资料，由勘察人收集的，发包人须向勘察人支付相应费用。

第三条　勘察人向发包人提交勘察成果资料并对其质量负责。

勘察人负责向发包人提交勘察成果资料四份，发包人要求增加的份数另行收费。

第四条　开工及提交勘察成果资料的时间和收费标准及付费方式。

4.1　开工及提交勘察成果资料的时间。

4.1.1　本工程的勘察工作定于××××年××月××日开工，××××年××月××日提交勘察成果资料，由于发包人或勘察人的原因未能按期开工或提交成果资料时，按本合同第六条规定办理。

4.1.2　勘察工作有效期限以发包人下达的开工通知书或合同规定的时间为准，如遇特殊情况(设计变更、工作量变化、不可抗力影响以及非勘察人原因造成的停、窝工等)时，工期顺延。

4.2　收费标准及付费方式。

4.2.1　本工程勘察按国家规定的现行收费标准××××计取费用；或以“预算包干”“中标价加签证”“实际完成工作量结算”等方式计取收费。国家规定的收费标准中没有规定的收费项目，由发包人、勘察人另行议定。

4.2.2本工程勘察费预算为××××元(大写××××)，合同生效后3天内，发包人应向勘察人支付预算勘察费的20%作为定金，计××××元(本合同履行后，定金抵作勘察费)；勘察规模大、工期长的大型勘察工程，发包人还应按实际完成工程进度××%时，向勘察人支付预算勘察费的××%的工程进度款，计××××元；勘察工作外业结束后××天内，发包人向勘察人支付预算勘察费的××%，计××××元；提交勘察成果资料后10天内，发包人应一次付清全部工程费用。

第五条　发包人、勘察人责任。

5.1　发包人责任

5.1.1　发包人委托任务时，必须以书面形式向勘察人明确勘察任务及技术要求，并按

第二条规定提供文件资料。

5.1.2 在勘察工作范围内，没有资料、图纸的地区(段)，发包人应负责查清地下埋藏物，若因未提供上述资料、图纸，或提供的资料图纸不可靠、地下埋藏物不清，致使勘察人在勘察工作过程中发生人身伤害或造成经济损失时，由发包人承担民事责任。

5.1.3 发包人应及时为勘察人提供勘察现场的工作条件并解决出现的问题(如落实土地征用、青苗树木赔偿，拆除地上地下障碍物，处理施工扰民及影响施工正常进行的有关问题，平整施工现场，修好通行道路，接通电源、水源，挖好排水沟渠以及准备水上作业用船等)，并承担其费用。

5.1.4 若勘察现场需要看守，特别是在有毒、有害等危险现场作业时，发包人应派人负责安全保卫工作，按国家有关规定，对从事危险作业的现场人员进行保健防护，并承担费用。

5.1.5 工程勘察前，若发包人负责提供材料的，应根据勘察人提出的工程用料计划，按时提供各种材料及其产品合格证明，承担费用并运到现场，派人与勘察人员一起验收。

5.1.6 勘察过程中的任何变更，经办理正式变更手续后，发包人应按实际发生的工作量支付勘察费。

5.1.7 为勘察人的工作人员提供必要的生产、生活条件，并承担费用；如不能提供时，应一次性付给勘察人临时设施费××××元。

5.1.8 由于发包人原因造成勘察人停、窝工，除工期顺延外，发包人应支付停、窝工费(计算方法见6.1)；发包人若要求在合同规定时间内提前完工(或提交勘察成果资料)时，发包人应按每提前一天向勘察人支付××××元计算加班费。

5.1.9 发包人应保护勘察人的投标书、勘察方案、报告书、文件、资料图纸、数据、特殊工艺(方法)、专利技术和合理化建议，未经勘察人同意，发包人不得复制、不得泄露、不得擅自修改、不得传送或向第三人转让或用于本合同外的项目；如发生上述情况，发包人应负法律责任，勘察人有权索赔。

5.1.10 本合同有关条款规定和补充协议中发包人应负的其他责任。

5.2 勘察人责任。

5.2.1 勘察人应按国家规范、标准、规程和发包人的任务委托书及技术要求进行工程勘察，按本合同规定的时间提交质量合格的勘察成果资料，并对其负责。

5.2.2 由于勘察人提供的勘察成果资料质量不合格，勘察人应负责无偿给予补充完善使其达到质量合格；若勘察人无力补充完善，需另委托其他单位时，勘察人应承担全部勘察费用；或因勘察质量造成重大经济损失或工程事故时，勘察人除应负法律责任和免收直接受损部分的勘察费外，还应根据损失程度向发包人支付赔偿金，赔偿金由发包人、勘察人商定为实际损失的××%。

5.2.3 在工程勘察前，提出勘察纲要或勘察组织设计，派人与发包人的人员一起验收发包人提供的材料。

5.2.4 勘察过程中，根据工程的岩土工程条件(或工作现场地形地貌、地质和水文地质条件)及技术规范要求，向发包人提出增减工作量或修改勘察工作的意见，并办理正式变更手续。

5.2.5 在现场工作的勘察人的人员，应遵守发包人的安全保卫及其他有关的规章制度，承担其有关资料保密义务。

5.2.6　本合同有关条款规定和补充协议中勘察人应负的其他责任。

第六条　违约责任。

6.1　由于发包人未给勘察人提供必要的工作生活条件而造成停、窝工或来回进出场地，发包人除应付给勘察人停、窝工费(金额按预算的平均工日产值计算)，工期按实际工日顺延外，还应付给勘察人来回进出场地和调遣费。

6.2　由于勘察人原因造成勘察成果资料质量不合格，不能满足技术要求时，其返工勘察费用由勘察人承担。

6.3　合同履行期间，由于工程停建而终止合同或发包人要求解除合同时，勘察人未进行勘察工作的，不退还发包人已付定金；已进行勘察工作的，完成的工作量在50%以内时，发包人应向勘察人支付预算额50%的勘察费计××××元；完成的工作量超过50%时，则应向勘察人支付预算额100%的勘察费。

6.4　发包人未按合同规定时间(日期)拨付勘察费，每超过一日，应偿付未支付勘察费的千分之一逾期违约金。

6.5　由于勘察人原因未按合同规定时间(日期)提交勘察成果资料，每超过一日，应减收勘察费千分之一。

6.6　本合同签订后，发包人不履行合同时，无权要求返还定金；勘察人不履行合同时，双倍返还定金。

第七条　本合同未尽事宜，经发包人与勘察人协商一致，签订补充协议，补充协议与本合同具有同等效力。

第八条　其他约定事项：××××××。

第九条　本合同在履行过程中发生的争议，由双方当事人协商解决，协商不成的，按下列方式解决：

(一)提交××××××仲裁委员会仲裁；

(二)依法向人民法院起诉。

第十条　本合同自发包人、勘察人签字盖章后生效；按规定到省级建设行政主管部门规定的审查部门备案；发包人、勘察人认为必要时，到项目所在地工商行政管理部门申请鉴证。发包人、勘察人履行完合同规定的义务后，本合同终止。

本合同一式×份，发包人×份、勘察人×份。

发包人名称：________________(盖章)	勘察人名称：________________(盖章)
法定代表人：(签字)________________	法定代表人：(签字)________________
委托代理人：(签字)________________	委托代理人：(签字)________________
住所：________________	住所：________________
邮政编码：________________	邮政编码：________________
电话：________________	电话：________________
传真：________________	传真：________________
开户银行：________________	开户银行：________________
银行账号：________________	银行账号：________________
建设行政主管部门备案：____(盖章)	鉴证意见：________________(盖章)
备案号：________________	经办人：________________
备案日期：________年____月____日	鉴证日期：________年____月____日

简析：

这篇建设工程勘察合同，是在建设工程开工前进行地质勘察时使用的合同。标题采用的是“合同内容＋合同种类”的形式。在内容上涉及标的、数量、质量、价格或酬金，以及履行的期限、地点、方式，违约责任，解决争议的方式方法，符合合同的法定内容，条款明晰，语言准确。

案例二：

建设工程设计合同

（建设装饰工程设计合同）

发包人：××××

设计人：××××

发包人委托设计人承担××××工程设计，经双方协商一致，签订本合同。

第一条　本合同依据下列文件签订：

1.1《中华人民共和国合同法》《中华人民共和国建筑法》《建设工程勘察设计市场管理规定》。

1.2 国家及地方有关建设工程勘察设计管理法规和规章。

1.3 建设工程批准文件。

第二条　本合同设计项目的名称、规模、阶段、投资及设计费等见下表：

序号	分项目名称	建设规模		设计阶段及内容			估算总投资/万元	费率/%	估算设计费/元
		层数	建筑面积/m^2	方案	初步设计	施工图			

第三条　发包人应向设计人提交的有关资料及文件：

序号	资料及文件名称	份数	提交日期	有关事宜

第四条　设计人应向发包人交付的设计资料及文件：

序号	资料及文件名称	份数	提交日期	有关事宜

第五条　本合同设计收费估算为×××元人民币。设计费支付进度详见下表：

付费次序	占总设计费%	付费额(元)	付费时间(由交付设计文件所决定)
第一次付费	20%定金		本合同签订后三日内
第二次付费			
第三次付费			

说明：

1. 提交各阶段设计文件的同时支付各阶段设计费。

2. 在提交最后一部分施工图的同时结清全部设计费，不留尾款。

3. 实际设计费按初步设计概算(施工图设计概算)核定，多退少补。实际设计费与估算设计费出现差额时，双方另行签订补充协议。

4. 本合同履行后，定金抵作设计费。

第六条　双方责任。

6.1 发包人责任。

6.1.1 发包人按本合同第三条规定的内容，在规定的时间内向设计人提交资料及文件，并对其完整性、正确性及时限负责，发包人不得要求设计人违反国家有关标准进行设计。

发包人提交上述资料及文件超过规定期限 15 天以内，设计人按合同第四条规定交付设计文件时间顺延；超过规定期限 15 天以上时，设计人员有权重新确定提交设计文件的时间。

6.1.2 发包人变更委托设计项目、规模、条件或因提交的资料错误，或所提交资料做较大修改，以致造成设计人设计需要返工时，双方除应另行协商签订补充协议(或另订合同)、重新明确有关条款外，发包人应按设计人所耗工作量向设计人增付设计费。

在未签合同前发包人已同意，设计人为发包人所做的各项设计工作，应按收费标准，相应支付设计费。

6.1.3 发包人要求设计人比合同规定时间提前交付设计资料及文件时，如果设计人能够做到，发包人应根据设计人提前投入的工作量，向设计人支付赶工费。

6.1.4 发包人应为派赴现场处理有关设计问题的工作人员，提供必要的工作生活及交通等方便条件。

6.1.5 发包人应保护设计人的投标书、设计方案、文件、资料图纸、数据、计算软件和专利技术。未经设计人同意，发包人对设计人交付的设计资料及文件不得擅自修改、复制、向第三人转让或用于本合同外的项目，如发生以上情况，发包人应负法律责任，设计人有权向发包人提出索赔。

6.2 设计人责任。

6.2.1 设计人应按国家技术规范、标准、规程及发包人提出的设计要求，进行工程设计，按合同规定的进度要求提交质量合格的设计资料，并对其负责。

6.2.2 设计人采用的主要技术标准是:(略)

6.2.3 设计合理使用年限为××年。

6.2.4 设计人按本合同第二条和第四条规定的内容、进度及份数向发包人交付资料及文件。

6.2.5 设计人交付设计资料及文件后，按规定参加有关的设计审查，并根据审查结论负责对不超出原定范围的内容做必要调整补充。设计人按合同规定时限交付设计资料及文件，本年内项目开始施工，负责向发包人及施工单位进行设计交底、处理有关设计问题和参加竣工验收。在一年内项目尚未开始施工，设计人仍负责上述工作，但应按所需工作量向发包人适当收取咨询服务费，收费额由双方商定。

6.2.6 设计人应保护发包人的知识产权，不得向第三人泄露、转让发包人提交的产品图纸等技术经济资料。如发生以上情况并给发包人造成经济损失，发包人有权向设计人索赔。

第七条　违约责任。

7.1 在合同履行期间，发包人要求终止或解除合同，设计人未开始设计工作的，不退还发包人已付的定金；已开始设计工作的，发包人应根据设计人已进行的实际工作量，不足一半时，按该阶段设计费的一半支付；超过一半时，按该阶段设计费的全部支付。

7.2 发包人应按本合同第五条规定的金额和时间向设计人支付设计费，每逾期支付一天，应承担支付金额千分之二的逾期违约金。逾期超过30天以上时，设计人有权暂停履行下阶段工作，并书面通知发包人。发包人的上级或设计审批部门对设计文件不审批或本合同项目停、缓建，发包人均按7.1条规定支付设计费。

7.3设计人对设计资料及文件出现的遗漏或错误负责修改或补充。由于设计人员错误造成工程质量事故损失，设计人除负责采取补救措施外，应免收直接受损失部分的设计费。损失严重的根据损失的程度和设计人责任大小向发包人支付赔偿金，赔偿金由双方商定为实际损失的××%。

7.4由于设计人自身原因，延误了按本合同第四条规定的设计资料及设计文件的交付时间，每延误一天，应减收该项目应收设计费的千分之二。

7.5合同生效后，设计人要求终止或解除合同，设计人应双倍返还定金。

第八条　其他

8.1发包人要求设计人派专人留驻施工现场进行配合与解决有关问题时，双方应另行签订补充协议或技术咨询服务合同。

8.2设计人为本合同项目所采用的国家或地方标准图，由发包人自费向有关出版部门购买。本合同第四条规定设计人交付的设计资料及文件份数超过《工程设计收费标准》规定的份数，设计人另收工本费。

8.3本工程设计资料及文件中涉及的建筑材料、建筑构配件和设备，应当注明其规格、型号、性能等技术指标，设计人不得指定生产厂、供应商。发包人需要设计人的设计人员配合加工订货时，所需要费用由发包人承担。

8.4发包人委托设计配合引进项目的设计任务，从询价、对外谈判、国内外技术考察直至建成投产的各个阶段，应吸收承担有关设计任务的设计人参加。出国费用，除制装费外，其他费用由发包人支付。

8.5发包人委托设计人承担本合同内容之外的工作服务，另行支付费用。

8.6由于不可抗力因素致使合同无法履行时，双方应及时协商解决。

8.7本合同发生争议，双方当事人应及时协商解决。也可由当地建设行政主管部门调解，调解不成时，双方当事人同意由仲裁委员会仲裁。双方当事人未在合同中约定仲裁机构，事后又未达成仲裁书面协议的，可向人民法院起诉。

8.8本合同一式×份，发包人×份，设计人×份。

8.9本合同经双方签章并在发包人向设计人支付订金后生效。

8.10本合同生效后，按规定到项目所在省级建设行政主管部门规定的审查部门备案。双方认为必要时，到项目所在地工商行政管理部门申请鉴证。双方履行完合同规定的义务后，本合同即行终止。

8.11本合同未尽事宜，双方可签订补充协议，有关协议及双方认可的来往电报、传真、会议纪要等，均为本合同组成部分，与本合同具有同等法律效力。

8.12其他约定事项：(略)

发包人名称：______________(盖章)	设计人名称：______________(盖章)
法定代表人：(签字)______________	法定代表人：(签字)______________
委托代理人：(签字)______________	委托代理人：(签字)______________
住所：______________________	住所：______________________
邮政编码：____________________	邮政编码：____________________

电话：________________　　电话：________________
传真：________________　　传真：________________
开户银行：________________　　开户银行：________________
银行账号：________________　　银行账号：________________
建设行政主管部门备案：____(盖章)　　鉴证意见：________(盖章)
备案号：________________　　经办人：________________
备案日期：______年____月____日　　鉴证日期：______年____月____日

简析：

这篇合同是在建设工程开工前，开发企业与建筑设计部门签订的建筑设计合同。标题采用“合同内容+合同种类”的形式。在内容上包括了法律规定的主要条款，而且在关于价款部分，采用的是表格与条款相结合的方式，简洁、明了。

案例三：

建设工程施工合同

甲方：(项目部(施工局)全称)

乙方：(营业执照登记名称，全称)

依照《中华人民共和国合同法》及其他有关法律、法规的规定，为确保工程优质、按期完工，甲乙双方本着诚实信用原则，经自愿、平等协商就××××××××工程施工事项达成一致，且乙方已充分注意、理解本合同各项格式条款的约定，并自愿履行由此产生的全部义务，特订立本合同。

1. 项目概况

1.1　项目名称：××××××××。

1.2　项目地点：××××××××。

2. 合同范围

2.1　主要合同内容。

××××，具体以施工图(含业主同意变更的部分)为准。

2.2　主要施工工序。(略)

2.3　主要工程量：

序　号	项　目	单　位	数　量	备　注

2.4　合同工期。

2.4.1　开工日期××××年××月××日，完工日期××××年××月××日。节点控制工期见下表：

序　号	项目名称	完工日期	备　注

2.4.2　工期延误。

如果关键线路的节点工期在发生以下情形之一而造成工期延误，经甲方确认后，工期顺延：

a. 重大设计变更；

b. 不可抗力；

c. 由于业主原因要求停工；

d. 甲方书面同意工期顺延的其他情况。

2.4.3　乙方应在发生工期延误造成窝工事实后7日内就延误内容和因此发生的费用向甲方书面报告，甲方就相关事项及时向业主提交报告。如乙方未提交或逾期提交的，则视为乙方放弃顺延工期及赔偿的权利。如乙方虽按约定提交上述书面报告，但遇业主不同意或不完全同意时，则乙方认可甲方因此采用的不同意或不完全同意的处理意见。

2.4.4　因乙方原因导致工期延误，工期不予顺延，且由乙方承担由此造成的一切经济损失和赶工费用。

2.4.5　业主及甲方需提前完成工期时，有关事宜由双方协商解决另行约定。

3. 承包方式

根据本合同的施工内容及主要施工工序，乙方同意按×××(单价或总价)方式进行承包。本合同×××(单价或总价)在合同执行期间，无论工程量是否变化,合同价格均不做调整。

若在合同签订××日之后，因国家颁布新的法律、法规等导致燃油费(柴油)等其他原材料价格的上涨，并且主合同有相关补偿条款时，双方才可以协商调整合同执行期间受影响项目的单价或总价；否则合同价格不做调整。由于非上述原因影响的燃油费(柴油)等其他原材料价格的上涨，合同单价或总价均不得调整。

4. 合同价格

4.1　合同总价。

合同总价：(人民币)大写××××元，小写：××××(含×%税金)，固定总价/暂定总价。

4.2　合同单价。

合同单价：《工程量计价清单》。合同单价包括完成施工项目所需人工费、材料费、机械费，包括施工所需各种材料运输及配合人工费用；包括人员和机械的进出场费、安全文明施工费、综合管理费、合理利润、××%税金等所有可能发生的一切费用；包括因气候季节以及工序协调等因素导致的施工停滞窝工费等；乙方应充分考虑本工程施工的风险，风险费用已含在合同单价中，甲方不再承担由于任何风险引起的费用。

4.3　税费的承担。

营业税、城市维护建设税及教育附加费等均由乙方承担，税金×%；甲方负有代扣代缴的义务，并在乙方每月进度款结算中扣除。其他税费已包含在合同价格中，由乙方自行缴纳。

5. 双方权利与义务

5.1　甲方权利与义务。

5.1.1　甲方负责工程施工期间工程总进度计划安排、组织、协调工作及工程质量、进度、安全、环保、文明施工的管理、监督、检查。

5.1.2 甲方负责提供施工图纸、有关施工文件，并提供施工场所。

5.1.3 甲方负责组织相关施工图纸的技术、质量、安全、环保等交底工作。

5.1.4 甲方负责组织现场调度会，协调现场施工。

5.1.5 甲方负责与业主、监理工程师、设计单位的各种工作联系(包括协商、签证等)。

5.1.6 甲方负责向乙方发布书面开工通知，并向乙方下达承包工程总体进度计划、月工程进度计划及周进度计划。

5.1.7 甲方有派专业技术人员对乙方进行指导和监督的权利。

5.1.8 就承包工程范围内的有关工作，甲方随时可以向乙方发出指令，乙方应执行甲方根据本合同和甲方项目管理规章制度所发出的所有指令。乙方拒不执行指令，甲方有权采取相应措施或直接委托其他施工单位完成该指令事项，发生的费用(包括因拒不执行指令给甲方造成的其他损失，含业主的罚款、重新安排队伍施工造成的单价差、赶工费等)由乙方承担，乙方同意从工程结算款中扣除。

5.1.9 甲方负责按照合同约定支付工程款。

5.1.10 甲方负责对乙方完成的工程量进行审核、计价结算，并按业主资金到位情况进行工程款的支付。

5.1.11 甲方有权要求乙方撤换不能胜任本职工作的管理及施工人员。

5.1.12 甲方有权对乙方的工程质量等级、隐蔽工程和中间验收、维护、初验、检查和返工、终验进行检查和监督。

5.1.13 甲方有权对乙方施工工作方面存在的安全隐患进行监督、检查，并督促乙方采取整改措施。

5.1.14 双方约定甲方的其他权利与义务：××××××××。

5.2 乙方权利与义务

5.2.1 在本合同签订后××日内，乙方应组织人员接受甲方的技术、质量、安全、环保等交底。

5.2.2 乙方负责组织人员研究和熟悉施工图纸、按照施工总布置要求、做好各项施工准备工作。

5.2.3 乙方负责按规定每月××日向甲方提交已完成月工程量统计报表。

5.2.4 乙方必须按甲方要求的进度计划组织施工，接受甲方对工程进度的检查、监督和管理。工程实际进度不满足计划进度要求时，乙方应向甲方提交整改措施和方案，经甲方批准后执行；但并不免除因乙方原因造成的工期延误和应由乙方承担的一切损失责任。

5.2.5 乙方必须服从甲方的施工调度及甲方转发的业主或监理工程师与承包工程有关的指令。未经甲方允许，乙方不得直接致函业主或监理工程师，不得直接从业主处收取工程款。

5.2.6 乙方必须遵守国家及当地政府有关安全生产和环境保护等法律、法规和甲方相关规定及制度，乙方必须严格质量、职业健康安全、环境保护等管理，并及时提供相关各种见证资料及记录，对所属员工及因其过错造成他人人身、财产损失等负责。

5.2.7 乙方应严格按照国家有关持证上岗规定，确保所属人员按规定持证上岗。技术岗位人员、特殊工种工人均应持有通过国家或有关部门统一考试或考核的资格证明。在签订本合同时，应将人员持证情况及有关证件复印件一并报送甲方备案。

5.2.8 为确保合同履行，乙方必须于××××年××月××日前按照本合同14.1条要求安排人员进场；并向甲方书面报告，便于甲方组织现场检查。

5.2.9 为确保合同履行，乙方必须于××××年××月××日前按照本合同14.2条安排进场设备，并保证进场设备完好率达到×%以上。在设备进场后×日内及退场前×日内，乙方均须将设备情况书面报送甲方，便于甲方组织现场检查验收。

5.2.10 乙方应按甲方与业主的主合同、国家规定的有关标准、规范及甲方提供的图纸完成工程施工，确保工程质量、进度及安全等满足合同要求；保证施工场地清洁符合环境卫生管理规定，交工前清理现场达到甲方要求，并承担因自身原因造成的损失和罚款。

5.2.11 乙方负责施工现场的看护、保卫及未完工程的安全工作，按时向甲方移交工程。保护期内发生损坏的，由乙方自费修复。

5.2.12 乙方应对在保修期内承包工程出现的缺陷进行保修。如乙方未在甲方通知的时间内进行修理的，甲方则有权另行指定第三方修理，所发生的一切费用由甲方直接从乙方质保金中扣除，不足部分由乙方另行支付。

5.2.13 如承包合同工程跨年度，乙方应在其营业执照、资质证书、安全生产许可证、税务登记证等相应证书年检或到期更换新证书后×日内将通过年检或更换的新证书复印件(须加盖乙方单位公章)送交甲方备案。

5.2.14 乙方确保其施工人员工资及时发放，并配合甲方对其施工人员工资发放情况的检查和监督工作。

5.2.15 乙方负责其施工人员的培训、安全教育、持证上岗、职业病防治、工资发放、各种社会保险、伤亡事故处理、劳动争议等事宜，并负责因其施工人员作业不当给第三人造成的人身、财产损失赔偿。

5.2.16 乙方必须为其施工及管理人员办理意外伤害(或雇主责任)保险，保险费用由乙方承担。

5.2.17 乙方应该及时提供年度及完工清算资料，以备甲方审核。

5.2.18 乙方不得以甲方的名义从事其他任何活动。

5.2.19 业主或监理工程师的指令，乙方必须无条件服从，业主或监理工程师明确不予补偿或赔偿的事项，乙方不得向甲方提出补偿或赔偿要求。

5.2.20 乙方在签订本协议时，已经充分了解到施工现场条件及自然地理环境的风险，并承担由该风险所带来的损失和责任。

5.2.21 乙方确认××为本合同工程项目经理。乙方依据本合同发出的请求及通知，必须由分包项目经理或授权代表签字，否则视为无效。

5.2.22 乙方的分包工程项目经理须常驻工地或委托工地全权代表，全权负责乙方施工进度、质量、技术、安全、结算、民工管理等职责，分包工程项目经理离开工地时，须以书面形式向甲方单位请假，经甲方单位同意后方可离开工地。

5.2.23 乙方已全面了解并遵守甲方各项管理制度，服从甲方对施工现场管理的各项管理规定及指令。

5.2.24 乙方不得将本合同中乙方的权利和义务转让给第三方(包括再次分包、事实上的转包等)。

5.2.25 乙方须按照合同及甲方的管理要求，及时向甲方提供施工技术措施、施工报表、施工原始资料、竣工验收资料等相关资料。如不能按时提供资料，甲方有权暂停给乙方的工程款结算和支付。

5.2.26　双方约定乙方应做的其他工作：××××××××。

6. 施工辅助设施

6.1　施工供水。

6.1.1　(甲方供应)甲方设置施工用水的主管路至工作面×m处，由×方装表计量，并经甲方验收确认。乙方负责该点到工作面的支线管路的安装、维护及拆除，相关费用已包含在合同单价中，甲方不再另行支付；主管路由甲方管理维护。每月甲方按××元/m^3 的价格和实际用量在工程款支付时予以扣除。

6.1.2　(自备)乙方自备水源时，其水池/泵站到各工作面的整个设施安装、拆除方案要报经甲方批准，并由乙方负责日常维护和承担运行安全责任及费用。

6.2　施工供电。

6.2.1　(甲方供应)甲方负责向乙方提供(电压或容量)的电源端口(盘柜)至×处，由×方在端口处装表计量，并经甲方验收确认。乙方负责该点到工作面的支线安装、维护及拆除，相关费用已包含在合同单价中，甲方不再另行支付。主线路由甲方负责管理维护。结算时每月甲方按××元/kWh的价格和乙方实际用量在工程款支付时予以扣除。

6.2.2　(自备)乙方自备电源(备用电源)时，其发电站(机)到各工作面的整个设施安装、拆除方案要报经甲方批准，并由乙方负责日常维护和承担运行安全责任及费用。

6.3　施工用风。

6.3.1(甲方供应)甲方设置施工用风的主管路端点至距现场作业面×m处，该点以上管路由甲方管理维护，该点以下至工作面的支管路由乙方安装维护并拆除。结算时甲方按××元/m^3 的价格和乙方实际用量在工程款支付时予以扣除。

6.3.2(自备)乙方自建自营施工用风系统，其压气站(含移动式)、供水站、池(含移动式)和相应管路设施布置要符合甲方现场总体要求并报甲方批准，同时做好日常维护。

6.4　现场施工道路。

6.4.1　(甲方提供)甲方按工程主合同要求(另见图表)向乙方无偿提供如图所示的施工道路，该道路的维护保养由乙方负责，完工退场时乙方将道路及道路设施恢复为起始状交还给甲方。

6.4.2　(自建)乙方自建临时施工道路要事前报甲方批准并符合甲方总体现场要求和技术要求，同时应无偿提供给业主、监理、甲方和其他施工方使用。

6.5　施工住房。

6.5.1　(甲方供应)乙方使用甲方提供的临时房屋××m^2。使用期间，其上述区域内的安全责任、文明建设责任由乙方负责并接受甲方监督、检查。若有偿使用临时房屋，每月由甲方按××元/m^2 向乙方收取费用。生活用电××元/kWh，生活用水××元/m^3 按表计量收费。其以上费用在工程款支付时予以扣除。

6.5.2　(自备)乙方自建住房或营地(包括其他临时设施和场地)要符合甲方现场的总体要求并报经甲方批准，该住房或营地的安全责任和文明建设责任由乙方负责并接受甲方监督、检查。

6.6　其他：________________________________。

7. 材料供应

7.1　本合同工程施工所需的统供材料(见下表)，由甲方按约定消耗量向乙方有偿提供，按月进行核销，且超耗部分的材料按核销日市场价(含采保费、运杂费；若采购时价格高于核销日市场价，则按照采购时价格计算)加计××%费用收取材料款。

统供材料表

序号	材料名称	规格型号	单位	统供价格	备注

7.2　上述统供材料，乙方必须提前××天向甲方报送使用计划；使用时由乙方书面授权指定专人出示身份证明到甲方指定的仓库(或地点)进行调拨，发生的转运费用已包含在合同单价中。

7.3　若属构成工程实体的其他主要材料××，乙方必须委托甲方代为采购。并提前××天向甲方报送使用计划，材料价款为采购价格××加××%采保费、运杂费，在每次工程结算时予以扣除。

7.4　乙方从甲方仓库领用的材料，出库后材料管理的责任由乙方承担。乙方领用及采购材料的堆放和管理要符合甲方总体规划的要求，并且按甲方标准化要求设置标识。

7.5　乙方为完成本合同项目所需的特殊材料：××××，由甲方统一管理，并服从甲方有关特殊材料的管理制度。

7.6　周转性材料的管理

乙方自备周转性材料必须在甲方物资部门进行备案，退场时由甲方物资部门对其周转性材料进行核实，办理周转性材料退场的相关手续。

乙方使用甲方周转性材料另行签订租赁协议。

7.7　乙方领用的材料仅限在本合同工程中使用，不得改变其材料的用途。否则应承担相关违约责任。

7.8　其他：×××××××。

8. 施工设备

8.1　本合同工程施工时由乙方自备的设备××，并按甲乙双方约定按时进场(按照本合同第5.2.9条及第14.2条要求)。乙方施工设备进场后，应通知甲方现场书面认定并备案。乙方施工设备未经甲方批准不得擅自离开现场，否则应承担相关违约责任。

8.2　乙方设备停放与管理要服从甲方现场总体要求，不得随意进出特定区域和乱停乱放。

8.3　乙方使用甲方设备，必须书面申请，由甲方统一安排，并签订租赁合同，双方按租赁合同进行管理和结算，乙方应每月向甲方上报运行记录。零星使用甲方设备由甲乙双方协商确认计量方式及台时费标准，费用在工程款结算时扣除。

8.4　对于甲方零星使用乙方机械设备，由甲方××部门签证及×××审查后按第8.3条同等原则结算。

8.5　乙方每月应将自有主要设备的完好、使用、维修等情况上报甲方××部门，供甲方对施工资源与生产进度进行及时分析和掌握。

8.6　乙方施工设备应安全装置齐全、性能可靠，其施工设备的安全责任由乙方负责。使用甲方施工设备造成损坏的，乙方应负相应的赔偿责任。

8.7　其他：××××××××。

9. 质量要求

9.1 质量目标与要求。

本工程质量标准按××××执行，工程质量全面达到设计要求和标准。其中：单元验收合格率××%(优良率达××%)以上，工程综合验收质量评定达××标准。(依据主合同条款补充具体工序的标准、要求)

9.2 质量检查与验收。

9.2.1 乙方应确保承包工程的质量达到约定标准，并就承包工程向甲方承担主合同相应项目约定的甲方应承担的义务。

9.2.2 本合同工程所约定的工程范围内施工测量由×方负责(包括按规定填报资料)，费用由×方承担(视工程项目具体情况约定)。

9.2.3 本合同工程所约定的工程范围内施工检验、试验由×方负责，费用由×方承担。

9.2.4 乙方须允许并配合甲方或监理工程师进入乙方施工场地检查工程质量。工程具备覆盖、隐蔽条件或达到合同约定的中间验收要求时，乙方必须在自检合格以后，及时申请甲方验收。乙方的施工必须经过甲方质检人员及监理工程师的检查、验收达到约定的质量标准并签字盖章后方可进行下一道工序。甲方的检查和检验不免除乙方按合同规定应承担的责任。

9.2.5 工程经甲方验收后，仍需业主、国家或地方质检部门验收合格后方视为正式验收。

9.2.6 因乙方原因造成工程质量不合格，乙方应无条件进行返工或修理，使工程达到合同约定的质量标准，乙方承担所有费用，并赔偿甲方损失，且工期不予顺延。如乙方在甲方指定的时间内未进行整改，则甲方有权指定第三方整改，并有权将发生的全部费用直接从乙方结算款项内扣除。

9.2.7 乙方必须服从甲方对本工程质量管理的规章制度。

9.2.8 本合同提前解除的，不免除乙方应承担的工程质量责任。

9.2.9 其他：×××××××××。

10. 安全生产与文明施工

10.1 乙方应严格遵守国家安全生产的法律、法规、规程规范、标准，遵守甲方的安全规章制度和现场防护要求，确保施工安全。并签订《安全生产责任书》，并应向甲方缴纳安全保证金。乙方发生安全事故及重大环境事故，该保证金不退还。

10.2 乙方负责管理本合同工程的施工作业安全以及消防、防汛和抗灾等工作。乙方必须配备合格的专职安全管理人员×名、兼职安全管理人员×名，加强施工作业的安全管理。

10.3 乙方必须对所属施工人员进行安全教育，认真执行安全技术规范、严格遵守安全制度、落实安全措施、确保施工安全，并随时接受甲方安全检查人员的监督检查。由于乙方违章作业或安全措施不力等原因造成伤亡事故的责任和因此而发生的费用，由乙方承担。

10.4 甲方安全管理人员有权对乙方人员进行安全培训，对其安全生产做出指导，并对其安全生产管理进行监督、检查以及按甲方有关规定进行处理。

10.5 乙方有权拒绝甲方的违章指挥。若甲方原因导致的安全事故，由甲方承担相应责任及发生的费用。

10.6　乙方在施工现场内必须使用合格的安全保护用品，费用已包含在合同价格中。

10.7　发生重大伤亡及其他安全事故时，乙方应采取必要的措施，及时抢救伤员，并防止事态进一步扩大、减少损失，同时须立即报告甲方。

10.8　乙方必须为其施工人员办理意外伤害(或雇主责任)保险，保险费用由乙方承担。同时，乙方须将保单复印件在签订合同后××天内报送甲方备案。超过××天未办理保险的，由甲方代为购买，费用在工程款支付时扣除。

10.9　乙方应教育其施工及管理人员遵纪守法，服从工地各种管理规定，共同维护工地的社会治安，协助现场治安管理机构做好施工工地和生活区的治安保卫工作。

10.10　乙方必须遵守甲方有关文明施工的管理制度。乙方应保持自己生活区及施工区内的环境卫生，并做好环境保护工作。本合同工程完工退场时，要清理施工场地和生活住地的垃圾，保障环境卫生干净、整洁。

10.11　非甲方原因，乙方遭受到财产和人员(包括乙方雇员、乙方施工范围内其他人员)生命、健康损失由乙方自行承担。如果因此给甲方或第三方造成损失，由乙方负责赔偿，交纳的安全保证金不予退回。由第三者造成乙方的生命财产损失的由第三者负责，由不可抗力造成乙方的生命财产损失的由乙方从保险公司的赔偿中补偿，甲方给予协助，不能补偿的由乙方自行承担。

10.12　其他要求：×××××××××。

11. 职业健康与环境保护

11.1　职业健康。

11.1.1　乙方在签订本合同时须与甲方签订《职业健康安全责任书》，作为本合同的组成部分。

11.1.2　乙方应为自己雇用人员配置劳动防护用品，如安全帽、安全带、安全网、防尘面罩、雨衣、雨鞋等劳动防护用品。其费用已包含在合同价格中，甲方不再另行支付。

11.1.3　乙方应遵守工程建设安全生产有关管理规定，严格按照安全防护标准和防止污染环境的要求组织施工，按国家有关规定保障安全投入的有效实施，并承担由于自身有关措施不力造成事故的责任和因此发生的一切费用。

11.1.4　其他要求：×××××××××。

11.2　环境保护。

11.2.1　在施工场地涉及危险区域或有害因素等环境问题需要安全防护、环境保护措施实施时，乙方应提出安全、环境防护措施方案，经甲方批准后实施，发生的相应费用由乙方承担。

11.2.2　乙方对固体废弃物进行控制，工业垃圾按照指定要求进行堆放弃渣，生产生活产生的废弃物分类收集，统一处理，减少对环境的影响，危险废弃物/不可回收的废物/可回收废物分类收集，按规定统一处理。

11.2.3　乙方对危险化学品、放射源实行有效管理、专人负责，放射源实行有效存放，专人负责，有效控制。

11.2.4　乙方对生产生活废水做到规划管理，污水排放符合国家排放标准和满足当地环保部门的要求，不污染河域环境，生产生活废水必须经沉淀池、化粪池、隔油池处理。

11.2.5　乙方在工程项目设计要求范围内进行施工，不发生施工设计规划以外的破坏环境保护性质的施工行为。

11.2.6　乙方对工作生活场所大气污染环境因素(源)进行控制管理，大气污染物排放符合国家排放标准。

11.2.7　乙方生产、施工场界噪声控制指标应符合《建筑施工场界噪声限值》(GB 12523—90)标准。

11.2.8　乙方应加强节能降耗，控制高能耗设备和超产品能耗设计性能设备的使用。

11.2.9　乙方负责教育本单位现场工作人员，不断提高环境意识。

11.2.10　乙方应确保本单位在施工活动中遵守国家、地方有关环境保护方面的法律和法规。

11.2.11　乙方应遵守甲方环境管理规定，适时接受并配合甲方对环境管理工作实施的监督检查活动。

11.2.12　其他要求：×××××××××。

11.3　责任划分。

乙方如发生职业健康安全、环境污染等事故时，应立即通知甲方，同时接受甲方、当地政府有关部门的调查处理。乙方承担由此发生的一切费用，包括承担当地政府有关部门对此做出的责任追究及处罚。

12. 技术条款

对于非临时工程以甲方与业主主合同有关本合同项目的技术要求为准，对本合同同样有效；对于临时工程以甲方对本合同项目的技术要求为准。

13. 乙方人员工资保障措施

13.1　乙方施工人员工资发放形式。

13.1.1　为确保乙方施工人员工资及时发放，乙方委托甲方代发其施工人员工资。每月由乙方制作“员工工资发放表”，列明工资月份、姓名、工资数额，并经乙方负责人签字确认后交甲方。代发金额视为乙方收到工程款数额。

13.1.2　为确保乙方施工人员工资及时发放，甲方对其施工人员的工资发放进行监管。每次结算时，乙方应向甲方提交上月“员工工资发放表”，列明工资月份、姓名、工资数额，并经乙方负责人、员工本人签字确认后交甲方。不提交“员工工资发放表”或提交表格不合格、不真实的，甲方有权暂时拒绝支付工程款。

13.2　工资保证金。

乙方同意：由甲方在每月结算中按当月工程款的×%扣留其员工工资保证金，如合同执行中发生拖欠员工工资需由甲方代为支付时，甲方有权从工资保证金中代付；如乙方未拖欠员工工资，提取的保证金分别于每年7月和次年1月返还累计扣留额的×%，剩余部分待工程完工验收且无拖欠员工工资情况时全部返还(不计利息)。

14. 资源配置

乙方投入的人员及机械设备必须满足工程项目实施的要求，并为其承诺投入的人员、设备负责。当乙方资源配置影响承包项目实施时，甲方有权要求增加人员及设备等资源的配置，相关费用由乙方承担。

14.1　人力资源投入：

序号	岗位	数量	进场日期	简要工作业绩	备注

14.2　机械设备资源投入：

序号	设备	型号/规格	数量	进场日期	现在何处	备注

15. 施工协作

15.1　乙方应配合甲方对其工作进行初步验收，以及甲方按业主、监理要求的涉及乙方工作内容、施工场地的检查、隐蔽工程验收及工程竣工验收；甲方或施工场地内第三方的工作必须乙方配合时，乙方应按甲方的指令予以配合。

15.2　乙方按约定完成施工作业，必须由甲方或施工场地内的第三方进行配合时，甲方应配合乙方工作或确保乙方获得第三方的配合。

15.3　乙方必须服从甲方现场有关的管理制度。

15.4　其他要求：×××××××××。

16. 计量原则及工程量确认

16.1　计量原则。

16.1.1　甲方按施工设计图纸及技术规范规定的计量方法和标准为依据，对乙方已完成的质量合格的工程进行验收、计量。隐蔽工程部分，乙方须通知甲方进行现场验收，验收合格后才能进行下一道工序的施工，办理现场签证方可计量。

16.1.2　乙方按照设计图纸实际完成的、符合合同质量要求的、经甲方确认的工程量才能作为结算的依据。对乙方超出设计图纸范围或因乙方原因造成返工的工程量不予计量，责任由乙方自行承担，且不免除承担因此造成甲方的损失的责任(含业主、监理的罚款等)。对于规范允许的超挖超填工程量已计入单价中。

16.1.3　甲方与业主主合同的结算签证，均不作为甲乙双方之间结算的依据。

16.1.4　××××(根据本合同的专业性质逐条列明清单项目的计量原则)。

16.2 工程量确认

16.2.1　甲方在计量或由监理工程师计量前应书面通知乙方，乙方为计量提供便利条件并派人参加。若乙方收到通知后不参加计量，则计量结果有效。

16.2.2　乙方的结算工程量以甲方确定为准。乙方按照5.2.3条上报已完工程量报表，经甲方××××部门校核，经××××部门审核，经××××批准方作为结算依据。

17. 结算与支付

17.1　结算方式。

本合同执行按××××(按月结算或按工程进度分阶段结算)结算。

17.2　支付方式。

17.2.1　本合同所有结算均采用银行转账支付，乙方必须在××××(地点)银行开设结算专门账户，在合同执行期间甲方不提供现金。

17.2.2　工程结算时段为每月×日至×日，过期不予办理，乙方凭甲方确认的工程量、验收报告及库房领用材料结算单统一结算，从每月结算款扣除×%为质保金、×%为履约保证金、×%为安全生产保证金、×%为乙方雇佣人员工资保证金。

17.2.3　甲方有义务代扣代缴乙方承担的营业税、城市维护建设税及教育附加费等税金×%，并在乙方每月进度款结算中扣除。其他税费已包含在合同书价款、单价中，由乙方自行缴纳。

17.2.4 原则上工程款支付与业主给甲方结算同步同比例支付，工程余款根据业主给甲方实际支付一次或分期支付(不计息)。

17.2.5 若本合同工期超过12个月，则在每年1月份须对前一年的完工项目进行清算。乙方能够按合同履行义务，在年度清算时，返还已扣留履约保证金的不超过25%。

17.2.6 乙方雇佣人员工资保证金返还按照本合同13.2条执行。

17.2.7 在本合同项目施工结束后，乙方按期足额发放了本单位工人的工资、并清理完自己的债务后，甲方在×个工作日内一次付清不计息的剩余履约保证金。

17.2.8 施工期未发生任何安全事故，在完工验收后，甲方在×个工作日内一次付清不计息的安全生产保证金。若发生安全生产事故，安全生产保证金按照安全生产责任书规定进行部分返还或罚没处理。

17.2.9 在本工程保质期届满后×个工作日内一次付清不计息的质保金。

18. 变更

18.1 施工中如需对原工作内容进行变更，甲方应提前×天以书面形式向乙方发出变更通知，并提供变更的相应图纸和说明。乙方按照甲方发出的变更通知及有关要求进行施工。

18.2 在紧急(防洪、抢险、救灾等)情况下，乙方应立即执行甲方的变更指令。

18.3 施工中乙方不得擅自对原工程设计进行变更。否则，由此发生的费用和导致甲方的损失，由乙方承担。

18.4 变更处置原则

18.4.1 若变更引起工期变化时，则按以下原则调整工期：

若变更需要延长工期时，应按第2.4.2、2.4.3款的规定办理；

若变更使合同工作量减少，甲方认为应予提前变更项目的工期时，由双方协商确定，但确定的完工日期不得晚于业主对该项工作批复的完工日期。

18.4.2 若变更需要调整合同价格时，则由双方协商确定新的单价或合价，并签订补充协议。

19. 竣工验收与完工结算

19.1 竣工验收。

19.1.1 乙方施工完毕，应向甲方提出验收申请，由甲方在×日内组织验收。若由于业主、监理原因不能及时验收，乙方应予充分理解，不能以此要求增加任何费用，但甲方应该积极协调，尽快组织验收。

19.1.2 如乙方所完成工程质量，经验收不符合本合同约定，乙方应负责无偿返工或修复。乙方如未在甲方规定的时间内返工或修复，由甲方组织人员返工或修复，由此发生的费用由乙方承担。在质量保修期内发生的质量问题，由乙方负责处理，直至符合合同约定标准；否则，由甲方组织人员修复，费用由乙方承担。

19.1.3 乙方应注意成品的防护工作，不以中间交工验收免除乙方成品的保护责任。

19.1.4 其他要求：××××××××。

19.2 完工结算。

19.2.1 完工结算时，乙方须递交证明不拖欠雇佣人员工资的文件、已完成与工程有关债务的清算文件、与项目部各部门手续清理文件、质量证明文件、完工工程量统计表、完工结算统计表等其他甲方认为应该递交的相关文件。

19.2.2　甲方收到乙方递交的相关文件，在×工作日内审查完毕，无误后再进行完工结算，乙方递交的工程量统计表经乙方签字、甲方审核后生效，方可作为结算依据。

19.2.3　经完工验收合格后，×天内双方完成完工结算。

20. 质保期

本合同质保期为×年，时间从完工验收之日算起。

21. 担保及保险

21.1　乙方必须按照本合同5.2.16条及10.8条的要求为其进场人员办理保险。

21.2　乙方应保障甲方免于承受在本项目实施全过程中引起的下列损失、索赔及与此有关的索赔、诉讼、损害赔偿：

a. 人员的伤亡。

b. 承包工程以外的任何财产的损失或损害。

21.3　工程(包括材料和工程设备)发生以下各种风险造成的损失和损坏，均应由乙方承担风险责任。

a. 由于乙方对工程(包括材料和工程设备)照管不周造成的损失和损坏。

b. 由于乙方的施工组织措施失误造成的损失和损坏。

c. 由于乙方其他原因造成的损失和损坏。

22. 暂停施工与补偿

由于施工工序、施工工艺及进度安排的暂停施工引起的误工已包含在合同价格中，甲方不再另外承担暂停施工的施工人员、设备停工补偿。

发生暂停施工事件时，乙方应服从甲方安排，将暂停施工发生的人员、设备尽可能协调分流到其他施工工作面施工，减少因暂停施工发生的施工人员、设备的窝工。

本工程对业主原因、甲方原因引起的暂停施工，均不予补偿。

23. 违约责任

23.1　甲方违约责任。

23.1.1　若由于甲方原因，未按照本合同约定的条件和期限付款，承担延期付款部分的同期银行存款利息。若由于业主原因造成甲方不能按期支付，甲方不承担任何责任，乙方应予充分理解。

23.1.2　由于甲方原因造成乙方损失的，甲方应承担乙方直接经济损失的赔偿责任。

23.1.3　双方约定的甲方的其他违约责任××××。

23.2　乙方违约责任。

23.2.1　乙方不能按合同工期竣工或工程质量达不到合同约定的质量标准或发生合同列举的健康、环境、安全等事故或不按合同约定履行其他义务、责任的，每发生一起承担违约金×元至×元。

23.2.2　乙方不得转包本合同范围内工程或施工工序。否则，甲方有权解除合同，没收乙方履约保证金，同时乙方还应承担违约金×元及由此造成甲方的全部损失。

23.2.3　由于乙方原因不能继续履行合同，经甲、乙双方协商同意可以解除合同，但乙方应承担违约金×元及甲方由此发生的全部损失。甲方根据乙方履行情况推断出乙方无力继续履行本合同的，经甲方发出限期整改通知书后×天内仍未提供确保合同履行的措施、方案的，甲方有权解除合同，同时乙方还应承担违约金×元及由此造成甲方的全部损失。

23.2.4　由于乙方原因造成工期逾期的，乙方应按逾期天数以×元/天向甲方计付违约金，并承担由此造成的甲方经济损失。

23.2.5　乙方在施工中发生并被甲方认为有重大偷工减料行为时，甲方有权单方面解除合同，乙方应承担违约金×元，并承担由此造成的损失；工程质量达不到合同约定的质量标准的，乙方应承担返修及赔偿损失责任；当乙方质保金不足以充抵的，以履约保证金充抵。造成工期逾期的，按23.2.4条执行。

23.2.6　如发生乙方拖欠雇员工资，乙方同意甲方从其工资保证金或工程款中扣除直接支付给乙方雇员，同时乙方应承担违约金×元。

23.2.7　如乙方煽动所使用的农民工闹事或因乙方拖欠农民工工资导致聚众闹事时，均属乙方违约，甲方有权书面通知乙方解除合同，乙方承担由此增加费用和工期延误责任，乙方履约保证金和工资保证金不予退还。

23.2.8　双方约定的乙方的其他违约责任：××××。

23.3　违约金总额限制。

本合同执行期间对乙方有关的违约金总额不得大于合同额(完工结算总额)的×%。

24. 不可抗力及免责条款

24.1　不可抗力。

不可抗力是指：由于地震、台风、水灾、火灾、战争等其他不可预见且对其发生和后果不能防止和避免，直接影响本合同履行的外部力量。不可抗力事件发生后，乙方应立即通知甲方，并在力所能及的条件下迅速采取措施，尽力减少损失，甲方应协助乙方采取措施。不可抗力结束后×天内，乙方应向甲方提交损失情况和费用的正式报告和有关资料。

24.2　免责条款。

若业主未能按时支付甲方工程款，乙方应充分理解，不能因业主原因造成甲方未能按期支付而视甲方违约。

25. 争议与仲裁

25.1凡因本合同引起的或与本合同有关的任何争议，由双方协商解决；协商不果时，提请××仲裁委员会进行仲裁，仲裁裁决是终局的，对双方均有约束力。也可向甲方法人所在地的人民法院提起诉讼。

25.2合同履行过程中发生争议，不得影响与争议无关或不受影响义务的履行，但经甲方同意的不在此限。若乙方因争议暂停施工，且经调查后被认定为理由不充分的，乙方不得就暂停履行部分要求延长履约期限或免除合同责任，并应承担因此造成甲方的损失。

26. 合同解除与终止

26.1　合同解除。

26.1.1　按照本合同的约定或法律规定解除本合同时，应提前×日通知违约方。

26.1.2　乙方在履行本合同期间，甲方与业主的合同终止，则甲方与乙方合同自然终止。乙方接到甲方通知后×天内办理退场，甲方根据业主赔付情况支付乙方已完工程未支付的工程款。

26.1.3　因不可抗力或因业主原因造成工程停建、缓建，致使本合同无法履行的，甲乙双方可以解除合同。

26.1.4　发生本合同其他条款约定解除合同的情况时，可以解除合同。

26.1.5　合同解除后，乙方应妥善做好已完工程和剩余材料、设备的保护和移交工作，按甲方要求撤出施工现场。合同解除后，不影响双方在合同中约定的结算条款的效力。

26.2 合同终止。

自合同双方当事人履行完毕合同全部义务，包括乙方向甲方交付符合约定的竣工工程，甲方支付完毕竣工结算价款后，本合同即告终止。

27. 特别约定

27.1 甲乙双方的本工程项目负责人必须是各自单位的法定代表人或委托代理人，负责履行本合同的权利和义务，其他人员未经书面授权签字无效。

27.2 乙方进入施工现场后应负责缴纳地方政府规定征收的税费(如地方税、暂住费等)。

27.3 因甲方企业文化建设需要，乙方人员、设备使用甲方标志时，不代表设备为甲方所有，也不代表乙方人员与甲方有任何劳动关系。

27.4 乙方应按甲方的质量、环境、健康要求和认证体系运行，执行甲方相关的体系文件和管理办法，并签订《职业健康安全责任书》。

27.5 甲乙双方签订的《安全生产责任书》，是本合同的组成部分，双方须按其规定执行。

27.6 甲乙双方应签订《保廉合同》，双方应共同遵守其规定。

27.7 本合同履约中甲乙双方往来的通知、指示、要求、确认、决定等均应以书面函件为准；紧急情况下可以先口头通知，后补充书面材料，并应送达约定地点和办理签收手续。

27.8 本合同中的：

主合同为：×××××××××；

业主指：×××××××××；

监理指：×××××××××；

设计指：×××××××××。

28. 其他

本合同一式×份，其中正本两份、副本×份，正本甲乙双方各一份，副本甲方×份、乙方×份。

本合同签订地为甲方法人住所地：××××省××市××区(县)

合同附件：1. 法人授权书

2. 工程量计价清单

3. 技术条款

4. 安全生产责任书

5. 职业健康安全责任书

6. 保廉合同

7. 双方认为应该补充的其他材料

甲方：(项目部全称)(公章)	乙方：(营业执照标注的单位名称)(公章)
法人代表(委托代理人)：	法人代表(委托代理人)：
开户银行：	开户银行：
账　　号：	账　　号：

简析：

这篇合同是建筑工程进入实质性建设阶段而签订的建筑工程施工合同。标题采用的是“合同内容＋合同种类”的形式。在合同内容上包含了标的、数量、质量、价格或酬金，以及履行的期限、地点、方式，违约责任，解决争议的方式方法。同时因为施工过程是一个复杂的过程，其中有许多因素是不可预测的，因此在本合同内容中，还加入了关于安全施工的内容。

案例四：

建筑安装工程承包合同

发包方：××××

承包方：××××

根据《中华人民共和国经济合同法》和《建筑安装工程承包合同条例》及有关规定，结合本工程的具体情况，经双方协商一致，签订本合同，以资共同遵守。

第一条　工程概况

1. 工程名称：×××××××××；

2. 工程地点：×××××××××；

3. 工程计划批准单位及文号：×××××××××；

4. 工程范围和内容：全部工程建筑面积××××平方米。(各单项工程详见工程项目一览表)

第二条　工程期限

1. 本工程合同总工期为××天(日历天从开工之日算起)。

2. 本工程开工日期××××年××月××日，竣工日期××××年××月××日。

3. 如遇下列情况，经发包方现场监理工程师或工程师代表签证后，工期相应顺延。并用书面形式确定顺延期限：

(1)发包方在合同规定开工日期前××天，不能交承包方施工场地、进场道路、施工用水，或电源未按规定接通，影响承包方进场施工者。

(2)明确由发包方负责供应的材料、设备、成品或半成品等未能按双方认定的时间进场，或进场的材料、设备、成品或半成品等向承包方交验时发现有缺陷，需要修配、改、代、换而耽误施工进度者。

(3)不属包干系数范围内的重大设计变更；提供的工程地质资料不准，使基础超深；施工方法与设计规定不符而增加工程量影响进度者。

(4)在施工中因停水、停电连续影响8小时以上者。

(5)发包方现场监理工程师或工程师代表无故拖延办理签证手续而影响下一工序施工者。

(6)未按合同规定拨付预付款、工程进度款、代购材料价差款而影响施工进度者。

(7)因遇人力不可抗拒的自然灾害(如台风、水灾、自然原因发生的火灾、地震等)而影响工程进度者。

第三条　工程合同总价

1. 本工程合同总价为人民币××××元。

2. 如遇下列情况，合同总价作相应调整：

(1)合同总价内经双方确认的暂估价变化。

(2)在合同工期内政策性调整所发生的材料差价、工资、费率及其他费用的变化。

(3)重大设计发生变更。

(4)基础超过设计深度。

(5)在施工中新增加了工程项目。

(6)其他。

第四条　材料、设备供应

1. 本工程所需的全部建筑材料、构配件、设备等物资的供应方法，经双方商定按附表二办理。

2. 材料、设备供应范围的划分和检验：

(1)进口特殊材料，有色金属统配，部管物资和二、三类机电产品，由发包方组织供应到现场或指定地点。如在规定交货地点之外交货，其发生的超运距运费和其他费用由发包方负责。

(2)成套设备和专用设备，由发包方负责招标、订货、供应和商品检验后交付承包方。对提前到货的设备应由发包方设库保存，安装时交付承包方妥善保管，不得挪用、丢失或损坏。

(3)本工程所需材料、设备除在“发包方供应的材料、设备明细表”明确由发包方供应外，其余材料均由承包方组织供应。

(4)所有材料设备、成品、半成品均应附有合格证，都要检验验收，签交物资验收合格单方可进场，已进场的物资未经发包方许可签署出场证书，不得运出场外。

(5)已进场的物资，若发现有不合格者，供料一方必须迅速将其运出场外。

(6)具有合格证书的建筑材料、设备，任何一方如有异议要求检验时，可以重新检验，检验后如属合格产品，其检验费用由要求检验的一方承担；如属不合格产品，检验费用由供料一方负担。

(7)没有合格证书，且未经试验鉴定或经过试验鉴定为不合格的建筑材料、设备、构配件等，双方均不得用于本工程。若属材料人员失职或其他原因造成不良后果，由责任一方负责。

(8)任何一方强迫对方使用不合格的建筑材料、设备和构配件于本工程的，都要签证记录在案，由此引起的一切后果由强迫一方负责。

3. 材料价差及实物价格的结算。

(1)发包方提交的主要材料指标，由承包方采购供货的，应根据指标的性质、发生的政策性调价等，以建筑安装材料预算价格为依据，逐项计算出原价价差或预算价差，均由发包方负责补差。此价差未包括在本合同承包造价之内的，不得列入工程直接费。

(2)发包方提供的主要材料实物，按发包方提供实物时建筑安装材料价格结算价款。

(3)除发包方供应的材料、设备外，发包方指定厂家、品种让承包方购买和供应其所指定的材料、设备的，其价款按实结算。

(4)发包方委托承包方代购的材料、设备，按双方商定的价格，由承包方收取代购款包干使用，发包方应于本合同签订后××天内一次付清。

(5)发包方提供的材料、设备的指标或实物，必须是本合同工程用的材料和设备，规格品种与实际需要不相符时，由承包方协助进行调剂串换使用，由发包方给付承包方劳务费××××元(或承包方不收取劳务费)。

(6)发包方供应的木材、成材指标或实物、硬杂木均按有关规定办理，其量差、价差由发包方承担。

第五条　工程质量和检查验收

1. 承包方必须严格按施工图纸、说明文件和国家颁发的有关规范、规程进行施工，并接受发包方现场监理工程师或工程师代表的监督检查。

2. 发包方聘用的现场监理工程师或工程师代表，必须以书面通知承包方其姓名、身份、所承担的任务。

3. 承包方确定的施工现场负责人及技术负责人、专门技术人员及管理人员，必须以书面形式将其姓名、身份、所分担的工作通知监理工程师或工程师代表。

4. 承包方应按工程进度，及时提供关于工程质量的技术资料，如材料、设备合格证，试验、试压、测试报告等的影印件。材料代用必须经过设计单位和发包方同意并签证后，方可使用。

5. 隐蔽工程由承包方自检后，填写《隐蔽工程验收单》，通知现场监理工程师或工程师代表检查验收，监理工程师接到通知后××小时内应到现场检验，认可签证后，方可进行下一工序施工。监理工程师未按时检查验收，承包方经质量检验部门检验确认合格后，即可隐蔽继续施工，发包方应予承认并办理检验合格手续。如提出异议，经复查合格者，其费用由发包方负责；不合格者，由承包方负责，因此而造成工期损失由责任方负责。

6. 电气照明、通风、水暖、卫生工程和机电安装工程竣工后，必须按照(1)××；(2)××；(3)××等有关规定进行技术检验。属于单体试车，由承包方负责进行。无论由谁负责试车，双方均应相互配合，共同进行。

试车中需要的动力、燃料、油料、材料、仪器、专用工具、技术劳务费用等，由发包方提供。其费用包括在定额内的，由承包方负担；定额中未包括的，由发包方负担。

7. 设备安装工程，由承包方会同发包方将已完工程(设备基础)向安装单位办理中间交工手续，并作为竣工验收的依据。

8. 工程竣工验收，应以施工图纸、图说、技术交底纪要、设计更改通知、国家颁发的施工验收规范和质量检验标准为依据。

9. 工程竣工后，承包方按规定整理提供完整的技术档案资料，并发出竣工通知书，经双方协商确定验收时间，由发包方组织有关单位进行竣工验收。

验收合格后，双方签署交工验收证书，并将工程移交给发包方管理，如发包方拖延接收，其保管费用和造成的损失由发包方承担。

交工验收中如发现有不符质量要求，需要返工的工程，应分清责任。属施工原因造成的，按双方验收时商定的时间，由承包方负责修好再进行检验。竣工日期以最后检验合格的日期为准。

10. 已竣工未验收工程，在交工前由承包方负责保管，发包方不得动用，若发包方已经使用，即视同交验。由于承包方原因，应交工验收而不交不验的工程，除按拖延工期条款处理外，还应赔偿因此而造成的经济损失。

11. 工程交工验收后，土建工程保修期为1年，采暖工程为一个采暖期，水电保修期为半年。保修证书在交工验收后由承包方填写交给发包方。

由施工造成的工程质量问题，发包方应书面通知承包方并约定时间进行修理。

在保修期内承包方拒不修理时，发包方可动用预留保修款请人修理，超支部分应由承包方负担。

第六条　施工设计变更

1. 发包方交付的设计图纸、说明和有关技术资料，均为施工的有效依据，发包方、承包方均不得擅自修改。

2. 施工图的重大修改变更，必须经原批准、设计单位同意，并于修改前×天办理设计修改议定单。设计修改议定单经发包方签证后，承包方才予实施。议定单和修改图纸发出份数与施工图份数相同，并作为合同的补充文件。

3. 当修改图纸属于设计错误、设备变更、建筑面积(容积)增加、结构改变、标准提高、工艺变化、地质条件与设计不符实际时，其增加的费用(包括返工损失、停工、窝工、人员和机械设备调迁，以及材料、构配件积压的实际损失)由责任方负责并调合同造价。

4. 承包方在保证工程质量和不降低设计标准的前提下，提出修改设计的合理化建议，经发包方、设计单位或有关技术部门同意后实施，其节约的价值按国家有关规定分配。

5. 在工程施工中发生下列各项事实之一时，承包方必须立即以书面通知发包方，要求确认：

(1)设计图纸和说明文件与工程现场状况不一致，如地质、地下水情况等，设计文件所标明的施工条件与实际不符。

(2)设计图纸和设计文件表示不明确或有错误及遗漏，图纸与说明书不符。

(3)设计图纸和说明文件中未标明的施工条件发生了预料不到的特殊困难等。

确认的事实必须在限期内解决，不能如期解决而造成停工的，工期损失由发包方承担。

第七条　双方负责事项

1. 发包方。

(1)办理土地征用，青苗、树木的赔偿，坟地迁移，房屋拆迁，障碍物的拆除(包括架空及隐蔽的)，并提供有关隐蔽、障碍物资料。

(2)在开工前做好建筑红线以外的“三通”和红线以内的场地平整；按审定的施工组织设计或施工方案，提供在红线图以内距建筑物不大于××米的水、电源联结点，并装好水、电表，以便承包方按表计费；负责红线以外进场道路的维修。

(3)根据施工地区供水、供电、水压、电压情况，采取措施满足施工用水、用电的需要。

(4)按规定提供不少于承包合同建筑面积×%的施工用地，办理红线外的临时用地及临时占用道路、爆破及临时铁道专用线接岔许可证，并承担所发生的费用。

(5)合同签订后×天内(以收签最后一张图纸为准)向承包方提供完整的建筑安装施工技术资料×套。

(6)确定建筑物(或构筑物)道路、线路、上下水道的定位标桩、水准点和坐标控制点。

(7)组织承发包双方和设计单位参加的施工图纸交底，并做好三方签署的交底纪要，并在×天内分送有关单位。

(8)审核承包方工程进度月报，及时向承包方支付工程进度款。

(9)按《发包方供应的材料、设备明细表》确定的供应时间及时组织供应，应由发包方提供材料、设备以满足工程进度的需要。

(10)派驻施工现场的监理工程师或工程师代表，对工程进度、工程质量、隐蔽工程和合同执行进行监督检查，负责设计图纸问题的处理，设计变更的签证，工程中间验收、工程进度拨款签证和其他必需的签证。

(11)组织对工程的竣工验收，并按合同规定日期配合承包方办好决算工作，及时了结工程财务和工程尾款。

2. 承包方。

(1)施工场地的平整，施工界区以内的用水、用电、道路和临时设施的施工。

(2)编制施工组织设计(或施工方案)，施工总进度计划，材料设备、成品、半成品等进场计划，用水、用电计划，开竣工通知书，隐蔽工程验收单等，并及时送发包方及有关单位。

(3)按双方商定的分工范围，做好材料和设备的采购、供应和管理。

(4)于每月底前×天向发包方报送月度施工计划，属发包方供应的材料、设备供应计划和当月工程进度月报(包括工程量、工作量和形象进度等)。

(5)严格按照施工图与说明书进行施工，确保工程质量，按合同规定的时间如期完工和交付。

(6)已完工的房屋、构筑物和安装的设备，在交工前应负责保管，并清理好场地。

(7)提供竣工验收技术资料，办理工程竣工结算，参加竣工验收。

(8)在合同规定的保修期内，对属于承包方责任的工作质量问题，负责无偿修理。

第八条　工程价款的支付与结算

1. 本合同签订后××日内，发包方支付不少于合同总价的(或当年投资额的)×%的预付款，计人民币×××万元。

2. 发包方收到承包方的工程进度月报后，必须在×日内按核实的工程进度支付工程进度款，工程进度款支付达到总合同总价的×%时，逐步按比例开始扣回预付款(或抵作工程进度款)。

3. 工程进度款支付达到合同总价款的×%时，不再按进度付款。办完交工验收后×天内支付×%的价款，留×%的价款存入建设银行，待保修期满后连本息一次支付给承包方。

4. 如发包方拖欠工程进度款或尾款，应按银行有关逾期付款办法或“工程价款结算办法”的有关规定处理。

5. 确因发包方拖欠工程款、代购材料差款而影响工程进度、造成承包方的停、窝工损失的，应由发包方承担。

6. 本工程造价结算方式按下列情况办理：

(1)以审查后的施工图预算加变更签证进行结算。

(2)按施工图预算加包干系数确定的包干造价结算，包干范围以外的费用，按××××等有关规定结算。

(3)按标准施工图单位造价包干结算，包干范围以外的费用按×××等有关规定结算。

(4)包干不包料的工程，按预算定额规定的人工费和机械费及相应的管理费结算。

(5)招标工程按中标价款结算，中标范围以外的工程费用，另按×××等有关规定结算。

7. 承包方在单项工程竣工验收后×天内，将竣工结算文件送交发包方和经办银行审查，发包方在接到结算文件×天内审查完毕，如到期未提出异议，即由经办银行审定后拨款给承包方。

第九条 违约责任与奖励规定

1. 承包方的责任。

(1)工程质量不符合合同规定的，负责无偿修理或返工。由于修理返工造成逾期交付的，按合同总价的×%偿付逾期违约金。

(2)工程交付时间不符合规定，按合同总价的×%偿付逾期违约金。

2. 发包方的责任。

(1)未能按照承包合同的规定履行自己应负的责任，除竣工日期得以顺延外，还应赔偿承包方因此发生的实际损失。

(2)工程中途停建、缓建或由于设计变更以及设计错误造成的停工，应采取措施弥补或减少损失，同时，赔偿承包方由此而造成的停工、窝工、返工、倒运、人员和机械设备调迁、材料和构件积压的实际损失。

(3)工程未经验收，发包方提前使用或擅自动用，由此而发生的质量或其他问题，由发包方承担责任。

(4)超过合同规定日期验收，按合同总价的×%偿付逾期违约金。

3. 发包方有提前工期要求的，可以实行提前竣工奖，按照合同工期，每提前1天由发包方按合同总价的×%奖给承包方。

优良工程每平方米奖××××元。

第十条 争议的解决方式

合同执行过程中如发生争议，双方应及时协商解决。协商不成时，如双方属于同一部门的，由上级主管部门调解；调解不成，或双方不属于同一个部门的，任何一方均可向工商局经济合同仲裁委员会申请仲裁，也可直接向人民法院起诉。

第十一条 特殊条款

本合同条款如对特殊情况有未尽事宜，双方可根据具体情况结合有关规定议定特殊条款。

第十二条 附则

其他本合同未言明事项，一律按《中华人民共和国经济合同法》和《建筑安装工程承包合同条例》规定执行。

合同附件：

1. 工程项目一览表(附表一)

2. 全部施工图纸

3. 施工图预算

4. 发包方负责供应材料、设备一览表(附表二)

5. 国家(或省、自治区、市政府、计委、建委等有关单位)对工程的批准投资计划、计划任务书等×份文件

上述附件均为本合同的组成部分，具有同等的法律效力。

本合同经双方签字盖章后生效，至合同工程竣工交验，结清工程尾款，保修期满后自然失效。

本合同正本×份，其中发包方执×份，承包方执×份，副本×份，分别报送业务主管部门、工商行政管理局和建设银行备案。

发包方(盖章)　　　　　　　　　　　　　　承包方(盖章)
鉴(公)证意见
地　　址：　　　　　　　　　　　　　　　地　　址：
经办人：
法定代表人(签名)：　　　　　　　　　　　法定代表人(签名)：
鉴(公)证机关(章)
委托代理人(签名)：　　　　　　　　　　　委托代理人(签名)：
开户银行：　　　　　　　　　　　　　　　开户银行：
账　　号：　　　　　　　　　　　　　　　账　　号：
电　　话：　　　　　　　　　　　　　　　电　　话：
电　　挂：　　　　　　　　　　　　　　　电　　挂：
邮政编码：　　　　　　　　　　　　　　　邮政编码：
签约日期：　　　　年　　月　　日
签约地点：
有效期限：　　　　年　　月　　日至　　　　年　　月　　日

附表一：

工程项目一览表

工程项目	结构层次	面积/m^2	开工日期	竣工日期	合同造价

附表二：

发包方供应的材料、设备明细表

材料设备名称	单位	品种	规格	数量	单价	金额	供应时间	供应地点	验交方式

简析：

在建筑工程施工过程中，除了主体建筑施工以外，还包括隐蔽工程、电气照明、通风、水暖、卫生工程和机电安装工程等，这些安装工程同样需要签订安装合同。在这份合同中，法律规定的合同条款内容都已具备。但同时，因为涉及安装，所以在合同中对于安装材料和设备的规定也十分详细。

案例五：

建筑材料供货合同

甲方(需方)：××××
地址：×××××××××　　邮码：××××　　电话：×××××××××××××
法定代表人：×××　　　　职务：××××

乙方(供方)：×××××××××

地址：××××　　　　　　　　　　　　邮码：××××　　电话：×××××××××××××

法定代表人：×××　　　　　　　　　职务：××××

第一条　甲方向乙方订货总值为人民币××××元。其产品名称、规格、质量(技术指标)、单价、总价等如表所列：

材料名称及花色	规格(毫米)及型号	质量标准或技术指标	计量单位	单价/元	合计/元

第二条　产品包装规格及费用×××××××××。

第三条　验收方法×××××××××。

第四条　货款及费用等付款及结算办法×××××××××。

第五条　交货规定。

1. 交货方式：×××××××××。

2. 交货地点：×××××××××。

3. 交货日期：×××××××××。

4. 运输费：×××××××××。

第六条　经济责任。

(一)乙方的责任

1. 产品花色、品种、规格、质量不符本合同规定时，甲方同意利用者，按质论价。不能利用的，乙方应负责保修、保退、保换。由于上述原因致延误交货时间，每逾期一日，乙方应按逾期交货部分货款总值的×%向甲方偿付逾期交货的违约金。

2. 乙方未按本合同规定的产品数量交货时，少交的部分，甲方如果需要，应照数补交。甲方如不需要，可以退货。由于退货所造成的损失，由乙方承担。如甲方需要而乙方不能交货，则乙方应付给甲方不能交货部分货款总值的5%的罚金。

3. 产品包装不符本合同规定时，乙方应负责返修或重新包装，并承担返修或重新包装的费用。如甲方要求不返修或不重新包装，乙方应按不符合同规定包装价值×%的罚金付给甲方。

4. 产品交货时间不符合同规定时，每延期一天，乙方应偿付甲方延期交货部分货款总值×%的罚金。

(二)甲方的责任

1. 甲方如中途变更产品花色、品种、规格、质量或包装的规格，应偿付变更部分货款(或包装价值)总值×%的罚金。

2. 甲方如中途退货，应事先与乙方协商，乙方同意退货的，应由甲方偿付乙方退货部分货款总值×%的罚金。乙方不同意退货的，甲方仍须按合同规定收货。

3. 甲方未按规定时间和要求向乙方交付技术资料、原材料或包装物时，除乙方得将交货日期顺延外，每顺延一日，甲方应付给乙方顺延交货产品总值×%的罚金。如甲方始终不能提出应提交的上述资料等，应视同中途退货处理。

4. 属甲方自提的材料，如甲方未按规定日期提货，每延期一天，应偿付乙方延期提货部分货款总额×%的罚金。

5. 甲方如未按规定日期向乙方付款，每延期一天，应按延期付款总额×%付给乙方延期罚金。

6. 乙方送货或代运的产品，如甲方拒绝接货，甲方应承担造成的损失和运输费用及罚金。

第七条　产品价格如须调整，必须经双方协商，并报请物价部门批准后方能变更。在物价主管部门批准前，仍应按合同原定价格执行。如乙方因价格问题而影响交货，则每延期交货一天，乙方应按延期交货部分总值的×%作为罚金付给甲方。

第八条　甲、乙任何一方如要求全部或部分注销合同，必须提出充分理由，经双方协商，并报请上级主管部门备案。提出注销合同一方须向对方偿付注销合同部分总额×%的补偿金。

第九条　如因生产资料、生产设备、生产工艺或市场发生重大变化，乙方须变更产品品种、花色、规格、质量、包装时，应提前×天与甲方协商。

第十条　本合同所订一切条款，甲、乙任何一方不得擅自变更或修改。如一方单独变更、修改本合同，对方有权拒绝生产或收货，并要求单独变更、修改合同一方赔偿一切损失。

第十一条　甲、乙任何一方如确因不可抗力的原因，不能履行本合同时，应及时向对方通知不能履行或须延期履行、部分履行合同的理由。在取得对方主管机关证明后，本合同可以不履行或延期履行或部分履行，并免予承担违约责任。

第十二条　本合同在执行中如发生争议或纠纷，甲、乙双方应协商解决，解决不了时，按以下第(×)项处理：(1)申请仲裁机构仲裁；(2)向人民法院起诉。

第十三条　本合同自双方签章之日起生效，到乙方将全部订货送齐经甲方验收无误，并按本合同规定将货款结算以后作废。

第十四条　本合同在执行期间，如有未尽事宜，得由甲乙双方协商，另订附则附于本合同之内，所有附则在法律上均与本合同有同等效力。

第十五条　本合同共一式×份，由甲、乙双方各执正本一份、副本×份，报双方主管部门各一份。

第十六条　本合同有效期自××××年××月×日起至××××年××月×日止。

订立合同人

甲　方：×××××××××(盖章)	乙　方：×××××××××(盖章)
经办人：×××	经办人：×××
负责人：×××	负责人：×××
电　话：×××××××××××××	电　话：×××××××××××××
开户银行账号：××××××××××××××	开户银行账号：××××××××××××××
日期：××××年××月×日	日期：××××年××月×日

简析：

在建筑工程施工过程中，所需的建筑材料需要与供货商签订材料供货合同。在这份材料供货合同中，明确规定了材料的规格、数量等。同时为了保证施工进度，还规定了交货时间、地点、方式等。条款清楚，规定详细，避免了纠纷。

【项目训练】

一、简答题

1. 在招标过程中，需要使用哪几种公文？招标公告和招标邀请书有什么区别？

2. 请简述投标书的特点和写作要求。

3. 请简述开标、评标的程序。

4. 意向书、协议书、合同三种公文的区别和联系是什么？

二、写作题

1. 以下这份协议书有多处不妥之处，请加以修改。

协　议　书

中国××国际经济技术合作公司与香港××贸易公司经过友好协商，在平等互利的原则下，就合作投资创办出租汽车公司事宜，达成以下协议：

1. 合营企业名称为××出租汽车公司。经营大、小车100辆。其中：德国奔驰280－S轿车8辆(旧车，行车里程不超过17万公里)，日本丰田轿车80辆(其中：50辆具有里程、金额计数表，空调及步话机等)，面包车12辆。

2. 公司董事会。人数为5人，甲方3人，乙方2人。董事长1人，由甲方担任，副董事长1人，由乙方担任。正副总经理由甲、乙双方分别担任。

3. 乙方所得纯利润可以人民币计收。合作期内，乙方纯利润所得达到乙方投资额(包括本息)后，企业资产即归甲方所有。

4. 双方共同遵守国家制定的外汇、税收、合资经营以及劳动等法规。

5. 双方商定，在适当的时间，就有关事项进一步洽商，提出具体实施方案。

甲方代表：×××　　　　　　　　　　乙方代表：×××

2. 根据以下材料，写一份合作意向书。

××超市代表王××与无锡×水蜜桃生产基地总经理宋××就2013年水蜜桃销售达成合作意向。××超市准备收购水蜜桃5 000千克，要求水蜜桃八成熟采摘，采摘后两天内由生产基地用纸箱包装后运到超市，包装费用、运输费用均由水蜜桃生产基地负责。水蜜桃的价格按国家规定当地收购牌价折算，付款方式为现金。其他未尽事宜在正式合同中明确。

3. 根据材料拟写招投标文件。

××学院拟修建一座图书馆，建筑总面积××××平方米，由投标单位包工包料。××学院对图书楼的设计和质量要求，以及原材料的质量标准已提出了书面材料。2013年5月15日—20日为工程招标起止时间，2013年6月10日上午9时在××学院1号办公楼210室公开开标。竣工日期为2014年12月30日。工程的主项报告及招标办公室已经获上级有关部门批准。××学院地址在重庆市××区××路××号。项目联系人：×××，咨询电话：023－××××××××，传真：023－××××××××。

请在以上材料的基础上，按招投标程序编制一组招投标文件：

代××学院招标办公室编制一份招标书。

代××建筑工程总公司编制一份投标书。

代××学院招标办公室编制一份中标通知书给中标人。

4. 根据下面内容用条文和表格的形式，写一份购销合同。

××省××市建筑设备公司(简称甲方)的代表李××于2013年5月10日与河南省××机械厂(简称乙方)的代表王××签订了一份合同，双方议定：甲方购买乙方生产的“彩云牌”挖掘机1台，单价30万元。产品包装按统一规定的机械品包装标准进行硬包装。包装物由乙方负责，要求于2013年8月20日，用汽车运到甲方单位，运费按规定运价由甲方负担。甲方在收到货后3天内验收完毕即将货款通过银行转账汇给乙方。如果延期交货或付款，每延期1天，违约方应承担该批货款总值10%的罚金。如果质量不符合规定标准，经检验后重新计算，乙方除赔偿甲方损失外，还应给付甲方货款总值10%的罚金。合同由××市×××公证处签证后双方签字即生效。合同正本2份，甲乙双方各执1份，副本4份，各送银行、公证部门存查。甲方地址在××省××市××路××号，邮编××××，开户银行：××××银行支行，银行账号：×××××××。乙方地址在××省××市××路××号，邮编：××××，开户银行：××××银行支行，银行账号：×××××××××。

提示：按合同的写法要求写作，格式要齐全。凡能列入表格的尽量列入，不能列入的用文字说明。

第四章　房地产纠纷诉讼类文书

学习目标

1. 了解房地产常用的纠纷诉讼公文（起诉状、上诉状、答辩状、申诉状等）的含义、特点和作用等。

2. 掌握起诉状、上诉状、答辩状、申诉状、仲裁申请书的写作方法、格式要求，能在实际工作、生活中按要求正确写作相应的纠纷诉讼类文书。

第一节　房地产纠纷诉讼类文书概述

一、房地产纠纷诉讼文书含义

房地产纠纷诉讼文书，是房地产纠纷诉讼程序中所使用的文书的总称，指案件（包括刑事案件、民事案件、经济案件、行政案件等）当事人（公民、法人或其代理人），运用有关的法律条文向司法机关（指公安机关、检察院、法院、司法行政机关）提出诉讼请求或者答辩要求的书面材料。它既属于专业应用文书，又属于法律文书的范畴。

二、房地产纠纷诉讼文书特点

1. 内容的合法性

房地产纠纷诉讼文书的内容必须合乎法律的规定，必须依法制作，以法为据。文书所载事实必须具备法律意义，并且依法能按照一定的诉讼程序审理。另外，在房地产纠纷诉讼文书中应当正确地引用法律、法规的条款或有关法律文件。

2. 事实的客观性

诉状的写法必须以案件的客观事实为依据，整个文书的内容应当符合法律要求和有关政策的规定，提出的要求应合理合法，实事求是，不应歪曲、篡改或捏造事实。

3. 格式的规范性

诉状在写作格式和使用上要遵守一定的程式和规范，即按照规定的或约定俗成的格式来制作，事项要齐全，不可缺少。

4. 文字的准确性

诉状的语言风格力求朴实简练，通俗易懂。写作房地产纠纷诉讼文书，遣词造句，必须字斟句酌，仔细推敲，绝不可马虎大意。在叙事方面，诉状类应用文只需写明大体的发展脉络，突出重要的细节；分析说理方面，也要明确和简洁。

5. 应用的时限性

诉状类文书的写作和应用有特定的时限要求。如上诉状、答辩状等，都有法律规定的时限，超过时限，就失去了诉求和答辩的权利。

三、房地产纠纷诉讼文书的分类和作用

(一)房地产诉讼文书的分类

写作房地产诉状类文书主要是根据诉讼法来进行。诉讼有刑事诉讼、民事诉讼和行政诉讼之分。

(1)根据诉讼案件的性质的不同，可以把诉状类文书分为刑事诉讼状、民事诉讼状和行政诉讼状。

(2)根据司法程序来划分，可以把诉状类文书分为起诉状、上诉状、答辩状和申诉状等。

(3)根据制作主体的不同来划分，由当事人制作的主要有起诉状、上诉状、申诉状、答辩状和申请书；由法院制作的主要有调解书、判决书、裁定书等。

另外，诉状类文书还包括当事人为解决合同纠纷或者其他财产权益纠纷而递交给仲裁机构的仲裁申请书、仲裁答辩书等。

(二)房地产纠纷诉讼文书的作用

(1)房地产纠纷诉讼文书是诉讼程序发生的根据，是司法机关审理案件的基础和依据。诉状呈送给法院后，法院一经审查合格就要立案处理，诉讼程序也就随之启动。诉讼文书对司法机关了解情况和处理案件起了很重要的作用。

(2)房地产诉状类文书可以让当事人行使保护自己合法权益的权利。通过诉状，当事人可以陈述案情，表明诉讼的理由和法律根据，阐明诉讼的目的和具体请求，从而维护自身的合法权益。

四、房地产纠纷诉讼文书的写作

不同房地产纠纷诉讼文书，名称不同，含义和作用也各有异，但篇章结构及组成部分的内容，都有大致的规范格式。一般来说，都可分为标题、首部、正文、尾部、附项五部分，如表 4-1、表 4-2 所示。以下分别进行介绍。

表 4-1　纠纷诉讼公文格式

标　题

首　部

正文：诉讼请求；事实与理由

具状人(签名盖章)

附　项

日　期

表 4-2　诉讼公文格式

组成要素	例　　文
标题	**行政答辩书**
首部	答辩人：(一审被告)××市建设管理局 地址：××省××市××路××号 法定代表：×××，男，建设管理局局长
正文	因××省室内装饰工程总公司违章施工一案，现提出答辩如下： 1. 答辩人认为原告领取的国家轻工总会颁发的《室内装饰施工企业资质等级证书》和《室内装饰工程施工许可证》是不合法的、无效的。因为原告承包的工程项目属建筑安装工程，应服从建筑业主管部门统一归口管理。而原告承包的工程项目无建管部门颁发的《资质等级证书》及《施工许可证》。第三人向原告颁发的《资质等级证书》和《施工许可证》无法律、法规和行政授权依据。 2. 该工程预算价款在 130 万元以上，没有实行招标投标，违反了《××省工程建设施工招标投标管理办法》中总投资在 50 万元以上的新建工程应当实行招标投标的规定。原告合同价款写为 49.18 万元，其实原告进行施工后，中亚实业有限公司已支付原告工程款 80 余万元。这是隐瞒工程价款实情，逃避招标，是不合法规的行为。 我局根据××省政府 31 号令发布实施的《××省工程建设施工招标投标管理办法》和《××省建筑市场管理实施细则》，对原告违章施工做出行政处罚，事实清楚，证据充分，适用法律、法规正确，请求法院予以维持被告处理决定
尾部	此致 ××市××区人民法院 答辩人：×××(印章) 法定代表：××× ××××年×月×日

(一)标题

标题就是一份诉讼文书的题目，一般只需要写出文种的名称，如"起诉状""上诉状""申诉状""答辩状""申请书"，也有冠以简明限制词的，如"民事起诉状""行政起诉状""合同纠纷起诉状""合同纠纷答辩状""撤销起诉申请书"等。

(二)首部

首部即诉讼文书的开端，是按固定格式分项交代当事人的基本情况。当事人双方的称呼，不同文种各不相同，如起诉状中称原告人和被告人，上诉状中称上诉人和被上诉人，答辩状中称答辩人和被答辩人。当事人可以是公民、法人单位或其他组织，填写的要求也不相同。如是单位，要填写单位全称、所在地和其法定代表人的姓名、职务。如果是个人，要写明姓名、性别、年龄、民族、工作单位、职业、住址、邮编。双方有委托代理人的，要分别写出代理人的姓名、性别、职务以及与被代理人的关系，并向法院提交经委托人签名或盖章的授权委托书。

举例说明首部写作方法：

原告人：××××房地产开发公司，重庆××区××街××号

法定代表人：×××，公司经理

委托代理人：×××，男，××法律事务所律师

被告人：重庆×××有限公司，重庆××区××街××号

法定代表人：×××，经理

委托代理人：××律师事务所律师

(三)正文

正文是诉讼文书的主体，一般包括案由、请求、理由三方面内容。

1. 案由

案由是主体部分的导语，说明当事人具状的原委。一般格式如“原告人×××为×××一案，提起诉讼如下：”“上诉人(申诉人)×××为××一案，不服××人民法院(××××)××字第×号的判决(或裁定)，提出上诉(或申诉)。上诉(或申诉)的理由和请求如下：”“答辩人×××为××一案，提出答辩于下：”

但在起诉书中，案由有的省去不写，也有的用一个短语概括说明，如案由：合同纠纷。

2. 请求

请求是说明当事人的目的和意图，就像文章的主题，是组织全文的纲。没有请求，诉讼公文的制作就失去必要和依据，判决(或裁定)也无从进行。

请求必须写得明确、具体，不能笼统或含糊不清。在房地产纠纷的起诉状中，要写明对被告的要求：解决什么问题、承担何种责任、赔偿多少损失等，如果涉及钱款，还应写明数额。例如：

诉讼请求：

被告立即退回原告贷款××万元；

被告赔偿原告经济损失费×万元；

被告承担诉讼的全部费用。

在上诉状或申诉状中，要明确提出对法院的请求：变更或撤销原审的判决或裁定。如果原审判决或裁定只是部分失当，应写明变更或撤销哪一部分，不能笼统。

3. 理由

理由是请求事项的原因。阐述理由的一般原则是：第一，必须与请求保持逻辑上的一致性；第二，必须摆事实，讲道理，避免空洞无物。

不同的房地产纠纷诉讼文书的说明方法有所不同，一般来说，起诉状侧重于正面立论，上诉状、答辩状或申诉状则侧重于反面驳论。

(四)尾部

尾部即诉讼文书的结束部分，包括以下四方面内容：

(1)致送人民法院的名称(全称)。

(2)具状人的姓名和印章(如为机关、团体或企事业单位，应该用全称，还须有法定代表人的姓名和印章)。

(3)具状的时间，写明何年何月何日。

(4)如有代理人，还要有诉讼代理人的姓名和印章。

(五)附项

附项是起诉状的附属事项，写在起诉状结尾部分的左下方。例如：

附：被告人×××、×××现羁押于×××看守所；

随案移送下列材料：证据目录1份，证人名单1份，询问证人笔录复印件6份，书证20份。

第二节　起诉状　上诉状　申诉状　答辩状

一、起诉状

(一)起诉状的含义

起诉状是指房地产纠纷案件的当事人(包括公民、法人或者其他组织)，因房屋、土地发生侵害而向人民法院提出司法保护，要求依法审理、裁决所制作的诉讼公文。 在房地产纠纷案件的诉讼过程中，起诉状有着重要意义，它既是原告人用以陈述产生纠纷的事实、表明诉讼的请求和理由、维护自己合法权益的途径，又是法院对案件进行审理的依据和基础。没有起诉状，一审诉讼程序就无从开始。

(二)起诉状的特点

1. 明显的自诉性

原告人或自诉人为维护自己的合法权益而提起诉讼，必须将有关的案情和自己的诉讼请求如实告诉人民法院，以祈求法院依法裁决，所以起诉状具有明显的自诉性特点。

2. 显著的法定性

“以事实为依据，以法律为准绳”是人民法院办案工作的基本原则，同时，这也是拟写起诉状的基本原则。提出请求事项和阐述理由时都必须做到有法可依。

3. 严格的规范性

起诉状在写作上有严格的体例格式，不能随意增减其中的项目，变动其先后次序，否则，人民法院不予受理。

(三)起诉状的分类

根据诉讼的性质和目的不同，起诉状可分为民事起诉状、行政起诉状、刑事自诉状。

1. 民事起诉状

民事起诉状是公民或法人(包括其诉讼代理人和有诉讼权的第三人)为维护自己的民事权益，就自己的民事权益受到侵害或者与他人发生权利与义务的争议等民事纠纷，依照法律和事实，向人民法院提起诉讼，请求依法裁判的法律公文。它是人民法院依法受理民事案件的依据和基础。

2. 行政起诉状

行政起诉状即公民、法人或者其他组织不服行政机关的具体行政行为，依法向人民法院提交的要求法院裁判的诉讼公文。它是人民法院审理行政诉讼案件的依据和基础。行政起诉状是一种民告官的法律公文。行政诉讼的被告只能是做出具体行政行为的行政机关或者法律、法规授权的组织。行政机关的工作人员不能当被告。

3. 刑事自诉状

刑事自诉状是由被害人或其法定代理人，以自诉人个人的名义，根据事实和法律，直接向人民法院控告被告人的犯罪行为，要求追究被告人的刑事责任的法律文书。如果同时要求追究民事责任，可称刑事附带民事诉状。它是人民法院审理刑事自诉案件的依据和基础。

刑事自诉案件中提起诉讼的人(控告人)，称作自诉人，被起诉人(被控告人)称作被告人。

(四)起诉状的写作

起诉状一般包括标题、原告及被告基本情况、诉讼请求、事实和理由、尾部、附项等几部分。

1. 标题

一般以文种为标题，写清起诉状的性质或诉讼原因，如“起诉状”“民事起诉状”“房产纠纷起诉状”等。

2. 原告及被告基本情况

其包括当事人双方的姓名、性别、年龄、民族、职业、工作单位和住所，法人或其他组织的名称、住所和法定代表人或者主要负责人的姓名、职务等。

3. 诉讼请求

这是原告希望通过诉讼要达到的目的，即希望人民法院解决什么问题。

4. 事实和理由

事实，是指当事人之间的民事权益纠纷的事实。这是起诉状的主要内容。应写明当事人之间的法律关系，发生纠纷的原因、经过与结果，纠纷争执的焦点等。

理由，是指原告对上述事实的分析和相关的法律、法规及政策条款。应着重分析纠纷的性质、起因、是非、责任以及权利与义务的关系等；同时援引相关的法律、法规及政策条款作为依据。

5. 尾部

(1)送致法院。空两格写“此致”，提行顶格写送致法院名称“××人民法院”。

(2)发文机关署名及日期。在右下方写出起诉人姓名(签名或盖章)。有别人代书的，在起诉人下面写出代书人姓名。最后写明起诉日期。

6. 附项

写明“本状副本份数、物证件数、书证件数”等内容，如果没有，这部分内容可以省略。

(五)写作起诉状注意事项

(1)请求目的应明确、具体；请求应合情合理，切实可行。

(2)写事实和理由要以双方争论的焦点和实质性的分歧为重点，事态过程应概述，与争议或纠纷无关的情节不要写。

(3)陈述理由、分析问题必须有理有据，观点明确，论据充分。

(4)援引法律准确、适当。

(5)行文简明，层次清楚，语言通顺。

(六)起诉状的格式

1. 民事起诉状的格式(表 4-3)

表 4-3 民事起诉状的格式

组成要素	格 式
标题	**民事起诉状**
首部	原告：(姓名、性别、年龄、民族、籍贯、职业、住址等) ______ 法定代理人：(视有无而定，内容同上，一般用于未成人或精神病人) ______ 委托代理人：(视有无而定，内容同上，一般是律师) ______ 被告：(姓名、性别、年龄、民族、籍贯、职业、住址等) ______ 法定代理人：(视有无而定，内容同上，一般用于未成人或精神病人) ______ 委托代理人：(视有无而定，内容同上，一般是律师) ______
正文	诉讼请求：(要求法院保护的权利) ______ 事实和理由：(证据及证据来源，证人名址：书证、物证、证言、鉴定材料等) ______
尾部	此致 ×××人民法院 起诉人(具状人)：×××(签章) 年 月 日
附项	附：本诉状副本(　　)份，证据清单

案例一：

房产纠纷起诉状

原告：王××

住址：重庆市××区××小区××栋

电话：138××××××××　　139××××××××

被告：重庆市××房地产开发有限责任公司

地址：重庆市沙坪坝区××××路××号

法定代表人：×××

联系人：宋××

电话：136××××××××　023—××××××××

诉讼请求：

1. 请求法院判令被告立即为原告办理房屋所有权证；

2. 请求法院判令被告支付逾期办理房屋所有权证的违约金；

3. 请求法院判令被告承担本案诉讼费用。

事实与理由：

2005 年 10 月 15 日，原告向被告支付叁拾肆万元(340 000.00 元人民币)用于购买被告于 2004 年开发建成的××小区××栋 301 一套住房，由于该小区是现房销售，被告于原告付款当日便将房屋交付入住。2006 年 7 月 15 日，原告向被告支付该房屋契税及维修基金，并敦促其早日办理房屋所有权证，但时至今日，被告方一直以种种原因拖延原告办理其应有的房屋所有权证，原告多次联系被告该项目的负责人宋××要求办理房屋产权手续，均未果。

综上所述，被告作为房屋买卖合同的出售方，在原告支付购房款履行了付款义务后，被告方交付房屋即购房合同成立，被告方应当在合同订立之日起 90 日内按约定办理房屋所有权证。根据《中华人民共和国城市房地产管理法》第 60 条、《城市房地产开发经营管理条例》第 33 条及最高人民法院《关于审理商品房买卖合同纠纷案件适用法律若干问题的解释》第 18 条规定，被告应当立即办理房屋产权证并支付违约金。

为维护原告合法权利，特诉请人民法院判允前列诉讼请求。

此致

重庆市沙坪坝区人民法院

具状人(签名或盖章)

2008 年××月××日

附件：

1. 本状及副本×份
2. 物证×份
3. 书证×份

简析：

这是一份要素齐全的房产纠纷起诉状。首部介绍了当事人的基本情况。案由明确，诉讼请求具体明确，交代事实简洁清楚，陈述理由合情合理，引用法规明确、具体，人称前后一致，是一篇规范的起诉状。

案例二：

民事起诉状

原告：吕×，男，63 岁，汉族，天津市人，××市××技校退休教员，住××区十字街××胡同 14 号。

委托代理人：董××，××区法律顾问处律师。

被告：吕×彬，男，76 岁，汉族，天津市人，××市××厂退休工人，住××区××街北 27 号。

被告：李×，女，72 岁，汉族，天津市人，××区××道棉麻商店退休职工，住址同上。

请求事项：

判准原、被告三人将共同所有之坐落××区××街北 27 号房屋十三间半、××胡同 14 号房屋六间(总计十九间半)按现居住情况予以析产。

事实及理由：

被告吕×彬系原告之兄，李×系原告之嫂。原、被告三人共同所有私产房屋十九间半，该房系祖遗房产，曾于解放初连同其他遗产分割析产……

综上所述，讼争之房系原、被告三人按份共有。按份共有人对自己的份额有权要求分出……被告借口阻止，实属违法悖理。为此，诉请贵院，依法判如所请，以维权益。

此致

××区人民法院

原告：吕×

委托代理人：董××

20××年4月7日

简析：

该诉状目的是请求析产。请求事项明确、要求具体。事实与理由部分，将析产标的历史和问题焦点一一交代清楚，证明其要求是有法律依据的，之后从人情道理上陈述，指出被告“实属违法悖理”，情与法都在原告一方。

2. 行政起诉状的格式(表4-4)

表4-4 行政起诉状的格式

组成要素	格　式
标题	**行政起诉书** （公民提起行政诉讼）
首部	原告：__________（姓名、性别、年龄、民族、工作单位、住址等） 委托代理人：__________（注明委托代理人情况） 被告：__________（行政机关） 法定代表人：__________ 地址：__________ 委托代理人：__________（注明委托代理人情况）
正文	**诉讼请求** __________ **事实与理由** __________ **证据及证据来源** __________
尾部	此致 ××××人民法院 起诉人：××× 年　月　日
附项	附项：本诉状副本____份

案例：

行政起诉书

原告人：××市室内装饰工程公司

地址：××省××市××路××号

法定代表人：×××，男，40岁，公司经理

被告人：××市建设管理局

地址：××省××市××路××号

法定代表人：×××，男，38岁，建设管理局局长

请求事项：撤销××市建设管理局×建管监字6号处理决定。

事实与理由：

199×年8月5日，××市中亚实业有限公司与原告(××市室内装饰工程公司)签订了承建××路综合楼通风、空调安装工程的施工合同，合同价款为49.18万元，该项目预算造价为130.47万元。199×年9月18日第三人(××省轻工业厅)向原告颁发了《室内装饰工程施工许可证》和《室内装饰施工企业资质等级证书》。

199×年2月，被告(××市建管局)在建筑市场大检查中认为原告无省建设厅颁发的《建筑安装资质等级证书》和单位工程《施工许可证》，违反了《××省工程建设施工招标投标管理办法》和《××省建筑市场管理实施细节》有关规定，做出了×建管监字6号处理决定：1. 工程立即停工。由××中亚实业有限公司另选符合资质等级的施工单位，到市建管局办理建管手续后方可继续施工。2. 工程质量必须经市工程质量监督部门检查认定，如不符合要求，必须另行处理。3. 对××中亚公司未经招标投标管理，自行包工程处以罚款5 000元，上缴财政。4. 以××省室内装饰工程总公司无“资质证书”，无“施工许可证”违章施工，处以罚款1万元，上缴财政。

原告认为，本公司依法取得国家轻工总会颁发的《资质等级证书》，省轻工业厅颁发的《施工许可证》，承建××路综合楼通风、空调安装工程。而被告却确认我公司无资质证书、无施工许可证，属违章施工，责令我公司停工并罚款1万元。原告认为本公司持有中国轻工总会颁发的甲级资质证书是合法有效的。省工业厅是省政府主管全省轻工业室内装饰行业的职能部门，有权向室内装饰企业颁发施工许可证，被告的处理决定，损害了省轻工业厅的权利，属越权行为。请法院依法撤销被告的处理决定。

此呈

××市××区人民法院

原告人：××市室内装饰工程公司

法定代表人：×××

××××年×月×日

简析：

这是一份成功的行政起诉状，格式正确，要素齐全。诉讼理由充分，引用法律条文准确、完备，语言准确、严谨，表述富有逻辑性。

二、上诉状

(一)上诉状的含义

房地产诉讼的当事人，不服地方人民法院第一审房地产纠纷案件判决和裁定的，在规定的时间内，向上级人民法院提起上诉，请求重审改判所制作的诉讼文书。上诉状是第二审法院受理案件，并进行审理的依据。

(二)上诉状的特点

上诉状具有直接性、针对性、时效性、说理性等特点。

1. 直接性

提起上诉的直接性，指必须是具有法定身份的人才有权提出上诉状。具有法定身份是指当事人或其诉讼权利承担人、法定代理人、特别授权的委托代理人，可以不经过被告人同意而提出上诉；其他近亲属和辩护人未得到被告人同意，即使认为判决或裁定有错误，也无权提出上诉，只能提出申诉。

2. 针对性

必须是当事人或其法定代理人不服人民法院的一审判决或裁定而有上诉请求时，才写上诉状。这里包括两层意思，只能对地方各级人民法院，即高级以下人民法院所制作的裁判提起上诉，对最高人民法院制作的裁判，不能提起上诉；只能是对人民法院的一审裁判不服才能提起上诉。我国法院实行两审终审制，二审裁判是终审裁判，不得再提起上诉。

3. 时效性

上诉的时间在民事诉讼法中有严格的规定：不服地方人民法院第一审判决的，有权在判决书送达之日起15日内向上一级人民法院提起上诉，不服地方人民法院第一审裁定的，有权在裁定书送达之日起10日内向上级人民法院提起上诉，否则不予处理。第二审人民法院对上诉案件，应由审判员组成合议庭开庭审理。经过阅卷和调查核对清楚，合议庭认为不需要开庭审理的，也可以径行判决、裁定。

4. 说理性

是当事人针对一审判决或裁定在认定事实、运用法律或程序上存在的问题提出的。因此在写作上诉状时，要以法律为依据，实事求是地写明事实，不应牵强附会，无理缠讼。

(三)上诉状的种类

根据案件的性质，上诉状分为民事上诉状、刑事上诉状、行政上诉状三种。

1. 民事上诉状

民事案件当事人或其法定代理人不服一审人民法院的民事判决、裁定，在上诉期间内要求上级人民法院进行审理、撤销、变更原裁判所提出的书面请求。

2. 刑事上诉状

刑事案件当事人及其法定代理人或刑事被告人的辩护人及近亲属经被告人同意，不服地方各级人民法院的一审判决、裁定，依照法定程序和期限要求上一级人民法院撤销或变更原裁判的书面请求。

3. 行政上诉状

行政诉讼当事人不服人民法院的一审行政判决、裁定，依法要求上一级人民法院撤销变更一审判决的书面请求。

(四)上诉状的写作

上诉状一般由标题、原被告双方基本情况、上诉请求、上诉理由、尾部和附项五部分组成。

1. 标题

标题多写明"刑事上诉状""民事上诉状"或"行政上诉状"。

2. 原被告双方基本情况

当事人双方的身份事项，同时注明当事人双方在原审中的诉讼地位。

3. 上诉请求

说明上诉人不服原审判决，要求二审法院撤销、变更或裁判，或重新审理的请求。同时要写清原审裁判的主要内容，上诉人不服部分内容等。

4. 上诉理由

这是上诉状的关键所在。上诉理由主要针对原审裁判的错误或不当之处，论述上诉理由。通常从四个方面写理由：第一，针对原审判决或裁定对事实认定的错误、出入和遗漏，或证据不足，而提出纠正或否定的事实和证据；第二，针对原审判决或裁定对事实的定性不当，而提出恰当的定性判断；第三，针对原审判决或裁定引用的法律条文不准、不对，而提出正确适用的法律根据；第四，针对原判决或裁定不合法定程序，而提出纠正的法律依据。

5. 尾部和附项

尾部写明上诉状提交或转送的法院名称及上诉人签名或盖章，并注明日期。附项要写明上诉状副本份数、证物件数、书证件数等。

(五)写作上诉状的注意事项

(1)上诉请求，包括要求全部或部分撤销、变更原判决等内容。

(2)事实和理由部分，应全面陈述对第一审人民法院在认定事实和适用法律上的不当或错误，以及程序违法方面的问题，提出所依据的事实和理由，包括在一审程序中未提供的事实、理由和证据。

(六)上诉状的格式(表 4-5)

表 4-5　上诉状的格式

组成要素	格　式
标题	**上诉状**
首部	上诉人：____________(是公民的，写明姓名、性别、年龄、民族、职业、住址等；是法人单位的写名称、地址、法定代表人姓名、职务、经营范围等) 法定代理人：______(只适用于未成年人或精神病人) 委托代理人：________(视有无委托而定，写姓名、性别、职业、单位) 被上诉人：________(分公民或法人单位两种情况，内容比较上诉人的填写方式) 上诉人因____一案，不服___法院于__年__月_日__字第__号判决，现提出上诉。
正文	上诉请求：________________ (要求第二审法院保护自己权利的具体内容) 上诉理由：________________ (事实和法律根据)
尾部	此致 ××××人民法院 上诉人：××× 法定代表人：×××(签章) 年　月　日
附项	附项：1. 本上诉状副本___份。 2. 有关证明材料___件

注：民事上诉状、行政上诉状、刑事上诉状的格式相似。

（七）案例分析

案例一：

民事上诉状

上诉人：×××，女，1961年8月18日出生，汉族，××天鑫房地产经纪有限公司职员，住北京市××区华腾园2号楼810。

委托代理人：于××，北京市××律师事务所律师。联系电话：1360130××××。

被上诉人：北京××房地产经纪有限公司，住所地北京市××区光华路××号汉威大厦××室。

法定代表人：雷××，该公司董事长。

上诉人因合同纠纷一案，不服北京市××区人民法院〔2006〕朝民初字17675号民事判书，现依法提出上诉。

上诉请求：

1. 撤销原判，依法改判上诉人不承担任何经济责任。

2. 被上诉人对外私自出售房屋的行为无效。

3. 被上诉人承担一切诉讼费用。

上诉理由：

一、被上诉人超越授权范围，未经过上诉人的同意，私自与第三人发生的行为无效。双方签订的《房屋委托出售合同》中上诉人没有委托被上诉人代交任何费用，被上诉人交纳供暖费时没有经过上诉人的同意，是一种私自行为，其真正的用意是着急房屋的出售，暗箱操作，以快速达到非法赚取差价的目的。如果当初被上诉人征求上诉人的意见，上诉人肯定拒绝交纳该笔费用，这样必然会拖延被上诉人买卖房屋的时间，影响被上诉人赚取差价。因此，被上诉人不征求上诉人的意见是有非法的目的，该行为也应当无效。

二、上诉人不拖欠任何费用，被上诉人是盲目的、私自的交纳费用的行为，该损失应由被上诉人自己承担。

1. 该房屋原系上诉人所在单位的公房，上诉人于2000年6月28日才取得该房屋的产权，即1998—1999、1999—2000、2000年上半年的取暖费与上诉人没有任何关联。

2. 上诉人在该房屋居住期间，所在的单位作为给职工的福利待遇，取暖费一直都是单位交纳，所以不管何时的取暖费用与上诉人无关。

3. 即使上诉人应该交纳其中的部分取暖费用，而上诉人在该房居住期间，供暖单位或者任何其他人从未向上诉人主张过权利，该费用也已经超过诉讼时效，上诉人有足够的事由行使抗辩权，而由于被上诉人的交纳行为致使该权利丧失。

4. 在被上诉人给上诉人交付房款前，被上诉人单位的工作人员已经调查是否欠费，在确定不欠费的情况下，双方签订了《物业交验单》，正式确认上诉人不拖欠任何费用。

所以上诉人不欠任何费用，此后的任何所谓的“欠费”，被上诉人应当找上诉人调查核对，毫无理由地盲目给付，是自讨苦吃，损失自负。

三、被上诉人将该房屋卖给第三人的行为无效。

1. 上诉人与被上诉人签订的合同是《房屋委托出售合同》，被上诉人的权利只是作为中介机构，代为买卖的行为，而并无脱离房屋产权人直接出售的权利，卖给第三人理所当然地应当由上诉人作为卖方签字，也就是说，该房屋的买卖双方当事人是上诉人和第三人，而被上诉人只是中间介绍人，其与第三人签订房屋买卖合同的行为无效。

2. 根据国家建设部、北京市房管局、北京市工商局、北京市物价局等文件的规定：房地产经纪机构及从业人员不得从事房地产吞吐业务；不得暗箱操作，非法赚取差价；经纪公司应只以中介形式出现，不允许有“现金收房”的业务。所以被上诉人只能收取最多2.5%的佣金，应是纯粹的中间方，其暗箱操作，非法赚取差价的行为明显违法，该行为是无效的。

综上所述，被上诉人在明知上诉人不拖欠任何费用的情况下，既没有授权，也没有经过委托人的同意，为了自己的非法目的，盲目交纳所谓的“欠费”，该损失与上诉人无关，应该由被上诉人自己负责损失。被上诉人在明知自己无权出卖房屋的情况下，将房屋卖给第三人，赚取非法差价，该行为是明显的违法行为，是无效的。特请求中级人民法院查明事实，依法改判上诉人不承担任何经济责任，并确认被上诉人的房屋买卖行为违法，以维护上诉人的合法权益。

此致

北京市第二中级人民法院

上诉人：×××

2006年10月10日

简析：

这是一篇不服原判决的纠纷上诉状。案由写明不服某字号民事判决书的判决，请求上级法院重新审理改判。接着，引用原判决书的条款，逐一进行有理有据的辩驳。最后，再次请求上级人民法院予以重新审理，依法改判。条理清楚，事理兼备，有的放矢，具有逻辑性。美中不足的是，文章语言欠简练。

案例二：

行政上诉状

上诉人(一审原告)：×××，男，××岁，××族，××市人，××厂退休工人，住本市××村××街×号。

被上诉人(一审被告)：××市××区城市建设环境保护局。

法定代表人：×××，局长。

委托代理人：×××，副局长。

案由：上诉人因不服××区人民法院(××)×法行字4号行政判决，现提出上诉。

请求：

1. 撤销××区法院(××)×法行字第4号《行政判决书》，依法改判；

2. 因被上诉人的工作人员失职及在执行职务中给上诉人造成的建楼损失，应由被上诉人承担行政侵权责任，并赔偿一切经济损失。

理由：

一、上诉人于×年×月×日经被上诉人批准，在××村××街××号自己家院内建成一座二层小楼。上诉人是以审批的图纸和(××)×建字第×号《私房建筑许可证》为依据，并由被上诉人派工作人员到现场进行勘验、画线、打桩定位后，上诉人才进行建筑施工的。为了在施工中不和邻居发生矛盾，上诉人之子李××到被上诉人办公室，当面在批准的建楼图纸上加盖了自己的手章，并当场指明这1.15米(见图纸)是西侧房檐。

被上诉人听后没做任何表示，也没有往图纸上做记录说明。在××年×月×日，被上诉人要求上诉人去掉西房檐10厘米，然后在房顶上修一个高棱，不要让雨水从西边流出就行。从被上诉人这一要求来看，足以证明原审法院《判决书》中的经查："……讲明不要有任何建筑物(指房檐)"的说法是不能成立的。原审法院片面地听取被上诉人没有任何根据和证明的说法来作为判决的依据，是不符合《行政诉讼法》第四条"人民法院审理行政案件，以事实为根据，以法律为准绳"的规定的。如果案件的事实、证据不清楚，应予调查核实，不能轻信一方自述。

二、原审法院的《现场勘验笔录》大部分失实，但是造成这个失实的原因何在呢？原审法院不做深入的调查研究，甚至连上诉人提供的有关证明(书证、调查笔录)也未详细调查核实，就以《现场勘验笔录》为依据进行判决，是一种不负责任的失职行为。据上诉人所知，在建楼时，有被上诉人到现场勘验、打桩定位；在建楼7米高时，有其工作人员到现场查看，当时及以后均没有提出异议。这方面的情况，为什么原审法院不给予考虑呢？上诉人建楼西侧留窗户，是原图纸就有的，只是门的位置安在南边，并不像原审法院《判决书》所说："原告申请图纸的西立面是向西开门，但楼房建筑向南开门。因此出现西侧窗"那样。原告楼门留在南面，被告及工作人员是知道的，是看过现场的，有关证据都证明了这一点。从《判决书》中提到"西侧窗"问题，也足以说明"西边1.15米处不要有任何建筑物"说法是荒谬的。如果把门安在西侧，二层没有走廊、房檐，又怎么进屋呢？再说为房檐发生纠纷时，被上诉人只说西房檐去掉10厘米即可，其他问题概不追究。这只能说明被上诉人允许或默认建楼的现状，不作任何处理。现在被上诉人又出尔反尔，对于这种行为原审法院就不应给予保护，更不应该作为定案判决的依据。

三、原审法院认为："原告未按批准的《私房建筑许可证》施工，楼房确属违章建筑。"这是不能成立的。因《私房建筑许可证》是被上诉人根据上诉人的《私房建筑申请书》审查批准后发给的。在发证前，被上诉人都严格审查建楼图纸，做了必要的调查，进行了核实，才发给《私房建筑许可证》。特别是画线、打桩、定位这些工作都在发证以前做了，《许可证》上并没有记载说明应遵守事项，这怎么能说我们是未按《许可证》施工呢？上诉人的建筑楼房是按《许可证》和现场画线、打桩、定位进行建筑，这怎么说是"确属违章建筑"呢？

四、原审法院认为："被告根据市人大通过的《××市城市建筑规划管理办法(试行)》及××市《私房建筑管理办法》的有关规定，对原告的处罚并无不当。"这一认定违反了《××市建设规划管理办法(试行)》第29条和第69条的规定。再看一下被上诉人的《处罚决定书》吧，上诉人是××××年××月××日找被上诉人的史××同志，史说"过两天就给你盖章，可以换房证"。结果等到××××年××月××日被上诉人却做出了所谓的《处罚决定书》。上诉人接到后向原审法院提出起诉，被上诉人引用法规条文不当，另外还有其他错误，自动撤销了《处罚决定书》。按被上诉人《关于办理私房建筑手续的规定》第6条，已超过时间，法律是不予保护的。在时隔近几个月的××××年××月××日被上诉人又下达了所谓《处罚决定书》。上诉人又起诉到原审法院，而原审法院只听信被上诉人口述和《现场勘验笔录》，也没有落实有关证据就草率地做出了判决。《判决书》认为："被告根据××××年××月××日市六届人大常委会第××次会议通过的《××市城市建设规划管理办法(试行)》及××市《私房建筑管理办法》的有关规定，对原告的处罚并无不当"，而实际上，被上诉人在《处罚决定书》中所引用的法规是"(××)国函字121号文和冀政(19××)161号文及《××市城市建设规划管理办法(试行)》"有关条款。可见，原审法院在审理此案中的工作是怎么做的！连被上诉人处罚依据的法律、法规都没弄清，这怎么能公正审理案件呢？

《宪法》第41条第三款规定："由于国家机关和国家工作人员侵犯公民权利而受到损失的人，有依照法律规定取得赔偿的权利。"《行政诉讼法》第六十七条规定："公民、法人或其他组织的合法权益受到行政机关或行政机关工作人员做出的具体行政行为侵犯造成损害的，有权请求赔偿。"综上所述，上诉人认为原审法院不以事实、证据为依据，而轻信被上诉人的口述做出判决，是违反法律、法规的。为了维护上诉人的合法权益，依法追究被上诉人及其工作人员的行政侵权赔偿责任，纠正其错误，特依《行政诉讼法》第五十八条之规定，向你院上诉，请求依法公正地审理此案，撤销原判决，并改判，责成被上诉人赔偿所造成的经济损失。

此致

××市××区中级人民法院

上诉人：×××

××××年×月×日

附项：上诉书副本×份

简析：

这是一篇不服一审判决的行政诉讼状，要素齐全。首部，交代当事人的基本情况，案由写明不服某字号民事判决书的判决，请求上级人民法院重新审理改判；正文部分，引用一审判决书的四项条款，逐一进行有理有据的辩驳。针对性强，有的放矢。语言明晰、简洁，条理清楚，表述富有逻辑性，是一篇成功的行政上诉状。

三、申诉状

（一）申诉状含义

申诉状又称申诉书、再审申请书，是案件的当事人或法律规定的其他有申诉权的人，对已经发生法律效力的判决、裁定、不起诉决定、调解协议等不服，按照审判监督程序提出申诉，要求人民法院或者人民检察院重新处理的诉讼文书。 房地产申诉状是指房地产纠纷诉讼当事人，认为已经发生法律效力的判决或裁定有错误，向人民法院申请重新审理所制作的诉讼文书。在申诉状中当事人双方，提出申诉的一方称为申诉人，另一方称为被申诉人。

申诉状和上诉状是有区别的：

(1)从范围看，申诉的范围包括：

①已经发生法律效力的一审判决或裁定。

②二审的终审判决或裁定。

③正在执行和已经执行完的判决或裁定。上诉状只限于尚未发生法律效力的一审判决或裁定。

(2)从时限看，申诉无时限规定，上诉则有时限规定。

(3)从条件看，原审的判决或裁定确有错误，才可提出申诉，经法院审查确有理由，才予受理；而上诉人对原审的判决或裁定不服，在上诉期限内提交上诉状，不论其理由正确与否，法院都应受理。

(4)从意义看，申诉状是引起审判监督程序发生变化的依据，如果申诉确属合法合理，法院可以进行再审，这对于提高审判工作质量，维护法律尊严和当事人的合法权益，都有重要的意义。

(二)申诉状的特点

1. 不受限制性

申诉人不论裁判是否经过上诉，也不论这些裁判是否已执行完毕，都可以不受时间限制而提交申诉状。提交申诉状不影响判决、裁定的执行。

2. 效应难测性

申诉状只能被视作决定是否引起重新审判程序的参考材料，其不一定就能引发重判程序的发生。

3. 申诉充分性

申诉状是申诉的一种书面形式，应将申诉的原因和理由写清楚、充分。

(三)申诉状的种类

根据案件性质，可分为民事申诉状、刑事申诉状和行政申诉状等。

1. 民事申诉状

是当事人对已经发生法律效力的民事判决书和裁定不服，超过两年再申请失效，依法向人民法院提出的要求变更或撤销原判决和裁定的一种法律文书。民事申诉状是当事人申诉的书面文书，同时也是人民法院受理申请请求的法律依据。

2. 行政申诉状

行政申诉状是指行政诉讼当事人和法律规定的其他人，对人民法院已经发生法律效力的裁定或判决，认为有错误而向人民法院要求复查纠正的一种法律文书。行政申诉状不受时间限制，接受申诉状的机关是原审法院或上一级人民法院。

3. 刑事申诉状

刑事申诉书，是指刑事案件的当事人及其法定代理人、近亲属，对已经发生法律效力的判决、裁定，认为有错误而向人民法院提出申诉时制作并使用的文书。我国《刑事诉讼法》第二百零三条规定：当事人及其法定代理人、近亲属，对已经发生法律效力的判决、裁定，认为有错误的，可以向人民法院或人民检察院提出申诉，但不能停止判决、裁定的执行。刑事申诉书是申诉人不服判决、裁定的书面声明，也是人民法院依法决定按审判监督程序对案件进行再审的依据。

(四)申诉状的写作

1. 标题

指申诉状的名称。直接写“申诉状”，也可以根据诉讼案件性质写成“刑事申诉状”“民事申诉状”或“行政申诉状”。

2. 首部

包括当事人的基本情况和案由。当事人的基本情况主要写明申诉人、被申诉人的基本情况，写法与起诉状当事人情况相同。

3. 正文

包括案由、申诉请求、申诉事实与理由三部分。

案由写明申诉人因什么不服何地人民法院何字号判决或裁定提出申诉，具体语言表述一般为：“申诉人××因不服×××人民法院××××年××月×日×字第×号民事判决

(或裁定)，提出申诉。”

申诉请求主要写明申诉所要达到的目的，如“请依法重新审理，做出公正的裁判”等。

申诉事实与理由是申诉状的重要部分，一般先概述案情事实、原来处理的经过和结果，再对原来处理决定的不当之处做具体的、详细的说明。紧接着列举证据和法律依据加以充分论证，证明原判决(裁定)认定事实有误或适用法律不当。

4. 尾部

写明提交机关、申诉人署名或盖章及日期。

5. 附项

写明申诉状副本份数、证物件数、书证件数。

(五)写作申诉状注意事项

(1)按照民事诉讼法的规定，如果申诉状申诉人是法人或者其他组织的，写明名称，所在地址，法定代表人或代表人的姓名、职务。如果不是当事人本人申诉的，要注明申诉人与当事人之间的关系。

(2)突出主要矛盾，理由阐述准确。申诉人不服原审法院的裁判，其申诉理由必须针对原判认定的事实和结论，将自己不服判的论点明确写出。逻辑严密，反驳有力。在摆出不服原判的论点后，充分运用事实论据进行说理、反驳及论证。论点与论据要一致，原因和结果、前提和结论相吻合。

(六)申诉状的格式

1. 申诉状的格式(表 4-6)

表 4-6 申诉状的格式

组成要素	格　式
标题	**申诉状**
首部	申诉人：＿＿＿＿＿＿＿＿ 姓名、性别、出生年月、民族、文化程度、工作单位、职业、住址。(申诉人如为单位，应写明单位名称、法定代表人姓名及职务、单位地址) 被申诉人：＿＿＿＿＿＿＿＿ 姓名、性别、出生年月、民族、文化程度、工作单位、职业、住址。(被申诉人如为单位，应写明单位名称、法定代表人姓名及职务、单位地址)
正文	申诉人因××××(写明案由，即纠纷的性质)一案不服××××人民法院(写明原终审法院名称)××××第×××号××判决，现提出申诉，申诉请求及理由如下： 请求事项：＿＿＿＿＿＿(写明提出申诉所要达到的目的) 事实和理由：＿＿＿＿＿＿(写明申诉的事实依据和法律依据，应针对原终审判决认定事实、适用法律或审判程序上存在的问题和错误陈述理由)
尾部	此致 ××××人民法院 申诉人：×××(签名或盖章) ××××年×月×日
附项	附项：本申诉状副本×份(按被申诉人人数确定份数)

案例：

民事申诉书

申诉人：重庆××××有限公司，住所地：重庆市××区×路××号。

法定代表人：宋××，该公司董事长。

委托代理人：李××，重庆××律师事务所律师。

被申诉人：王××，男，1957年8月7日生，××××木业有限公司经理，住重庆市××区××花园××路×号。

申诉请求：对重庆高级人民法院〔2004〕渝民终字××号民事判决第四项提出申诉。

事实和理由：

申诉人与被申诉人房屋买卖纠纷一案，重庆市高级人民法院于2004年12月20日做出终审判决，对该判决第四项依据的事实和理由，申诉人提出申诉如下：

判决认为：申诉人将房屋“再次”出售给王××后，不能按合同约定的时间进行登记，应负主要责任，应赔偿被申诉人由此遭受的经济损失，其损失应按购房总款的30%计算。

申诉人认为：

第一，虽然申诉人在与被申诉人签订(××××号)《商品房销售合同》之前，曾就该套房屋(14层B1)与重庆××产业有限公司签订了房屋买卖合同，并办理了合同登记。但双方既未进行房屋的实际支付，也未到房地产管理部门办理产权转移手续。根据《中华人民共和国民法通则》第七十二条规定“按照合同或其他方式取得财产的，财产所有权从财产交付之日起转移，法律另有规定或当事人另有约定的除外”及双方在合同第六项中关于产权归属的约定，可以认定，房屋所有权未发生转移，仍属申诉人所有。申诉人作为房屋所有人，依法享有占有、使用、收益和处分该套房屋的权利，即有权与被申诉人签订该套房屋的销售合同。而且，双方在签订《商品房销售合同》的同时，又就购买房屋一事，达成了一份协议，其中第二款特别载明“……若14层B1出现产权纠纷问题，乙方有权(包括其他三套)提出退房……”(从未出现包括重庆××产业有限公司在内的任何一方，对该房屋主张过权利，即未发生过任何与之相关的产权纠纷)由此可推定，对14层B1存在的情况，申诉人是尽了告知义务的，而被申诉人也是完全知晓的，由此造成不能按约定的时间进行合同登记，申诉人不存在过错；并且，申诉人于2003年8月17日进行合同登记时，被申诉人并没有对此提出异议，并于之后也就是同年8月20日根据此合同办理了按揭贷款手续，此亦说明被申诉人对申诉人延迟办理合同登记的行为也是默认同意的。

第二，判决认定“被申诉人因签合同后一个月内无法办理登记备案手续而遭受了损失”是没有依据的。如果是指“影响了其以该房屋作经营场所去工商部门进行登记注册”而造成了损失，更是缺乏事实依据。因为根据《中华人民共和国公司登记管理条例》第十四条、第十五条规定“设立公司应当申请名称预先核准”，“公司登记机关决定核销的，应当发给《企业名称预先核准通知书》”，然后再根据第十七条、第十八条规定向登记机关依次提交登记申请书、公司章程、验资证明、身份证明、住所证明等文件才能申请设立登记。而被申诉人既然未能提供证据证明其依此程序去进行了企业登记注册，又怎么能认定未能注册的直接原因是因申诉人“延迟经营场所的合同登记”所造成的呢？其损失又何在？也就是说，延迟合同登记不是造成被申诉人未能注册的直接原因，当然也就谈不上要赔偿由此带来的“损失”了。

第三，即使确是因为申诉人延迟合同签证的行为造成了被申诉人的损失，依照《中华人民共和国合同法》等相关法律规定，也只能就违约造成的直接损失予以赔偿。而所谓“造成不能进行企业登记注册”(其原因具有多种可能)的损害结果，其直接损失是没有依据、无从计算的；且合同业经判决确认是合法有效的，申诉人也不存在违约行为，判决按“购房总款的 30%计付”的计算直接损失显然是缺乏法律依据，是错误的。

基于上述事实和理由，申诉人认为该判决在认定事实及适用法律上均存在错误，特向贵院对本案提出申诉。

此致

重庆市高级人民法院

申诉人：(签名或盖章)

2005 年 3 月 20 日

简析：

这是一份对已产生法律效力的判决不服而要求重新审理的申诉状。首部写了申诉人与被申诉人的基本情况。案由用概括的语言写申诉人因何案件对重庆市高级人民法院的判决不服而提出申诉，申诉理由四点，有理有据。从本文来看，格式规范，针对性强，对终审判决存在的问题能据理力争，富有较强的逻辑力量。

2. 行政申诉状的格式(表 4-7)

表 4-7　行政申诉状的格式

组成要素	格　　式
标题	**行政申诉状**
首部	申诉人：(基本情况)____________
正文	申诉人____对____人民法院____月____日(　)字第___号____，提出申诉。 请求事项：____________ ____________ ________(根据具体案情，可请求人民法院维持、撤销或部分撤销、变更行政机关的处罚决定等) 事实与理由：____________ ____________ ________(从生效判决或裁定认定事实是否清楚，证据是否确定、充分，适用法律是否正确，审判是否符合法定程序等方面提出意见)
尾部	此致 ______人民法院 申诉人：××××(签名或盖章) 年　月　日
附项	附项：原审____书抄件×份

注：刑事申诉书、行政申诉书、民事申诉书的写法相似。

案例：

行政申诉状

申诉人：罗××，男，××岁，汉族，××县人，医务工作者，住××县××街××号。

申诉人：陈××，女，××岁，汉族，××县人，个体工商户，住址同上，系罗××之妻。

申诉人因不服××县人民法院(××)绵法行上字第××号行政裁定，特依法向你院提出申诉。

申诉请求：

请求人民法院依法受理申诉人诉××县人民政府之不应经租房屋而经租产权纠纷一案。

事实和理由：

申诉人向××县人民法院提起诉讼的一起落实解决私房改造遗留问题的案件。所争执之房屋现为××县××街××号(与申诉人现住房为一个房号)。该房系申诉人罗××之父罗云藻于19××年购得旧房后改建而成，面积281.76平方米。罗云藻在该房建成后因劳累过度吐血死亡。19××年，申诉人罗××之母王素容因后夫赵俊臣的成分问题与后夫一起被迫迁往农村居住。其时，申诉人罗××尚且年幼，在城里投靠亲友读书，房屋锁闭。此后，城关镇(现云溪镇)政府部门，未征得房主同意，擅自开门，先后安排东街伙食团和甜食店等单位使用，直至19××年，城关镇和县房管部门将东街17号纳入私房社会主义改造。19××年，经县领导处理，该房全部退还房主，但在19××年申诉人一家又被强行赶出。申诉人全家七口无处栖身，不断申诉，要求退还私房。19××年，××县人民政府以(××)××号文件决定发还其中72.9平方米作为补留住房。申诉人认为，东街17号确系申诉人一家的自住房，在私房改造前确无私人之间的租佃关系，此情况有本案一、二审代理律师的调查材料和知情的东街干部群众证明，县政府仍将其纳入私改，实行经租，最后没收该房，违反了国家关于经租房屋的有关政策，也不符合××省基本建设委员会川建委发(××)城××号文件的规定，属于不符合私改条件而私改，应予纠正。故申诉人一直向县政府有关部门申诉，但均无结果，不得已向××县人民法院提起诉讼，希望能依据《中华人民共和国行政诉讼法》来保护自己的合法权益。但县人民法院在已经受理此案(已收取了案件受理费，至今尚未退还)的情况下，又以此案不属于法院审理行政案件的受理范围为由不予受理。上诉后，你院又以“最高人民法院，城乡建设环境保护部关于复查历史案件中处理私人房产的有关事项的通知精神”为由，裁定驳回上诉，致使申诉人有冤无处申，合法权益得不到保护。

申诉人认为，你院裁定驳回上诉，维护原裁定的理由不能成立。19××年×月×日施行的《中华人民共和国行政诉讼法》开宗明义，在第一条中就指出了颁布行政诉讼法的目的是“为保证人民法院正确、及时审理行政案件，保护公民、法人和其他组织的合法权益，维护和监督行政机关依法行使行政职权”。全国人大常委会副委员长、法制工作委员副主任王汉斌同志在《关于〈中华人民共和国行政诉讼法(草案)〉的说明》中也指出：“根据宪法和党的十三大精神，从保障公民、法人和其他组织的合法权益出发，适当扩大人民法院现行受理行政案件的范围。”私房改造问题是个历史遗留问题，行政诉讼法当然不可能单独列出，所以该法第十一条规定的受案范围才单列了第八项“认为行政机关侵犯其人身权、财产权”的案件，属于人民法院受案范围。根据该条该项的规定，人民法院应当受理本案，这样做，也才能体现行政诉讼法的目的。

你院在(××)绵行上字第××号行政裁定中作为驳回上诉的理由提到的“最高法院，城乡建设环境保护部关于复查历史案件中处理私人房产有关事项的通知”，想来就是最高人民法院会同城乡建设环境保护部于19××年×月×日发布的法(研)发(××)××号文件《关于复查历史案件中处理私人房产有关事项的通知》。该《通知》中指出了“私房因社会主义改造遗留问题……应移送当地落实私房政策部门办理”。申诉人认为，依据这一规定来确定人民法院受理行政案件的范围也是错误的。第一，该《通知》只是提出了私房问题的一些处理方法，并不是对人民法院受案范围的规定；第二，城乡建设环境保护部只是一个政府部门，既无立法权，又无司法解释权，最高人民法院会同该部下发的文件并不具有司法解释更不具有立法效力；第三，该《通知》发布于19××年×月×日，《行政诉讼法》生效于19××年×月×日。第四，本案是由县人民政府直接做出行政决定的，人民法院拒绝受理，如何能实现和保护宪法赋予公民的合法权利！

由于申诉人的私房被错误私改，申诉人一家受到了极大的损害，全家七口只有一人有户口，子女入学、就业都无着落，全家仅靠申诉人摆地摊维持生计。为此，恳请贵院能依法撤销原裁定，受理本案，以保障申诉人的合法权益。

此致

××省××市中级人民法院

申诉人：×××，×××

××××年×月×日

附项：

1.《行政起诉状》副本两份

2. ××县人民法院绵法行诉字第××号裁定书一份

3. ××市中级人民法院(××)绵法行上字第××号行政裁定书一份

简析：

本文格式规范，针对性强，申诉合理合法，申诉事实和证据真实可靠，是一篇成功的行政申诉状。

四、答辩状

(一)答辩状的含义

答辩状，就是被告和被上诉人针对起诉的事实和理由或上诉的请求和理由进行回答和答辩的文书。 它是与起诉状和上诉状相对应的文书。答辩是被告的权利。被告可以做出答辩或不做出答辩，如果被告不按时提交答辩状，并不影响人民法院对案件的审理。

(二)答辩状的特点

1. 作者的特定性

答辩状必须由民事、行政案件的被告，上诉案件的被上诉人，刑事案件的被告人提出。

2. 时间上的规定性

人民法院收到起诉状、上诉状后，按法律程序应当在规定的期限内将起诉状或上诉状副本发送给被告或被上诉人，被告或被上诉人要在规定的时限内提出答辩状。

3. 内容上的辩驳性

答辩状的提出是一种应诉的法律行为，答辩状必须要针对起诉状或上诉状中提出的诉讼请求、事实或理由以及证据等内容进行答辩。答辩人要摆事实、讲道理，运用有利的论据、有关的法律条文进行论辩或反驳。

(三)答辩状的种类

根据诉讼的性质和目的不同，答辩状可以分为民事答辩状、刑事答辩状、行政答辩状三类。

1. 民事答辩状

民事答辩状，是民事被告、被上诉人针对原告或上诉人的起诉或上诉，阐述自己认定的事实和理由，予以答复和辩驳的一种书状。依照《中华人民共和国民事诉讼法》的规定，人民法院应当在立案之日起5日内将起诉状副本发送被告或被上诉人，被告或被上诉人在收到之日起15日内提出答辩状。提出答辩状是当事人的一项诉讼权利，不是诉讼义务；但被告人或被上诉人逾期不提出答辩状，不影响人民法院审理。

2. 刑事答辩状

刑事答辩状是刑事自诉案件的被告人(或其法定代理人和委托人)针对自诉人的刑事自诉状对自己的犯罪指控做出回答和辩驳的法律公文。法律的宗旨在于平等地保护每一个公民的合法权益，包括被控告犯罪的人。由于很多刑事案件在当事人的对错是非上并不是黑白分明的，被害人为了自身的利益也可能捏造事实，夸大伤害后果，因此为公平起见，法律规定对于被害人提起自诉的案件，被告人也可以“针锋相对”地进行反驳，以表明自己没有犯罪或情节轻微，这在法律上便叫作刑事答辩。但须注意的是，只有自诉的部分案件如侮辱、诽谤、虐待、遗弃家庭成员等才可以对自诉人提出答辩，其他严重的刑事犯罪由公安与检察机关负责追究，被告人不能提出答辩但可以进行辩护。被告人进行答辩的书面依据就是刑事答辩状。

3. 行政答辩状

行政答辩状是行政诉讼中的被告(或被上诉人)针对原告(或上诉人)在行政起诉状(或上诉状)中提出的诉讼请求、事实与理由，向人民法院做出的书面答复。

根据我国的基本审级制度两审终审制，答辩状可分为两类。

1. 一审程序中的答辩状

一审程序中的答辩状，是被告针对原告的诉状提出来的。

2. 二审程序中的答辩状

二审程序中的答辩状，是被上诉人针对上诉人的上诉状提出来的。

(四)答辩状的写作

答辩状一般包括标题、答辩人的基本情况、答辩事由、答辩请求、尾部和附项几个部分。

1. 标题

标题写明“刑事(或民事)答辩状”或“刑事(或民事)被上诉答辩状”。前者为第一审案件答辩状，后者为上诉案件答辩状。

2. 答辩人的基本情况

当事人栏目，直接列写答辩人的基本情况。

被告人是公民的，就列写答辩人姓名、性别、年龄、民族、籍贯、职业和住址。有代理人的，挨着另起一行列写代理人，并标明是法定代理人、指定代理人，还是委托代理人，并写明其姓名、性别、年龄、民族、籍贯、职业和住址。如果是法定代理人，还要写明他与答辩人的关系。如委托律师代理，只写明其姓名和职务。

被告人是企事业单位、机关、团体(法人)的，先列写答辩人及其单位全称和所在地。另起一行列写该单位的法定代表人及其姓名、职务。再另起一行，列写委托代理人及其姓名、职务。对方当事人的情况不用单独列写，可在下面的答辩理由说明起诉人和上诉人是谁，起诉或上诉的案由是什么。

3. 答辩事由

第一审案件答辩状和上诉案件答辩状其事由的写法不同。现分别说明如下：第一审案件答辩人是被告人，答辩事由的具体行文为：“因原告××诉××××××(起诉的案由)一案，现提出答辩如下”。上诉案件答辩状的答辩人是被上诉人，答辩状具体行文为：“上诉人×××(姓名)因××(案由)一案不服×××人民法院××年×月×日×字第×号×事判决(或裁定)，提起上诉，现提出答辩如下”。

4. 答辩理由

答辩的理由是答辩状的主体部分，写法没有统一的规定，一定要针对原告在诉状中提出的事实和理由，或上诉人在上诉状中提出的上诉请求和理由进行答辩，并可提出相反的事实、证据和理由，以证明自己的理由和观点是正确的，而提出的要求是合理的。

5. 答辩请求

在充分阐明答辩理由的基础上，经过综合归纳，明确提出答辩结论，并请求人民法院依法做出公平合理的判决或裁定。

6. 尾部和附项写明以下内容

(1)呈送的机关写为“此致”“×××人民法院”。

(2)右下方写明答辩人×××(签名或盖章)并注明年月日。

(3)附项。注明证物、书证的名称和件数。

(五)写作答辩状的注意事项

(1)必须注意贯彻“以事实为根据，以法律为准绳”的基本原则。虽然答辩状是用以保护被告合法权益的重要手段，但它的内容也必须严格遵守上述原则，即根据事实和法律进行辩护。

(2)答辩状的写作要突出针对性，针对对方诉状，针锋相对地进行辩驳。不应空发议论，或者避重就轻、答非所问，更不应横生枝节。

(3)从文体上看，答辩状也是一种说理文。除要求立论外，还常常要有驳论的部分，但立场必须公正允当，说理必须精辟透彻、富有雄辩力，而且在语言上要求要言不烦，精练确切。

(六)答辩状的格式

1. 民事答辩状的格式(表 4-8)

表 4-8 民事答辩状的格式

组成要素	格式
标题	**民事答辩状**
首部	答辩人：________(是公民的写明姓名、性别、出生年月日、民族、籍贯、职业或工作单位和职务、住址等。是法人单位的写明名称、地址及法定代表人的姓名、职务等)
正文	因原告________诉我(我单位)________纠纷一案，提出以下答辩意见： 1. ________ 2. ________
尾部	此致 ______人民法院 答辩人：××××(签章或单位印章) ____年____月____日
附项	附项：答辩状副本____份，证据及证人情况

案例一：

民事答辩状

答辩人：××市××××房地产开发总公司

地址：××市××路××号

法定代表人：何××

案由：

上诉人张××因房屋拆迁一案，不服××市××区〔19××〕民字 19 号的判决，提出上诉。现答辩如下：

答辩理由：

为了适应本市商业发展的需要，我公司于 19××年 12 月向市城建规划局提出申请报告，要求拓宽新建丝绸百货大楼前面场地 150 平方米。市城建局于 12 月 25 日以市城建字〔19××〕71 号批文同意该项工程。同年在拓宽场地过程中，需要拆迁租住户张××一户约 18 平方米的住房，但张××提出的要求过于苛刻。几经协商，不能解决。答辩人不得已于 19××年 1 月××日投诉于××市××区人民法院。××市××区人民法院于 19××年 2 月以〔19××〕民字第 19 号判决书判处张××必须于 19××年 3 月底前搬迁该屋，并由市房地产开发总公司提供不少于原居住面积的房屋租给张××居住，但张××仍无理取闹。据此，答辩人认为张××的上诉理由是不能成立的。

一、张××说我们拓宽新建丝绸百货大楼前面的场地是未经批准的，这是没有根据的。一审法庭曾审查过房地产开发总公司要求拓宽新建丝绸百货大楼前面场地的报告和市城建局城建字〔19××〕71号的批文，并当庭概述了房地产开发总公司的报告内容，还全文宣读了市城建局的批文。这些均有案可查。张××不能因为要求查阅市城建局的批文未获准许，而否认拓宽工程的合法性。

二、张××说我们未征得她本人同意，与房主×××订立房屋拆迁协议是非法的，这更无道理。张××租住此屋，只有租住权，并无房屋所有权。所有权理当归属房主×××。我们拓宽场地，拆毁有碍交通和营业的房屋，理当找产权人处理，张××无权干涉和过问。

应当指出，对于张××搬迁房屋一事，我们已做了很大的让步和照顾。我们答应她在搬迁房屋时提供离现居住房屋500米的××新建宿舍大楼底层朝南房间一间，计20平方米，租给她居住。而张××还纠缠不清，漫天要价。扬言不达目的，决不搬迁。

综上所述，答辩人认为××市××区人民法院的原判决是正确的，合法而又合情合理，应予维持。

此致

××市中级人民法院

答辩人：××市房地产开发总公司

法定代表：何××

19××年4月25日

附项：

1. 本状及副本×份

2. 物证×件

3. 书证×件

简析：

这是一份二审答辩状，首部写答辩人的情况，内容详细情况。案由部分写答辩的原因，表述简洁、清楚。对申诉的两个理由逐一针锋相对地进行了反驳与分析，有理有据，合情合理。最后明确提出了对本案的处理意见，即要求二审人民法院维持原判。此份答辩状针对性强，格式正确，理据兼具，语言准确精练，具有较强的思辨力量。

案例二：

建筑施工合同纠纷答辩书

答辩人：××省××书店有限责任公司××分公司。

代表人：刘××，任分公司经理。

答辩人因原告黄××所诉建筑施工合同纠纷一案提出答辩如下：

答辩人改制前的××县××书店确实曾于2000年6月7日经招、投标与××县建筑公司第三分公司签订了《××县××书店综合楼工程施工合同》，××县建筑公司第三分公司经理×××在该合同上签名并加盖了公司及个人印章，原告黄××仅仅是作为××县建筑公司第三分公司的项目负责人在该合同上签名，并不是该合同的当事人。原告黄××在本案的《民事诉状》上所诉“原告以××县建筑公司第三分公司项目部的名义跟被告签订了《×

×县××书店综合楼工程施工合同》”的事实与《××县××书店综合楼工程施工合同》不符，与生效的××市中级人民法院(2009)×中法民一终字第459号《民事裁定书》认定事实不符。该合同的签订主体是××县××书店和××县建筑公司第三分公司，原告黄××不是合同的签订主体，无权主张该施工合同的有关权益。因此，原告黄××不是该合同的权利、义务主体，依法不享有起诉本案的权利，根据《民事诉讼法》第一百〇八条第一款(一)项“原告是与本案有直接利害关系的公民、法人和其他组织”的规定，黄××不具备原告主体资格，应当依法驳回其起诉。

经查，该施工合同的签订主体××县建筑公司第三分公司因没经工商注册登记而不具有法人资格，有权主张该施工合同有关权益的××县建筑公司已于2010年5月25日通过年检，证实××县建筑公司现在仍然具有法人资格。

综上所述，原告黄××不具备原告主体资格，依法不享有起诉的权利，恳请人民法院依法驳回其起诉。

此致

××县人民法院

答辩人：××省××书店有限责任公司××县分公司

××××年×月×日

简析：

这是一份成功的建筑施工合同纠纷答辩状。针对双方当事人在纠纷案件中争执的焦点、问题的要害，针锋相对地答辩，语言准确精练，列举事实客观真实，真正做到了有理有据。

2. 行政答辩状的格式(表4-9)

表4-9 行政答辩状的格式

组成要素	格　式
标题	**行政答辩状**
首部	答辩人：____________(行政机关名称) 地址：____________ 法定代表人：______职务：______联系方式：______
正文	答辩人于____年____月____日收到____人民法院送来的原告______(姓名或单位名称)因__________一案的起诉书副本，现针对其起诉，提出以下答辩意见： 1. ____________ 2. ____________
尾部	此致 ______人民法院 答辩人：×××(签章或单位印章) ____年____月____日
附项	附项：1. 答辩状副本______份； 2. 证据名称、来源及份数，证人名址

案例三：

行政答辩状

答辩人：××省××县城乡建设委员会

法定代表人：冉××，县城乡建设委员会主任

答辩人针对郑××不服土地管理行政处罚提起行政诉讼，提出答辩如下：

郑××本在云台乡利民村四组有砖木结构瓦房，××××年3月又向乡政府申请在自己承包的耕地上兴建住房，乡政府认为该地段不是农民建设规划点，因此没有同意。郑××既未经土地管理部门审核批准，又未领取建房许可证，便擅自在承包耕地上兴建住房，这是违反《××省土地管理实施办法》第21条之规定的。在施工期间，乡政府曾多次派人前往现场劝阻施工，并发出《关于郑××违章建筑通知书》，限期将正在兴建的房屋拆除还耕，但郑××不予理睬，乡政府于××××年12月20日给县城乡建设委员会打了《关于对郑××强行占用良田熟地建房的处理报告》。经我们调查核实，认为郑××违反了《中华人民共和国国土管理法》第三十八条第1款关于农村居民建住宅“使用耕地的，经乡级人民政府审核后，报县级人民政府批准”的规定。为此，我们依据该法关于“农村居民未经批准或者采取欺骗手段骗取批准，非法占用土地建住宅的，责令退还非法占用的土地，限期拆除或者没收在非法占用的土地上新建的房屋”的规定。于××××年××月××日做出《关于拆除郑××非法占耕地所建住房的处罚决定》。

郑××以“建房是经群众讨论通过的”为由，不服土地管理行政处罚，向人民法院提起诉讼，这个所谓“理由”是站不住脚的，请依法裁判。

此致

××县人民法院

答辩人：××县城乡建设委员会

年　　月　　日

附项：1. 本答辩状副本一份

2. 云台乡政府《关于郑××违章建筑通知书》一份

3. 本委员会《关于拆除郑××非法占耕地所建住房的处罚决定》一份

4.《中华人民共和国国土管理法》《××省土地管理实施办法》

简析：

这是一份行政答辩状，格式正确，紧紧抓住对方所陈述的错误事实进行严厉的反驳，列举事实客观真实，分析论证合乎逻辑，可资借鉴。

第三节　诉讼类申请书　仲裁申请书

一、诉讼类申请书

(一)申请书的含义

申请书是在房地产纠纷案件诉讼过程中，当事人为解决某一具体问题，向司法机关提出请求而制作的文书。

(二)申请书的特点

1. 单一性

申请书要求一事一文，内容单一明确，一份申请书只表达一个愿望或一个请求。

2. 请求性

从写作的动机来看，申请书的写作带有明显的请求目的。

3. 广泛性

申请书使用广泛，贯穿于诉讼的全过程，常见的有财产保全申请书、先予执行申请书、回避申请书、申请复议书、申请撤诉书、申请执行书、强制执行申请书、调取证据申请书、追加第三人申请书等。

(三)申请书的写作

申请书贯穿于诉讼的全过程，其写作要点基本相似。

以强制执行申请书为例：

强制执行申请书是指生效法律文书中的实体权利人，在实体义务人不履行法律确定其应承担的义务时，向人民法院提交的，请求强制义务人履行义务，以实现自己权利的法律文书。

1. 标题

在首页居中写明“强制执行申请书”。

2. 首部

写明申请人、被申请人的基本情况。申请人如果是公民，应写明姓名、性别、出生年月日、民族、职业及工作单位等。申请人是法人或其他组织的，应写明名称、所在地址、法定代表人(或主要负责人)的姓名以及职务。

3. 请求事项

写明申请强制执行的生效法律文书的案由、制作机关、日期、案件编号以及申请法院强制执行的要求。

4. 事实与理由

首先写明作为执行根据的生效法律文书的基本内容，法律文书中所确认的申请人应享有的权益，被申请人应履行的义务；然后阐明申请人提出强制执行申请的事实原因和法律根据，应着重写明被申请人拒不履行法律文书所确认的义务的具体情况，如知道被申请人可供强制执行的财产状况，则应写明其经济收入、现有财产状况。基于所述事实理由，根据有关法律的规定，向人民法院提出申请强制执行的具体事项，写明申请人要求被申请人给付的种类、范围、数量等。

5. 尾部

写明致送人民法院的名称以及申请人的签名、盖章、申请时间。申请人如果是法人或其他组织的，还应写明单位全称并加盖单位公章。

6. 附注

写明随强制执行申请书应同时提交依据的生效法律文书，以及其他相关证据材料，如被申请人财产状况证明、被申请人未履行义务的证明材料等，在附项部分应写明其名称、数量。

（四）强制执行申请书的格式（表 4-10）

表 4-10　强制执行申请书的格式

组成要素	格　式
标题	**强制执行申请书**
首部	申请人：________________（基本情况） 被申请人：________________（基本情况）
正文	请求事项： ________________ ________________ 事实与理由： ________________ ________________
尾部	此致 ________人民法院 申请人：×××（法人盖章） 年　　月　　日
附项	附项：证据名称、来源及份数

（五）案例分析

案例：

强制执行申请书

申请人：重庆市××职业有限公司

住址：重庆市××区××路××号

法定代表人：邱××，执行董事

被执行人：重庆市××钢结构制造有限公司

住址：重庆市××区××路××号

法定代表人：宋××，董事长

执行请求：

1. 请求强制执行被执行人所欠工程款项 653 226.8 元；

2. 案件受理费 4 939 元，财产保全费 3 696 元及执行费一并向被执行人强制执行。

事实及理由：

申请人与被执行人因工程款纠纷一案，业经××区人民法院做出〔2007〕×民××字第××号民事判决书，判决被告于判决书生效之日起 10 日内支付所欠工程款 653 226.8 元。至目前为止，该判决书业已生效，但被执行人未按照判决书指定期间履行判决义务。为此，申请人特依民事诉讼法有关规定，向贵院申请强制执行，特请支持。

诉讼期间，申请人对被执行人于中信银行重庆××区支行的账户存款 70 万元申请了财产保全，目前在保。

此致

××××区人民法院

申请人：邱××　　　　2007 年×月×日

附项：生效民事判决书一份

简析：

写作强制执行申请书相对比较简单，只要把申请人和被申请人基本情况、执行请求、事实及理由交代清楚即可。此文格式正确，事实及理由清楚。

二、仲裁申请书

(一)仲裁申请书的含义

仲裁申请书是指在经济贸易活动中，因合同执行或其他财产权益问题发生纠纷或争议时，当事人一方为了维护自己的合法权益而向仲裁机构所提交的、请求对纠纷予以仲裁的申请文书。 在当今的社会主义市场经济条件下，当合同执行或其他财产权益问题发生纠纷或争议时，当事人一般都会选择仲裁方式解决纠纷。仲裁申请书是带有法律特质的文书，是仲裁机构进行仲裁的主要依据之一。

(二)仲裁申请书的特点

1. 申诉性

申诉性即仲裁申请书具有陈述纠纷事实、申诉理由的特性。

2. 简便性

仲裁实行一裁终局的制度，程序简便，解决纠纷迅速及时。

3. 参证性

仲裁申请书提供的事实和理由，能为仲裁机构开展协商、调整，提供参考依据。

4. 程序性

启动仲裁程序性，递交仲裁申请书本身就是对仲裁程序的启动，是产生仲裁程序的条件。

(三)仲裁申请书的写作

1. 标题

首页居中写“仲裁申请书”。

2. 当事人基本情况

内容包括当事人的姓名、性别、年龄、职业、工作单位和住所，法定代表人的姓名、职务、电话等。

3. 案由

概括写明因为何事申请仲裁。

4. 仲裁请求

写明申请仲裁的具体事项、要求达到的最终目的。

5. 事实和理由

要求概括叙述纠纷的事实经过，说明请求仲裁的法律依据，指出有关证据、证据来源等。

6. 尾部

尾部的内容包括：呈送仲裁机构名称；署名、签章和日期。

7. 附注

附注包括本仲裁申请书×份；书证×份；物证×份；证人姓名、住址等。

(四)写作仲裁申请书的注意事项

(1)叙述事实纠纷要求实事求是，条理清楚，准确简练，申请理由必须以事实为依据。

(2)要求通过仲裁达到的目的应当合法，合情合理。

(3)语言要得体，避免使用过激言语，以免进一步扩大矛盾。

(五)仲裁申请书的格式(表 4-11)

表 4-11　仲裁申请书的格式

组成要素	格　式
标题	**仲裁申请书**
首部	申请人：________（基本情况） 被申请人：________（基本情况）
正文	仲裁请求：________ 事实与理由： ________ ________
尾部	此致 ________仲裁委员会 申诉人：×××(法人盖章) 年　月　日
附项	附项：1. 仲裁申请书×份； 2. 书证×份； 3. 物证×份； 4. 证人姓名、住址

(六)案例分析

案例：

仲裁申请书

申请人：×××，女，19××年××月出生，汉族，住杭州市××××幢××单元××室，联系电话：135××××××××。

被申请人：上海×××装饰工程有限公司杭州分公司；地址：杭州市××号；负责人：××；联系电话：0571/××××××。

请求事项：

1. 要求被申请人一次性支付违约金 5 190 元；

2. 要求被申请人赔偿损失 28 894 元(附清单)；

3. 要求被申请人重新制作质量不合格的吊顶、鞋柜、油烟机排风管道；

4. 要求被申请人整改存在质量问题的电线直到符合国家规定的质量要求；

5. 要求被申请人承担本案仲裁费。

事实与理由：

2004年1月4日，申请人与被申请人签订了《杭州市住宅装饰装修施工合同》及相关附件，约定由被申请人对申请人的单元房进行装修，工期为70天，竣工期限为2004年3月31日。但被申请人自双方签订合同以来，一直没有按照国家的规定和双方合同约定履行义务。

被申请人派驻的装修施工人员完全不按照国家规定的规范进行，施工粗制滥造，质量根本达不到国家规定和合同约定的要求，还在施工中动手打伤了申请人。同时，由被申请人施工安装的室内电线，没有遵照国家相关规范标准，提供的开关插座质量不合格，导致申请人在正常使用小厨宝时被烧坏，在仅使用一台冰箱情况下屡次跳闸等，根本不考虑到申请人的居住安全。

在申请人的抗议下，被申请人与申请人于2004年5月21日签订了《整改协议》，对存在的有明显质量问题的装修项目进行返工修整。但被申请人在返工拆除地板时，不按规范进行，直接造成地板损坏。而更让申请人痛心的是，施工人员居然把拆除下来的地板全部堆放在未封闭阳台，没有采取任何遮掩措施，导致地板表面全部发霉变质，进一步损坏了地板。

申请人一直相信被申请人的国际品牌，因此，本着尽快入住、息事宁人原则，在出现诸如此类的质量问题后，与被申请人达成《整改协议》，希望被申请人能认认真真把有质量问题的整改过来，把没有装修完毕的尽快施工。但令申请人失望的是，被申请人居然在签订《整改协议》后消极怠工，拒绝施工，还反咬一口，把全部责任推到申请人身上。鉴于被申请人存在以上几方面违约，申请人特向仲裁委员会提出申请，请求贵委依法支持申请人的五个请求，维护申请人的合法权益。

此致

杭州仲裁委员会

申请人：×××

年　　月　　日

附项：证据目录一份

简析：

仲裁申请书在房地产纠纷案件中使用比较频繁，它与向人民法院提交的起诉状相当，除名称和提交审理的机关不同外，两者的目的、作用、内容、形式基本相同。这是一份成功的仲裁申请书，格式上，标题、首部、正文和尾部规范；内容上，事实叙述清楚明白，理由阐述充分，具有说服力。

【项目训练】

一、名词解释

1. 房地产纠纷诉讼公文
2. 民事起诉状
3. 民事上诉状
4. 答辩状
5. 申诉状
6. 强制执行申请书
7. 仲裁申请书

二、填空题

1. 根据诉讼案件的性质的不同，可以把诉状类公文分为（　　）、（　　）和（　　）。

2. 房地产纠纷讼诉公文，具有大致的规范格式。一般来说，都可分为（　　）、（　　）、（　　）、（　　）和（　　）五个部分。

3. 房地产纠纷上诉状，一般具有（　　）、（　　）、（　　）和（　　）四个特点。

4. 根据诉讼的性质和目的不同，起诉状可分为（　　）、（　　）和（　　）。

5. 上诉状是第（　　）审法院受理案件，并进行审理的依据。

6. 申诉状又称（　　）或（　　）。

7. 房地产纠纷答辩状具有（　　）、（　　）和（　　）三个特点。

8. 仲裁申请书是带有（　　）特质的公文。

三、简答题

1. 试述房地产纠纷起诉状的结构包括哪些内容。

2. 试比较民事上诉状及民事申诉状的不同之处。

3. 写作答辩状有哪些注意事项？

4. 房地产纠纷上诉状写上诉理由，通常可以从哪些方面考虑？

5. 仲裁申请书的结构由哪几部分组成？请简述各部分的写法。

四、写作题

1. 根据下列案情制作一份上诉状。

××县××乡××村村民何××与郭××的承包地相邻。其间有一条一米多宽的小道分隔。何××种的是蔬菜，郭××则自2000年起在其承包土地上改种杨树苗。不出两年，杨树苗长成六米多高。看到郭××杨树苗已影响到自己蔬菜的采光，何××便找郭××协商，请求其移走小路一侧的一批树苗。而郭××却说："我的树种在自家地里关你什么事!"双方不欢而散。结果当年何××的大白菜就出现了不卷心的现象。初步估算损失达5 000余元。何××找村干部调解，未果。不得不起诉至法院，请求判决郭××移走杨树苗，并赔偿5 000元经济损失。一审法院审理后认为，原被告均有权自主使用其承包土地。任何一方均不能干涉另一方的用地行为，故判决驳回原告诉讼请求。何××不服欲提起上诉。请试写一份上诉状，不明确的内容以"××"表示(法律提示：不动产的相邻各方为了正常的生产和生活，应互相给他方以必要的便利，为此，一方有权利用他方的不动产或请求他方排除妨害)。

2. 请根据下面一位起诉人口叙的内容，代他拟一份符合格式要求的民事起诉状。

"我叫张××，现年45岁，江苏省徐州市人，在连云港××厂当工人。去年12月5日我与屋主王××订立为期3年的租赁合同，租用了他在黄埔路××号2楼房间两间，一间面积10平方米，另一间面积8平方米，当时一次性付给他半年租金。今年春节，我同爱人一起回家乡探亲时，将两间住房的钥匙交给王，托他代为照看房间，到2月10日我们从家乡回连云港时，发现王擅自将我放在8平方米房间的家具全部搬到我租用的另一间屋里，而他已经搬进了8平方米这间房里居住。我租用王两个房间并交付半年租金的事实，有房屋租赁合同及房租收据为证，是合理合法的，也未过期。现在他公然违反租赁合同，我曾多次和他协商仍不能解决，因此只有提起诉讼，请求连云港××区人民法院判令王迁出占用房间，本案的诉讼费也应由王负责支付，王某现年48岁，汉族，连云港市人，无固定职业。"

3. 根据下列案情，制作相应法律公文。

(1)以原告的身份制作一份《民事起诉状》；

(2)以被告的身份制作一份《民事答辩状》。

2010 年 12 月 20 日，女青年孙某、王某到某商场购买商品。当她们付完款准备离开时，商场的两名男服务员将她们拦住，反复逼问她们有没有拿别的东西，并将二人推进一间仓库，强行要求二人摘下帽子，解开衣服，打开包，让服务员进行检查。二人反复申明没有拿别的东西但无效，最终被逼接收检查。商场工作人员经检查确认二人无辜后，对二人道歉、放行。事后，孙某、王某以侵害名誉权为由向法院起诉。

4. 根据给定材料，代写一份仲裁申请书。

王某，男，30 岁，现住重庆市××区××路××号，与被申请人赵某(重庆××房地产公司)于 2007 年 2 月 10 日签订的《商品房买卖合同》中第八条约定，被申请人应当在 2008 年 4 月 30 日前将合同约定的商品房交付申请人使用，而申请人在 2008 年 8 月 20 日才收到被申请人的《入住通知单》。按照双方签订的合同中的第九条，被申请人已经造成逾期交房。故申请人要求被申请人按照合同约定支付逾期交房违约金人民币 4 121 元整。

逾期交房期间申请人多次询问被申请人违约金支付问题，被申请人未说明理由一直拖延违约金支付，双方在协商解决不了的情况下，申请人只好按照合同中签订的第十九条提交重庆市××区仲裁委员会仲裁，其后果完全是由被申请人造成的，故此次仲裁费用应由被申请人支付。

请求裁决被申请人按照双方签订的《商品房买卖合同》第七条第二款支付申请人逾期交房违约金人民币 4 121 元整；请求裁决被申请人支付此次仲裁产生的费用共计 660 元整。

第五章　房地产市场调研报告类文书

学习目标

1. 了解房地产市场调研类文书的种类、特点及适用情况。

2. 掌握房地产市场调研类文书的写作方法、格式要求，能在实际工作中按要求正确写作相应的调研类文书。

第一节　调查报告概述

一、调查报告的含义和特点

(一)调查报告的含义

调查报告是对某项工作、某个事件、某个问题，经过深入、细致的调查后，将调查中收集到的材料加以系统整理，分析研究，以书面形式反映客观实际、揭示事物本质规律的书面报告。

(二)调查报告的特点

1. 写实性

调查报告是在占有大量现实和历史资料的基础上，用叙述性的语言实事求是地反映某一客观事物。充分了解实情和全面掌握真实、可靠的素材是写好调查报告的基础。

2. 针对性

调查报告一般有比较明确的意向，相关的调查取证都是针对和围绕某一综合性或是专题性问题展开的。所以，调查报告反映的问题集中而有深度。

3. 逻辑性

调查报告离不开确凿的事实，但又不是材料的机械堆砌，而是对核实无误的数据和事实进行严密的逻辑论证，探明事物发展变化的原因，预测事物发展变化的趋势，提示本质性和规律性的东西，得出科学的结论。

二、调查报告的种类

1. 情况调查报告

情况调查报告是比较系统地反映本地区、本单位基本情况的一种调查报告。这种调查报告是为了弄清情况，供决策者使用。

2. 典型经验调查报告

典型经验调查报告是通过分析典型事例，总结工作中出现的新经验，从而指导和推动某方面工作的一种调查报告。

3. 问题调查报告

问题调查报告是针对某一方面的问题，进行专项调查，澄清事实真相，判明问题的原因和性质，确定造成的危害，并提出解决问题的途径和建议，为问题的最后处理提供依据，也为其他有关方面提供参考和借鉴的一种调查报告。

4. 新事物调查报告

新事物调查报告是及时反映生活中出现的新人、新事、新发明、新创造，常见于报纸杂志。这类调查报告要在“新”字上做文章，要写出新事物产生的情况、特点以及体现出的时代精神，比较完整地阐述它产生、发展的过程，揭示其成长规律，说明其意义和作用。

5. 历史事实调查报告

历史事实调查报告是调查报告根据现实的需要，对一些需要重新审定的历史问题进行调查研究，揭露当时的政治背景，将历史真相大白于天下，还历史以本来面目。

三、调查的常用方法

要撰写出内容真实、针对性强、对实际决策有帮助的调查报告，必须运用一定的方法、手段进行调查，常用的调查方法有：

(一)文案调查

文案调查法又称资料查阅寻找法、间接调查法、资料分析法或室内研究法。它是利用企业内部和外部现有的各种信息、情报，对调查内容进行分析研究的一种调查方法。文案调查要求更多的专业知识、实践经验和技巧。这是项艰辛的工作，要求有耐性、创造性和持久性。

文案调查可以发现问题并为其提供重要参考，可以为实地调查创造条件，可用于经常性的调查，并不受时空限制。当然，文案调查法也有自己的局限，主要表现在以下几个方面：

第一，文案调查依据的主要是历史资料，其中过时资料比较多，现实中正在发生变化的新情况、新问题难以得到及时的反映。

第二，所收集、整理的资料和调查目的往往不能很好地吻合，对解决问题不能完全适用，收集资料时易有遗漏。

第三，文案调查要求调查人员有较扎实的理论知识、较深的专业技能，否则在工作中将力不从心。此外，由于文案调查所收集的文案的准确程度较难把握，有些资料是由专业水平较高的人员采用科学的方法收集和加工的，准确度较高，而有的资料只是估算和推测的，准确度较低。因此，应明确资料的来源并加以说明。

(二)问卷调查

问卷调查法又可以叫作问卷法、书面调查法或填表法，它是调查者运用统一设计的问卷向被选取的调查对象了解情况或征询建议、意见的一种书面调查方法。调查者将问题制成表格，以邮寄、当面作答或者追踪访问等方式让被调查者填答，从而知道被调查者对调查问题的看法及意见。问卷调查法的关键在于编制问卷、选择被调查对象和对结果进行分析。

问卷调查法，依据问卷填答者的不同，可以将其分为两类：自填式问卷调查和代填式问卷调查。自填式问卷调查，根据问卷传递方式的不同，又可分为报刊问卷调查、送发问卷调查和邮政问卷调查；而代填式问卷调查，依据与被调查者交谈方式的不同，划分为访问问卷调查和电话问卷调查。

问卷调查法可以突破时空限制，在广大范围内对众多被调查对象同时进行调查，这是问卷调查法的最大优点。同时，问卷调查法采用匿名调查，这也是问卷调查法的一大优点。问卷调查法可以对调查结果进行定量研究，节省人力、时间和财力。

问卷调查法也有自己的局限性：

第一，问卷调查法只能获取书面的社会信息，而不能了解到生动、具体的社会情况。这是它最大的一个缺点。

第二，缺乏弹性，很难做深入的定性调查。

第三，问卷调查，尤其是自填式问卷调查，调查者比较不容易知道被调查者是认真填答还是随便应付了事，是自己作答还是请他人代劳；同时，被调查者对于问题不了解、对回答方式不清楚，也不能得到详细的指导和说明。

第四，填答问卷只是简单地打钩或者是画圈，同时这也会在从众心理驱使下按照社会主流意识填答，这些都不能保证调查的真实度。

第五，回复率和有效率比较低，对无回答者的研究比较困难。

（三）实地调查

实地调查法，是应用客观的态度和科学的方法，对某种社会现象在确定的范围内进行实地考察，并收集大量资料以统计分析，从而探讨社会现象。

实地调查是在传播研究范围内，研究分析传播媒介和受传者之间的关系和影响。实地调查的目的不仅在于发现事实，还在于将调查经过系统设计和理论探讨并形成假设，再利用科学方法到实地验证，并形成新的推论或假说。

实地调查具体采用三种方法：现场观察法、询问法和实验法。

1. 现场观察法

现场观察法是调查人员凭借自己的眼睛或借助摄像器材，调查现场，直接记录正在发生的市场行为或状况的一种有效的收集资料的办法。其特点是被调查者是在不知晓的情况下接受调查的。

现场观察法的类型：

(1)直接观察法，就是在现场凭借自己的眼睛观察市场行为的方法。使用这种方法进行调查，要确定是定期观察还是不定期观察、观察的次数等。

(2)痕迹观察法，不是直接观察被调查对象的行为，而是观察被调查对象留下的痕迹。

(3)亲身经历法，就是调查人员亲自参加某种活动，收集有关的资料。通过亲身经历所收集的资料，一般是非常真实的，但注意不要暴露了自己的身份。

(4)行为记录法，因为观察法不直接向被调查者提出问题，所以有些观察工作就可以通过录音机、录像机、照相机及其他一些监听、监视设备来进行。

通过观察法能客观地获得准确性较高的第一手信息资料，但这种方法也有一定的局限性：一是它只能反映事物的现象，不能说明事件发生的原因；二是调查面窄，花费时间较长。

2. 询问法

询问法，是把调查人员事先拟定的调查项目或问题以某种方式向被调查人员提出，要求对方给予回答，以此获取信息资料的方法。调查人员应该清楚地认识到，整个调查过程不仅要收集到调查所期望的资料，而且还要在调查中给调查对象留下良好的印象，树立公司的形象，可能时应该将被调查对象作为潜在用户加以说服。

询问法的类型包括：

(1)直接访问法，又被称为面谈法，是调查人员直接询问被调查对象，向被调查对象询问有关问题，以获取信息资料。通常，调查人员根据事先拟定的调查提纲进行提问，有时也可采用自由交谈的方式进行。面谈时可以一对一地进行面谈，也可以多人集体面谈。

直接访问法能直接与被调查对象见面，听取其意见，观察其反应。这种方法灵活性较大，不受任何限制，也没有什么固定的格式，可以一般地谈，也可以深入详细地谈，所涉及的问题可宽可窄。但这种调查方法调查成本较高，调查结果受调查人员业务水平和被调查对象回答问题的真实与否的影响较大。

(2)电话访问法，是由调查人员根据调查的要求，在样本范围内，通过电话询问的形式向被调查对象询问事先拟定的内容而获取信息资料的方法。电话访问法的优点在于：可以在较短时间内调查较多的对象，成本也较低，并能以统一的格式进行提问，所得信息资料便于统计处理。其缺点是：在调查过程中不清楚被调查者所处的情景，不易得到被调查者的合作，不能询问较复杂的问题，调查难以深入等。

(3)邮寄询问法又称通信询问法，它是将事先设计好的调查表，以邮寄的方式交给被调查对象，他们填好后按规定时间寄回来。使用邮寄询问法的最大优点是选择调查范围不受任何的限制，可在全国范围内选取样品；被调查者有充裕的时间来考虑答复的问题，使问题的回答更为准确；不受调查人员在现场的影响，得到的信息资料较为客观、真实。缺点是邮件回收率很低，各地区寄回来的比例也不一样，因此影响调查的代表性。

3. 实验法

实验法是指在控制条件下，对所研究的对象从一个或多个因素进行控制，以测定这些因素间的关系，在因果性的调查中，实验法是一种非常重要的工具。采用实验法要求调查人员事先将调查对象分组，然后置于一种特殊安排的环境中，做到有控制地观察。

常用的实验法有以下几种：

(1)实验室实验，即在实验室内，利用专门的仪器、设备进行调研。

(2)现场实验，是在完全真实的环境中，通过对实验变量的严格控制，观察实验变量对实验对象的影响，即在市场上进行小范围的实验。

(3)模拟实验，模拟实验的基础是计算机模型，它必须建立在对市场情况充分了解的基础上，它所建立的假设和模型必须以市场的客观实际为前提，否则就失去了实验的意义。

(四)网络调查

网络调查是网络时代的产物，它把网络技术和传统调查技术相结合，具有交互界面友好、调查方便快捷的优点。由于技术的原因，目前网络调查还只是一种辅助的调查方法，但其所起的作用已为越来越多的人所关注。

第二节 市场调查报告

一、市场调查的含义和基本程序

(一)市场调查的含义

市场调查有狭义和广义两种。狭义的市场调查是指根据某一特定商品的需求，对与商品有关的市场情况进行专项调查，研究消费者对该商品的意见和要求、购买习惯、欲望和动机等。广义的市场调查除了上述内容外，还包括调查企业形象、社会需求量、销售环境、价格战略、流通渠道、竞争结构等内容。如何选择市场调查的范围，应该根据市场调查报告的要求而定。

(二)市场调查的基本程序

市场调查是一项系统工作，在调查前要有周密的准备，调查过程要有针对性，善于收集资料，写出调查报告。具体的程序包括：

1. 决定研究目标

调查前，首先应明确调查的目标，包括课题的选择，围绕这一课题确定调查目的和意义，调查的具体对象、大致内容、范围等。

2. 确定调查重点

目标一经确定，就应进一步确定调查重点，围绕重点设想调查项目，明确调查人员的具体分工，以便分头进行资料的收集和整理。

3. 收集市场资料

市场资料的收集，一般可以分为第一手资料收集和第二手资料收集两种。第一手资料主要来源于通过调查所取得的直接的市场资料，第二手资料主要是指通过查阅文献所获得的间接资料。

4. 资料的整理与分析

从市场收集的市场资料，必须经过加工整理才能付诸使用。首先，要检查资料是否有误差；其次，要对情报资料进行评定，审核其根据是否充分，阐述是否全面，观点是否正确，以保证资料的真实与准确；再次，将经过编辑整理的资料分类编号，便于资料的查找、归档、统计和分析；最后，运用科学的方法对资料进行统计分析。

5. 写出市场调查报告

市场调查的结果必须做成详尽的报告，即市场调查报告。

二、市场调查报告的含义和特点

(一)市场调查报告的含义

市场调查报告是企业或企业代理人、专门的调查机构或研究人员，运用科学的方法，有目的、有组织、有计划地对国际或国内市场的顾客、购买力、购买习惯以及产品营销的各个环节的情报资料进行系统的收集、整理和分析研究，得出合乎客观事物发展规律的结论，并最终形成书面报告。

(二)市场调查报告的特点

1. 针对性

针对性是指市场调查报告要有明确的目的。通过调查研究写成的调查报告，或是总结市场新经验，或是吸取市场新教训，或是反映新情况，都是为了切实指导实际工作，以推动经济工作健康发展。实践证明，调查报告的针对性越强，它的指导意义、参考价值和社会作用也就越大；反之，如果调查报告没有针对性，或是针对性不强，则起不到应有的参考或指导作用。

2. 真实性

真实性是市场调查报告的生命。尊重客观事实，依据事实说话，不虚构、不臆测、不武断是真实性的基本要求。材料真实是保证市场调查报告真实性的基础。市场调查报告中涉及的一切材料，包括历史资料、现实材料、典型事例、统计数据等都必须言之有据、准确无误。同时，科学方法的运用也是保证市场调查报告真实性的可靠手段。写作时要根据不同的调查对象、调查范围，选用恰当合理、科学细致的调查方法，获取真实、丰富、可靠的材料，以确保调查报告的真实。

3. 时效性

市场调查报告的时间性很强，要及时、迅速、准确地反映、回答现实经济生活中出现的具有代表性的紧迫问题。市场调查必须迅速，撰写报告应及时。一旦报告的内容“过时”，失去了现实的意义，报告也就不再有价值。做不到迅速、及时地反馈市场的信息，就会落后于市场的变化，这样就会失去调查报告的参考和指导价值。

三、市场调查报告的主要内容

1. 市场需求的调查

市场需求情况的调查包括：现有顾客需求情况的调查(需求什么、需求多少、需求时间等)；现有顾客对本企业产品(服务)满意程度的调查；现有顾客对本企业产品信赖程度的调查；对影响需求的各种因素变化情况的调查；对顾客的购买动机和购买行为的调查；对潜在顾客需求情况的调查(需求什么、需求多少、需求时间等)。

2. 产品的调查

产品调查的内容包括：产品设计的调查(包括功能设计、用途设计、使用方便和操作安全的设计、产品的品牌和商标设计以及产品的外观和包装设计等)；产品系列和产品组合的调查、产品生命周期的调查；对老产品改进的调查；对新产品开发的调查；对于任何销售技术服务的调查等。

3. 价格的调查

价格调查的内容包括：市场供求情况及其变化趋势的调查；影响价格变化各种因素的调查；产品需求价格弹性的调查；替代产品价格的调查；新产品定价策略的调查；目标市场对本企业品牌价格水平的反应等。

4. 促销的调查

促销调查的主要内容：广告的调查(广告媒体、广告效果、广告时间、广告预算等的调查)；人员推销的调查(销售力量大小、销售人员素质、销售人员分派是否合理、销售人员报酬、销售人员促销策略的调查)；各种营业推广的调查；公共关系与企业形象的调查。

5. 销售渠道的调查

销售渠道的选择是否合理，产品的储存和运输安排是否恰当，对于提高销售效率、缩短交货期和降低销售费用有着重要的作用。因此，销售渠道的调研也是市场调查的一项重要内容。销售渠道调查包括：各类中间商(批发商、零售商、代理商、经销商)的调查；仓库地址应如何选择的调查；各种运输工具应如何安排的调查；如何既满足交货期的需要，又降低销售费用的调查等。

6. 竞争的调查

竞争的调查包括：竞争对手的数量(包括国内外)及其分布；市场营销能力；竞争产品的特性、市场占有率、覆盖率；竞争对手的优势与劣势；竞争对手的市场营销组合策略；竞争对手的实力、市场营销战略及其实际效果；竞争发展的趋势等。

四、市场调查报告的作用

1. 有利于企业了解市场信息，学习先进经验

在现代经济活动中各种信息极为丰富，而有价值的信息对于企业则是宝贵的资源。通过市场调查，企业可以了解消费者的经济收入状况、文化教育水平、消费观念、生活方式以及购买能力和购买意向，以便生产研制适销对路的产品，提高产品在市场上的占有率，顺利完成商品从生产到消费的转移。同时，通过市场调查还可以充分了解同行业的经营状况，学习同行业先进的企业管理经验，提高企业自身的经营管理水平，为今后可持续发展提供帮助。

2. 有利于企业科学决策、合理定价，保持供需平衡

企业作为生产经营的主体，追求利润的最大化是其最终目标。要达到利润最大化，就要了解市场供需情况，对商品供需进行预测，制订供应总量计划和品种计划，保持供需平衡；同时，要确定企业产品、服务的合理价格，这两点对于企业发展至关重要。通过市场调查，企业可以了解市场供需的变化情况，了解同类产品的价格，帮助企业做出科学决策，从而更好地引导企业生产，确定自己产品的合理价格，使自己在市场中具有较强的竞争力。

五、市场调查报告的写作格式

市场调查报告一般由标题、正文、发文机关署名三部分组成，具体格式见表 5-1。

表 5-1　市场调查报告格式

结构说明	举　例
标题	
写法一：公文式标题	
调查地区或单位＋调查内容或范围＋文种(调查/调查报告)。	《广州钻石牌电扇在北京市场地位的调查》 《万宝电器在国内外市场供求状况的调查》
写法二：文章式标题	
标题直接提出问题，指明市场调查结论或市场发展趋势，标题中不标明文种。	《××牌洗衣机售后服务有待改善》 《红富士苹果在××市场热销》
写法三：复合式标题	
文章式标题与公文式标题相结合。文章式标题作为正标题，揭示文章主旨、调查结论；公文式标题作为副标题，从期限、地域、商品、文种等方面对正标题进行补充。	《努力提高债券资产比重——对工商银行××省分行各类债券的调查》 《××国××牌电视机被冷落——××牌电视机在我国市场销售情况调查》

续表

结构说明	举　例
正文 1. 前言(引言) (1)形式上，一是陈述式，单独标明“前言”“引言”；二是与正文结合，用过渡语引出主体内容。 (2)内容上，一是调查目的和依据；二是调查对象、范围；三是调查时间；四是调查方法。 (3)写法上，有结论式、概述式、提问式、总分式。 2. 主体(核心) 一般包括调查的基本情况、分析与判定、建议或对策三部分。 (1)基本情况 对市场调查了解的有关情况、数据的叙述、解释和说明。可以按问题的性质归纳，以小标题或提要句形式表述；也可按时间顺序进行表述。 (2)分析与判断 通过对市场现象或行为的分析研究，确定调查对象在市场竞争中所处的位置，从不同方面揭示原因，判定市场前景。 (3)对策与建议 在分析判断的基础上提出切实可行的措施和建议。建议要具体化，有可操作性	**××××市2011年电暖器市场的调查** 随着我国供暖制度的改革和人民生活水平的提高，新的采暖方式不断涌现，其中电采暖日益成为不可或缺的采暖方式。尤其是2011年电暖器的发展势头最为迅猛。传统的家电巨头在电暖器市场依旧占主导地位，其中国产品牌占据了大部分市场份额。可以预计随着人们生活方式的多样化，电暖器也会成为人们度过冬天的一个必要的补充采暖措施。 一、电暖器市场基本情况 1. 生产情况：据调查，国内以电暖器为主要产品的生产企业为数不多，大约30家。2011年，这些企业电暖器总产量约240.19万台。其中年产量超过10万台的主要有广东美的家电厂、宁波天工实业公司……8家企业。这8家企业电暖器总产量约209.53万台，占国内电暖器总产量的87.24%。具体数字见表一(略)。 以上情况表明：虽然电暖器行业目前处于起步阶段，但生产集中程度都非常高。特别是产量排行第一的广东美的家电厂，其产量超过国内总产量的四分之一，在本行业中处于明显的垄断地位。 2. 销售情况：据对北京、大连、沈阳、济南、杭州、武汉6个城市的27家大商场的调查，2011年总销量约为71 000台。其中，销量超过5 000台的有大连商场、大连百货大楼……5家商场，年销售总量约44 447台，占27家销售总量的62.6%。具体数字见表二(略)。 以上情况表明：与电暖器生产的高度集中类似，电暖器销售的集中程度也非常高。这种现象一方面反映了电暖器市场正处于开发阶段，大部分商场都把电暖器作为试销商品经营，把电暖器作为主要商品经营的为数甚少；另一方面，虽然经销电暖器获得成功的商场数量不多，但这些成功者的事实至少说明，电暖器极具市场潜力，具有良好的发展前景。 3. 各种品牌的竞争(略)。 二、市场分析与展望(略) 产品与建筑面积、供热面积的分析，产品生产和销售情况的分析(略)。 三、几点建议(略)
发文机关署名	右下方写上调查单位和调查人员，完成日期

主体结构形式说明：

(1)纵式结构。按照市场调查报告的内在逻辑，把主体部分分为前后递进关系或因果关系的若干部分。

总体上是：基本情况—分析判定—对策建议。

优点：脉络分明，环环相扣，层层深入。一般对市场产生的新事物、典型事件的调查多采用这种结构方式。

(2)横式结构。把市场调查报告的主体部分按照逻辑关系分成相互并列的几个方面，分头叙述并分析归纳。如：

产品质量(基本情况)—分析判断(得出结论)—对策建议。

产品款式(基本情况)—分析判断(得出结论)—对策建议。

销售服务(基本情况)—分析判断(得出结论)—对策建议。

优点：结构条理清楚，层次分明。在涉及面较广、内容比较复杂的市场调查报告中使用较为普遍。

(3)纵横交叉结构。把纵、横两种结构的优点结合起来，以更好地反映市场的复杂情况。

六、市场调查报告的写作要求

1. 实事求是

写市场调查报告，作者首先应端正态度，以高度的责任心深入调查，如实反映情况。事实、数据等材料要客观、全面、准确无误，不可主观臆断。

2. 突出重点

一篇市场调查报告重点回答一两个重要问题就足够了。如果材料充分，要反映的问题多，可以分几个专题，各有侧重地分别来写。

3. 讲求时效

市场情况变化无常，市场调查报告一定要讲求时效性。过时的市场调查报告就失去了它的现实针对性。

七、案例分析

案例：

重庆房地产市场调查报告

重庆作为直辖市，根据它的城市发展规划，未来的重庆将是一个以主城区为中心的由中等城市、卫星城市等共同组成的城市群，未来的城市发展一方面是主城区的扩大，另一方面是中等城市、卫星城的形成。对房地产业来说，这就意味着发展机遇不仅仅停留在主城区，各中等城市、卫星城都将有很好的发展空间。

一、重庆市房地产市场环境概况

1. 人口概况

根据2000年11月1日进行的第五次全国人口普查数据显示，重庆市总人口为3 090.45万人(包括外来人口，不包括外出人口)，年平均增长率为0.66%，自然增长率为2.90‰，城市化率33.09%。

人口年龄结构：略。城乡人口结构：略。人口受教育结构：略。

2. 经济发展概况

2001年全市实现国内生产总值1 750亿元，比上年增加161亿元，是重庆直辖以来经济总量增加最多的一年。按可比价格计算，比2000年增长9%，高于全国1.7个百分点。增长速度列全国第18位，在全国的位次比上年提高了5位。(略)

3. 居民生活水平

“九五”时期是重庆市社会、经济、城市建设发展较快的时期，在短短几年内，重庆市的城市建设、社会经济迈上了新台阶。经济的增长为改善人民生活、提高市民收入打下了基础。从以上数据可以看出，重庆市经济正向良好的方向发展，居民的购买力正在逐年增长，随着收入水平的提高，居民用于消费性的支出在不断增加的同时，非消费性支出也日益成为居民支出的重要组成部分。

4. 城市规划(略)

二、重庆市房地产消费市场特征分析

1. 2001 年重庆购房者人口结构特征。根据《2001 重庆房地产展示交易会住宅需求调查报告》资料显示，重庆购房者呈现下列人口结构特征：(略)

2. 重庆市房地产市场消费需求总体状况。根据重庆市国土与房屋管理局最新信息表明：重庆房市的价格呈现稳步增长的态势，广大消费者对价格的承受力也在稳步增强。

3. 重庆市主城区域住宅需求特征。根据《2001 重庆房地产展示交易会住宅需求调查报告》资料显示，重庆市住宅需求主要特征概括如下：(略)

4. 重庆市消费群体特征与购房行为。根据《2001 重庆房地产展示交易会住宅需求调查报告》资料显示，重庆购房群体呈现下列消费特征：(略)

三、重庆市房地产市场形势及发展趋势

1. 重庆市房地产市场形势。当前重庆市房地产的总体形势是：房地产投资规模持续快速增长，商品房销售价升量增，产业发展的理性化程度进一步提高，房地产市场秩序进一步好转。(略)

2. 重庆市房地产发展趋势。基于重庆市政府将房地产业作为带动增长的支柱产业，同时结合重庆市房地产实际状况，重庆市房地产发展趋势将体现在：土地市场化进程加速，房地产市场监管力度加强，市场服务日臻完善，房价继续上升，市场竞争加剧，小区和楼盘品位进一步提高。(略)

四、结论

随着城市化和房地产市场化进程的加速，重庆市房地产市场发展空间很大，通过市场结构调整和市场秩序的整顿，增量市场和存量市场互相促进，互相补充，未来的市场会继续供需两旺。这主要是因为：(略)

目前，重庆市房地产业所取得的发展是在房地产业真正意义上进入市场经济的情况下(停止住房实物分配、个人成为买房主体)由销售热带动的，也就是由消费拉动投资，且这种消费是以居民购房自住消费为主。

城市的房地产市场形势的发展，取决于多方面的因素：一是经济发展因素。(略)二是政策因素。(略)

在看到重庆市房地产市场巨大发展潜力的同时，也应清楚地看到其存在的风险因素，包括：重庆市二手房市场发展与一手房市场不能协调发展；土地成本存在上涨趋势，效益降低的风险加大；重庆市居民收入处于较低的水平，没有足够的有效需求支持房价的持续上涨。因此，如果决心介入重庆房地产业，必须高度重视产品的结构问题。在市场经济下，只能由产品的供应结构去适应产品的消费结构，而不可能让消费者去购买不适应他们消费水平和爱好的产品。同时，在具体项目的选择上，应考虑到重庆市土地价格的上涨对资金供应的要求和利润空间的压缩。

简析：

这是一篇关于重庆房地产市场发展趋势的调查报告，采用的是公文式标题，在标题中说明了调查地区和调查内容。正文引言部分，采用了陈述式的语言，简要介绍了重庆房地产市场的发展情况。主体部分从重庆房地产市场环境概况、重庆房地产消费市场特征分析、重庆房地产市场形势及发展趋势与结论四个方面，用大量的事实和数据来说明重庆房地产市场的发展趋势。整篇报告条理清楚，内容充实，语言得体。

第三节 市场预测报告

一、市场预测报告的含义和特点

(一)市场预测报告的含义

市场预测是在调查研究的基础上，以准确、及时的统计调查资料为依据，从市场发展的历史、现状出发，运用科学的方法和手段，对客观经济过程及未来变动趋势所进行的分析、预测和判断。市场预测报告就是反映和描述市场预测的分析研究过程及其成果的书面报告。

市场预测报告是以市场调查为基础，以科学的分析研究为依据，以正确的经济理论为指导，以翔实的统计数据和资料为前提，预计并推测未来市场的变化发展趋势，为有关部门和企事业单位提供信息，以便改善经营管理，促进市场销售，提高经济效益。

市场预测报告与市场调查报告关系密切而又有明显不同。其区别在于：一是重点不同，市场调查的重点在于经济活动的历史和现状；而经济预测则要求在市场调查的基础上，将重点放在经济活动未来的发展趋势上。二是范围不同，市场调查的范围不及经济预测的范围广，应当说，经济预测的内容包含市场调查，经济预测是在市场调查所总结的经济实践经验的基础上进行的。三是方法不同，市场调查主要采取实地调查、访谈、询问、问卷等方式，而经济预测更多地是运用数学推算和统计的方法。

(二)市场预测报告的特点

1. 科学性

市场预测报告的科学性表现在预测报告必须充分占有市场信息，以市场客观事实为依据，正确揭示市场活动的客观规律，把握市场发展变化的基本趋势。这就要求在预测过程中要深入进行市场调查，收集各种真实、可靠的数据资料，运用恰当的预测方法，找出预测对象的客观运行规律，使预测结论做到准确、可靠，经得起推敲和时间的考验，提出的建议应切实可行，有科学性。

2. 预见性

市场预测报告具有事前反映的特点。它要勾画未来经济发展的轮廓，揭示经济运行变动的趋势，预言经济活动变化的未来，展示经济发展的必然前景。这就要求预测者充分运用以往的事实材料，采用正确的预测方法，对预测对象的未来发展趋势和状况做出科学的分析和表述，使预测结果反映预测对象的客观运动规律和发展趋势。

3. 时效性

在瞬息万变的经济活动中，要使预测能为决策服务、为提高经济效益服务，就必须迅速、灵敏地记录和反映经济活动中的新变化、新动态，并以最快速度传递给相关部门、企业。及时了解国内外经济技术情报、市场需求，对企业来说，无疑有利于提高企业的竞争能力。时效性是经济预测报告的生命和力量所在。

4. 综合性

市场是复杂的，各种因素都会对市场产生影响，这就使市场预测报告的内容涉及政治、经济、文化、历史等领域，它是外部现象和内在原因的综合；是纵向分析和横向分析的综合；是历史的连贯性和发展的预见性的综合；是微观经济效益和宏观经济效益的综合。因此，市场预测报告有很强的综合性。

二、市场预测报告的种类

市场预测报告按照不同的划分标准，可以分为不同的类型：

1. 按预测范围分类

(1)宏观经济预测报告是从宏观经济的角度出发，依据国民经济整体发展水平、国民精神和物质需求及综合购买力等情况的变化，对一个地区、系统、行业的发展前景进行全局性、综合性、整体性的预测而形成的报告。

(2)微观经济预测报告是从企业角度出发，对局部或某一经济实体的经济现象或问题的发展前景所写的预测报告。如商品需求预测、销售预测等。

2. 按预测时限分类

(1)长期经济预测报告一般是对5年以上经济发展前景所写的预测报告。它是制定经济发展远景规划和规划经济长期发展任务的依据。

(2)中期经济预测报告是对2～5年内经济发展前景所写的预测报告。它是制订2～5年计划，规定这一时期内经济发展任务的依据。

(3)短期经济预测报告是对1年左右时间内经济发展前景所写的预测报告。

3. 按预测对象分类

(1)市场预测报告是对企业产品的市场需求量以及与其相关联的各种因素的预测报告，为企业的产品生产提供依据。

(2)销售预测报告是对市场供求关系的变化、企业产品的市场销售量(市场占有率、产品竞争力)的预测报告，它是企业改善经营管理、扩大销售量的重要依据。

(3)资源预测报告是对企业生产所需原材料、能源的来源，以及供应的品种、数量、规格、时间、对象和保证供应程度的预测报告，为制订原材料采购计划和能源节约计划提供依据。

(4)生产预测报告是在市场、销售、资源等预测的基础上，为制订企业生产计划而进行产量预测的报告，包括企业市场能力、改建、扩建投资、计划期限内各种产品的年产量预测等。为企业制订增产计划提供依据。

(5)成本预测报告是对产品在一定时期内成本水平的预测报告。它是企业有计划地降低成本、加强经济核算、多快好省地发展生产的重要依据。

(6)技术预测报告是对企业使用新材料、发明新技术、开发新产品及其对市场供求关系的影响做出判断而写出的预测报告。是企业制订技术改造计划、安排产品更新换代的重要依据。

三、市场预测的方法

市场预测必须运用各种预测方法，市场预测方法很多，可以从其偏重于质还是偏重于量分为两大类：定性预测法和定量预测法。

1. 定性预测法

定性预测法也叫经验判断法。它是一种通过向用户、销售人员、经营人员、专业人员等进行调查，获取与预测对象相关的各种资料，在对这些资料整理、研究的基础上，对预测对象的未来情况做出判断的预测方法。定性预测的具体方法有：经理人员意见法、销售人员意见法、用户意见法、专家意见法。

(1)经理人员意见法是由经理人员负责邀请销售、经营管理、财务以及市场研究等部门的主管人员进行集体讨论，根据他们的经验、判断，对商品销售前景进行预测。

(2)销售人员意见法是销售人员根据自己在第一线的销售经验预估市场需求发展变化趋势的一种预测方法。

(3)用户意见法是直接征求用户的意见，了解用户的购买意向和购买动机，预测未来销售动向的一种预测方法。

(4)专家意见法又叫德尔菲法，是聘请专家运用他们的专门知识和直接经验，对未来市场发展前景做出判断的一种预测方法。通常使用函询和座谈讨论两种方法进行。

2. 定量预测法

定量预测法又称统计预测法或数学计算法。它是一种依据统计资料，运用数学方法，建立数学模型，研究市场结构关系、市场发展水平，并计算出具体预测值的预测方法。定量预测法可以分为时间序列法、回归分析法、指数函数法和抽样统计法。

(1)时间序列法是对某个变量的时间序列进行研究，从过去的变化趋势预测未来的变化情况的预测方法。

(2)回归分析法是研究导致变化的各种因素，找出在特定的客观环境下，预测对象在将来会出现何种状态的预测方法。

(3)指数函数法是在掌握市场拥有率的基础上，根据拥有率和饱和率之间的关系，计算出将来一段时间内的市场容量的预测方法。

(4)抽样统计法是对相关数据进行抽样统计，求出概率，用来预测市场的发展与变化趋势的预测方法。

市场预测的方法多种多样，应选用哪种方法要根据预测的目标和掌握的资料来决定。一般而言，掌握的资料少、时间紧、预测的准确程度要求低，可选用定性预测法；掌握的资料丰富、时间充裕、可选用定量预测法。如果条件允许，综合运用多种预测方法，互相比较验证，可提高预测结果的准确性。

四、市场预测报告的写作程序

1. 确定预测目标

预测目标就是指预测的具体对象的项目和指标，为什么要进行这次预测活动，这次预测要达到什么目的。预测目标越明确、越具体，预测的结果也越准确、可靠。

2. 深入进行市场调查

深入进行调查研究、广泛收集资料是进行预测和写作的前提。要收集的预测资料主要有三类：预测对象的历史资料、现状资料、影响预测对象发展变化的有关核算资料。

3. 认真分析预测资料

收集预测资料的目的，是研究市场动态，分析市场变化，探索市场运动规律以预测未来。常用的分析方法是将资料列出表格，制成图形，直观地进行对比分析，以揭示市场规律和趋势。

4. 选择恰当的预测方法

关于预测方法，前面已经做了具体介绍，在此就不再重复。

5. 评价检验预测结果

预测与实际经常存在一定的差距。因此，对初步的预测结果还要加以多方面的评价、检验。常用的验证方法有理论验证、资料验证和专家验证。

(1)理论验证是运用经济学、市场学等理论知识，采用逻辑分析方法，检验预测结果的可靠程度。

(2)资料验证是重新核对预测所依赖的数据，将新补充的数据、预测初步结果与历史数据进行对比分析，检查初步结果是否合乎市场发展逻辑、市场经济规律。

(3)专家验证是邀请有关方面专家，对预测初步结果做出检验、评价，综合专家意见，对预测结果进行补充论证。

6. 编写预测报告

所有预测资料分类整理完毕后，按要求写作市场预测报告。

五、市场预测报告的写作格式

市场预测报告一般包括标题、正文和发文机关署名三部分，具体格式见表 5-2。

表 5-2　市场预测报告格式

结构说明	举　例
标题	
写法一：完整式标题 预测时限＋预测范围＋预测目标＋文种。	《2010 年××市家庭装饰材料需求预测》
写法二：非完整式标题 不要求四要素俱全，一般只有其中三种或两种。 目标＋文种。 区域＋目标＋文种。 期限＋目标＋文种。	《家用电器销售形势预测》 《重庆市住宅电话发展目标预测》 《2012 年宏观经济预测》
写法三：结论式标题 直接将预测对象的变化趋势用简洁的语言概括于标题中。	《今年家用轿车销售市场不容乐观》 《微型电脑市场需求持续上升》
写法四：复合式标题 由主标题和副标题组成，主标题表明预测得出的主要观点，副标题交代预测时限、范围、内容等。	《产量供过于求，市场竞争加剧——2005 年家用轿车市场预测》

续表

结构说明	举　　例
正文 1. 前言(导语) 没有固定的模式，形式也多种多样。可以揭示全文主旨，可以交代写作目的和动机，可以介绍预测方法和过程，也可以开门见山，直陈其事，即省略前言，直奔主题。 2. 主体 (1)基本情况——“现在怎么样” 情况是市场预测报告的基础和依据，要选择有代表性的资料和数据来说明预测对象的历史、现状及相关的各种情况。情况部分的篇幅根据预测的需要可长可短，但要求所反映的情况真实、典型、全面，为预测提供可靠的依据。 写作手法上采用概括叙述的表达方式。可按历史、现状、存在问题逐层说明；也可分产、供、销依次陈述。 (2)分析预测——“将来会怎么样” 这部分是整个预测报告的核心和重点。主要任务是依据基本情况，对预测对象的未来市场的发展趋势和可能发生的状况做出估计、判断、分析、比较、推断，揭示本质，引领方向。 写作手法上，采用叙议结合、夹叙夹议的表达方式。具体模式一种是并列式，即各个层次呈并列关系，从不同角度、不同侧面进行分析推算做出趋势预测；一种是递进式，各个层次循序渐进，逐层加深。 (3)对策建议——“怎么办” 是对预测部分的合理延伸。根据基于此的结果提出有参考价值的建议，为经济部门和企业正确决策提供依据，是市场预测报告的最终落脚点。 建议要有针对性、实事求是、具体明确、切实可行	**变频器行业发展趋势预测** 在现代电子技术快速发展的形势之下，各类技术型设备的更新也非常快，其中变频器的市场需求量较大，对其生产技术的要求也较高。未来几年我国变频器产业将如何发展呢？ 变频器是应用变频技术与微电子技术，通过改变电机工作电源频率的方式来控制交流电动机的电力控制设备。目前，2010年变频器行业增长速度达到27.27%，主要是中低压变频器去年供不应求，增速达到30%，第一次出现比高压变频器增速高的状况，高压变频器增速为22.7%。高压变频器竞争加剧，价格继续呈下降趋势。经过测算，未来变频器行业将继续以20%左右的速度高速增长。 高压变频器占30%左右的市场份额，中低压变频器占有70%左右的份额，高压变频器国产品牌市场占有率达到80%，进口替代空间较小，中低压变频器都集中在低端产品，竞争较激烈，国产品牌市场占有率仅30%左右，看好未来向中高端替代。 变频器行业的高速发展总结起来大致概括为几点：首先是本土优势企业的快速成长和带动，在国内市场，一大批技术优秀、发展迅速的优秀企业迅猛崛起，带动了变频器行业的快步前进；此外，变频器行业受技术影响使得新生企业的入门门槛较高，变频器企业谋求发展需持续不断地推进产品技术自主创新，从而保证了变频器市场的良性发展和健康成长；此外，变频器企业还积极引入资本投资、开拓新兴市场等多元化的战略。 多年来，国家发改委一直对变频的技术开发、技术改造等予以了重点扶持，并组织和鼓励企业开发和应用。国内变频调速技术得到了一定的开发及推广应用。另外，对我国来说，工业高耗能仍然比较大，国家的节能减排政策也给了国内变频器企业更多机会。 同时，国内具有一定规模和实力的变频器厂家开始在产品关键技术研制方面加大投入，进行自主研发和创新，并按照国际标准进行生产，使国产变频器的整体技术水平得到大幅提高。另外，国外品牌在我国投资建厂，我国的人员从中也学习到了大量的先进技术和管理模式。外资企业人员和资金不断流动，也在一定程度上帮助了中国变频器企业的发展。 随着本地生产规模和技术的日渐成熟，质量的提高，国内变频器的性价比明显上升，市场需求会越来越倾向国内市场，最终打破国外变频器长期垄断的局面。同时，国内的厂商也定会形成知名的品牌企业
发文机关署名　作者和写作时间	略

六、市场预测报告写作的基本要求

1. 目标要明确

每一份预测报告都有其考察、分析与预测的特定对象。预测报告要开宗明义，开门见山，说明报告涉及的市场范围、市场构成、问题性质，以及提出这些问题的背景、依据或意义，从而使报告具有明确的针对性。

2. 资料要充分

市场预测报告必须在市场调查的基础上全面收集、占有资料，以全面、完整的资料作为依据。因此，必须做好两方面的工作：一是认真搞好市场调查，二是建立基础资料档案。同时，预测报告的重点在于分析，不能局限于一般的描述，更不能成为材料的堆积。因此，要充分分析和消化资料，提炼和概括资料。

3. 分析要科学

分析是科学预测的基础，预测则是科学分析的结果。预测的重点是要抓住已经揭示的市场变动因素，分析市场动态的可能走向。可以用不同的分析方法进行预测，但分析要体现清晰的逻辑条理，表达必须严谨。

4. 建议要实用

预测报告在分析、预测的基础上，还可以根据实际需要，提出一些有针对性的决策参考意见，供使用者参考。根据不同的决策需要，这部分内容可以是较为抽象的策略思路，也可以是非常具体的对策措施。但决策参考意见必须针对具体的实际问题，说明对策的意图和目的，具有切实可行的操作价值。

七、案例分析

案例：

2013—2017年大庆房地产市场调研及投资前景预测报告

为了遏制房价过快上涨，2010年中央出台了一系列房地产调控政策，经济手段和行政手段并用，从抑制需求、增加供给、加强监管等方面对中国房地产市场进行了全方位的调控。中国国务院在2011年1月下旬出台了被形容为“力度惊人”，严厉程度“前所未有”的八条房价调控措施(简称国八条)。中国一线重点城市的房价涨幅明显收窄，涨势向二三线城市转移。京版“国八条”中一个严厉的措施，是限制在北京纳税或者缴纳社保未达到五年的外来户籍家庭，不准在北京购房。

2012年国家对房地产政策一是完善，二是调整，三是继续整顿，国家将进一步理顺房地产政策，纠偏改错，使房地产业健康发展。

一线重点城市的房价均已达到高位，“限贷”“限购”“限价”一系列的调控政策使得一线重点城市房地产尤其是住宅投资的收益明显收窄。近年来，一大批资金充裕的一线房地产企业逐步把房地产开发的“主战场”转移到了二三线城市，导致了二三线城市房地产开发和投资快速升温。

由于一线城市房地产调控政策愈加严厉，部分需求将因受限制转至二三线城市置业，未来一段时间内西南地区二三线城市商品房市场可能因此而增加购房需求。同时，随着区域一体化的推进，城市化进程加速，二三线城市房地产市场的刚性需求也随之增加，为二三线城市房地产发展带来了新的契机和空间。

第一章　中国二三线城市房地产发展概述

第一节　中国二三线城市土地市场

一、二三线城市土地市场供给概况(略)

二、房企主战场向二三线城市转移(略)
第二节　中国二三线城市房地产市场
一、二三线城市房地产市场发展历程(略)
二、二三线城市房地产发展的影响因素(略)
三、二三线城市房地产市场发展近况(略)
四、房地产发展重心向二三线城市转移(略)
五、房企在二三线城市的发展状况(略)
第三节　2010—2012 年中国二三线城市房地产市场价格分析
一、2010—2012 年一线城市房屋价格变化概况(略)
二、2010—2012 年二三线城市房屋价格变化情况(略)
三、2010—2012 年二三线城市房价走势上涨的主因(略)
第四节　2010—2012 年二三线城市房地产市场开发模式
一、城市综合体的模式(略)
二、城市发展运营商的模式(略)
三、城投的模式(略)
四、城中村的模式(略)
第二章　2010—2017 年大庆房地产市场环境分析
第一节　大庆行政划分(略)
第二节　大庆地理气候资源环境分析
一、地理位置(略)
二、地质(略)
三、气候(略)
四、资源(略)
第三节　大庆交通环境分析
一、铁路(略)
二、公路(略)
三、港口(略)
四、城市公共交通(略)
第四节　2010—2012 年大庆地产业宏观经济环境分析
一、2010—2012 年大庆 GDP(略)
二、2010—2012 年大庆固定资产投资(略)
三、2010—2012 年大庆居民收支情况(略)
四、2010—2012 年大庆产业结构分析(略)
第五节　2010—2012 年大庆地产业社会环境分析
一、2010—2012 年大庆人口数量及结构(略)
二、2010—2012 年大庆家庭收支结构(略)
三、大庆外来人口情况(略)
第六节　2010—2012 年大庆房地产市场政策环境分析
一、政策环境综述(略)
二、重要政策解读(略)

三、政策导向分析(略)
第三章　2010—2012 年大庆建筑业发展状况
第一节　2010—2012 年大庆建筑业规模及占 GDP 比重(略)
第二节　2010—2012 年大庆建筑业整体发展情况(略)
第三节　2010—2012 年大庆建筑业发展存在的问题(略)
第四章　2010—2012 年大庆土地市场分析
第一节　土地区域分布(略)
第二节　土地供应状况
一、整体供应情况(略)
二、主要城区供应情况(略)
第三节　土地成交状况
一、整体成交状况(略)
二、成交分布(略)
第四节　用地性质
第五章　2010—2012 年大庆房地产市场发展分析
第一节　房地产投资开发(略)
第二节　房地产供需情况
一、房地产供应状况(略)
二、房地产成交状况(略)
第三节　二手房市场情况(略)
第四节　房地产价格走势
一、商务楼盘价格走势(略)
二、商品住宅价格走势(略)
三、主要楼盘价格情况(略)
第五节　重点楼盘动态(略)
第六章　2013—2017 年大庆房地产市场前景分析
第一节　大庆房地产市场发展前景(略)
第二节　大庆房地产市场供给趋势(略)
第三节　大庆房地产市场价格趋势(略)
第四节　商业地产投资前景(略)
第五节　“十二五”期间房地产投资机遇(略)
第七章　2013—2017 年二三线城市房地产市场投资分析
第一节　2010—2012 年我国房地产市场投资现状
一、投资状况及增速(略)
二、分物业投资情况(略)
三、分区域投资状况(略)
第二节　2012 年二三线城市房地产投资环境分析
一、投资吸引力(略)
二、经济发展(略)
三、房地产投资(略)

四、商品房销售(略)
五、土地市场(略)
六、人口与城市化(略)
七、居民购买力(略)
八、未来走势展望(略)
第三节 2013—2017年二三线城市房地产市场投资机遇
一、二三线城市房地产成为零售商投资主战场(略)
二、二三线城市成房地产市场投资热点(略)
三、二三线城市房地产市场发展具较大潜力(略)
第四节 2013—2017年二三线城市商业地产投资分析
一、二三线城市商业地产投资机会(略)
二、二三线城市商业地产发展存在的矛盾(略)
三、二三线城市商业地产投资建议(略)
第五节 2013—2017年大庆房地产投资分析(略)
第八章 2013—2017年大庆房地产投资风险及策略分析
第一节 2013—2017年大庆房地产市场的投资风险
一、影响大庆房地产市场发展的风险(略)
二、大庆房地产面临过度投资隐患(略)
三、大庆房地产市场存在的风险(略)
第二节 2013—2017年大庆房地产市场风险规避及控制策略(略)
第三节 2013—2017年大庆房地产投资策略建议(略)

简析：

这篇关于大庆房地产市场调研及投资前景的预测报告，主体分为四个部分，“前言”部分简单叙述了国家房地产政策的调整对我国一、二、三线城市房地产市场发展的影响。主体部分就从基本现状、分析预测、对策建议三个方面，用大量的调查数据说明了大庆房地产市场在2013—2017年间的发展趋势，并提出了针对性的建议。本报告资料数据权威、充分，并科学而理性地给出了结论。论证充分，层层递进，逻辑性强，具有很强的说服力。建议明确而具体，具有操作性，对宏观决策部门具有重要的参考价值。

第四节 可行性研究报告

一、可行性研究报告的含义和特点

(一)可行性研究报告的含义

可行性研究报告又称可行性论证报告、可行性分析报告，是有关企业、部门或专家组，对拟出台的决策、拟上马的项目，经过全面调查、分析、论证，写出的实施该决策或项目的可行性、有效性的文书。

(二)可行性研究报告的特点

1. 预见性与前瞻性

可行性研究报告都是在决策前或项目实施前进行的，自然需要对项目的可行性、可能遇到的问题进行科学的预测和估量，是一种“未雨绸缪”的具有超前意识的思考研究。

2. 严格的论证性

可行性研究报告是在做出决定前，从经济、技术、资金、市场销售等方面，对决策项目进行综合分析论证，并就法律、政策环境及社会影响等做出科学的论证与评比的书面表达形式。因此，它必须通过全面系统的分析方法进行，且常用介绍、分类、比较、图表、数字说明等方法论证。大型工程项目的可行性研究报告，还必须就人们对立项可能提出的质疑进行辩论。

3. 可行性

可行性研究报告结论的提出不是凭空杜撰出来的，而是根据本地区、本单位及研究对象的具体情况和发展规律确定的，一些可行性研究报告还必须就人们对立项可能提出的质疑进行论证，以消除人们的疑虑，接受可行的观点。

二、可行性研究报告的作用

1. 决策依据作用

可行性研究报告运用科学的方法，经过系统的研究后，对被研究项目做出定性、定量分析，能为决策提供依据。

2. 计划凭据作用

一旦可行性研究报告的论证获得通过，项目就将进入实施阶段。项目承担者要填报编制计划任务书。尽管在具体的运作中，会因新问题、新情况对计划做修改，但可行性研究报告的内容始终是项目实施的重要凭据。

3. 借贷依凭作用

项目一旦实施就需要资金投入。银行贷款时，首先会审核投资对象有无还贷能力。可行性研究报告是银行评估项目，确定能否提供贷款的重要依据。

4. 实施根据作用

资金落实后，项目进入实施阶段。这时项目的承担者会同设计、施工、监理、验收等单位、部门签订各种契约文书。可行性研究报告是项目实施过程中各项具体工作的依据之一。

三、可行性研究报告的种类

(一)按用途分类

1. 审批性可行性研究报告

审批性可行性研究报告主要是项目立项时向政府审批部门申报的书面材料。根据国家投资体制改革要求，我国大部分地区企业投资类项目，采取备案制和项目核准制编制项目申报报告，政府性项目使用财政资金编制可行性研究报告。

2. 决策性可行性研究报告

决策性可行性研究报告不分投资和项目内容，是作为项目决策的依据。

(二)按内容分类

1. 政策性可行性研究报告

政策性可行性研究报告主要对经济、技术政策或改革方案的必要性和可行性进行分析论证，为制定政策、深化改革提供科学依据。

2. 项目建设可行性研究报告

项目建设可行性研究报告主要是对生产建设和基础设施建设项目以及利用外资、技术改造等项目的可行性进行研究而形成的书面材料。

3. 引进或开发性项目可行性研究报告

引进或开发性项目可行性研究报告主要是对引进新技术、采用新设备、开拓新市场、开发新产品、采用新工艺之类的项目进行可行性研究而形成的书面材料。

4. 中外合资经营可行性研究报告

中外合资经营可行性研究报告是对中外合资的经营项目是否可行进行研究论证而形成的报告。其研究重点是外国合营者的资信度及产品销路。

(三)按性质分类

1. 肯定性可行性研究报告

肯定性可行性研究报告即肯定认可经济项目实施的必要性和可行性的研究报告。

2. 否定性可行性研究报告

否定性可行性研究报告即通过分析论证，发现拟议中的经济项目不具备实施条件，从而予以部分否定或彻底推翻的研究报告。

3. 选择性可行性研究报告

选择性可行性研究报告即对具有两种以上实施方案的经济项目，通过分析论证，肯定其中一种方案，否定其他方案的研究报告。或者原则上肯定某一经济项目，但否定其具体实施方案，于是再提出两种以上可行方案供决策者选择而形成的研究报告。

(四)按规模分类

1. 一般可行性研究报告

一般可行性研究报告是指内容单一、规模较小、投资较少的小型项目的可行性研究报告。

2. 大中型项目可行性研究报告

大中型项目可行性研究报告是指规模大、投资多、涉及面广的大中型项目的可行性研究报告。

四、可行性研究报告的写作格式

可行性研究报告一般是单独成册上报的，其主要包括标题、正文、附件。具体格式见表 5-3。

表 5-3　可行性研究报告格式

结构说明	举　例
标题 写法一：主办单位＋事由＋文种。 写法二：主办单位＋项目名称＋文种。 写法三：事由＋文种	《南京通达机械集团公司关于实行生产信息化改造的可行性研究报告》 《×××厂与××公司合作生产××的可行性研究报告》 《关于扩建上海浦东新区的可行性研究报告》
正文 正文包括总论、主体、结论和建议三部分。 1. 总论 概况叙述项目的基本情况，内容一般包括项目的背景、项目的历史、项目的概况、项目的承担者几个方面。 2. 主体 可行性研究报告的核心是结论和建议赖以产生的关键。 要求以系统分析为主要方法，以经济效益为核心，围绕影响项目的各种因素，运用调查的数据资料，分析论证拟建项目是否可行，或对各种预选项目的方案进行分析、比较、论证和预测，以得出拟建项目的必要性、可行性、效益性等结论。 虽然不同类型的可行性研究报告在主体部分有具体不同的侧重点，但一般包括： 投资必要性。主要根据市场调查及预测的结果，以及有关的产业政策等因素，论证项目投资建设的必要性。 技术的可行性。主要从项目实施的技术角度，合理设计技术方案，并进行比选和评价。 财务可行性。主要从项目及投资者的角度，设计合理财务方案，从企业理财的角度进行资本预算，评价项目的财务盈利能力，进行投资决策，并从融资主体(企业)的角度评价股东投资收益、现金流量计划及债务清偿能力。 组织可行性。制订合理的项目实施进度计划、设计合理组织机构、选择经验丰富的管理人员、建立良好的协作关系、制订合适的培训计划等，保证项目顺利执行。 经济可行性。主要是从资源配置的角度衡量项目的价值，评价项目在实现区域经济发展目标、有效配置经济资源、增加供应、创造就业、改善环境、提高人民生活等方面的效益。 社会可行性。主要分析项目对社会的影响，包括政治体制、方针政策、经济结构、法律道德、宗教民族、妇女儿童及社会稳定性等。 风险因素及对策。主要是对项目的市场风险、技术风险、财务风险、组织风险、法律风险、经济及社会风险等因素进行评价，制定规避风险的对策，为项目全过程的风险管理提供依据。 3. 结论和建议 当项目的可行性研究完成了所有方面的分析后，应对整个可行性研究提出综合性评价、得出可行或不可行的结论，提出建议，以供决策者参考。主要写明三点： 第一，深入、细致地研究各种有关数据，从技术、财务、经济方面论述拟建项目的可行性； 第二，指出存在的问题； 第三，正面提出自己的建议	**关于××楼盘开发项目的可行性研究报告** 第一部分　××楼盘开发项目总论 (总论作为可行性报告的首要部分，要综合叙述研究报告中各部分的主要问题和研究结论，并对项目的可行与否提出最终建议，为可行性研究的审批提供方便。) 第二部分　××楼盘开发项目的可行性 第三部分　××楼盘开发项目市场需求分析 (市场分析在可行性研究中的重要地位在于，任何一个项目，其生产规模的确定、技术的选择、××楼盘开发项目估算甚至地址的选择，都必须在对市场需求情况有了充分了解以后才能决定。而且市场分析的结果，还可以决定项目的价格、销售收入，最终影响到项目的盈利性和可行性。在可行性报告中，要详细研究当前市场现状，以此作为后期决策的依据。) 第四部分　××楼盘开发项目规划方案 第五部分　××楼盘开发项目地与土建总规 第六部分　××楼盘开发项目环保、节能与劳动安全方案 (在××楼盘开发项目中，必须贯彻执行国家有关环境保护、能源节约和职业安全方面的法规、法律，对项目可能造成周边环境影响或劳动者健康和安全的因素，必须在可行性研究阶段进行论证分析，提出防治措施，并对其进行评价，推荐技术可行、经济，且布局合理，对环境影响较小的最佳方案。按照国家现行规定，凡从事对环境有影响的楼盘开发项目都必须执行环境影响报告书的审批制度，同时，在可行性报告中，对环境保护和劳动安全要有专门论述。) 第七部分　××楼盘开发项目组织和劳动定员 (在可行性报告中，根据项目规模、项目组成和工艺流程，研究提出相应的工程技术管理机构，劳动定员总数及劳动力来源及相应的人员培训计划。) 第八部分　××楼盘开发项目实施进度安排 (项目实施时期的进度安排是可行性报告中的一个重要组成部分。项目实施时期亦称××楼盘开发项目时间，是指从正式确定××楼盘开发项目到正常生产这段时期，这一时期包括项目实施准备，资金筹集安排，勘察设计和设备订货，施工准备，施工和生产准备，试运转直到竣工验收和交付使用等各个工作阶段。这些阶段的各项××楼盘开发项目活动和各个工作环节，有些是相互影响、前后紧密衔接的，也有同时开展、相互交叉进行的。因此，在可行性研究阶段，需将项目实施时期每个阶段的工作环节进行统一规划，综合平衡，做出合理又切实可行的安排。) 第九部分　××楼盘开发项目财务评价分析 第十部分　××楼盘开发项目财务效益 第十一部分　××楼盘开发项目风险分析及风险防控 第十二部分　××楼盘开发项目可行性研究结论与建议

续表

结构说明	举　例
附件	可行性研究报告需要一些辅助资料作为正文的论据，主要有相关政策文件、调查资料、统计图表、设计图纸等，它们作为附件列在正文后

五、可行性研究报告的写作要求

1. 材料真实可靠

这是确保可行性研究报告得出的结论符合客观实际的前提和基础。为此，撰稿人必须深入、细致地进行调查研究，全面占有材料，确保材料的真实性和可靠性。

2. 实事求是地分析论证

可行性研究报告本身就是一门科学，必须以科学的态度，运用科学的方法，客观、严肃、深入地分析研究建设项目的各种问题，做出符合科学的分析、评价和结论。分析研究时，不能带丝毫的主观偏见，也要排除各种外来势力的干扰。

3. 经济效益和社会效益并重

各种建设项目都应当考虑它的经济效益，但是，经济效益绝不能仅仅着眼于企业本身，更要考虑国民经济的整体利益，要把两者结合起来评价。

六、案例分析

案例：

××市建设建筑设备存储基地的可行性研究报告

一、项目概况

(一)项目名称：××市建设建筑设备存储基地。

(二)建设性质：新建。

(三)建设单位：××市建筑设备9公司。

(四)建设地点：××市××区。

(五)建设年限：2004年1—12月。

(六)建设内容及规模：建筑设备存储基地。存储大、中型设备9 000万台套，占地面积10 000亩，供全省各级建筑工程公司租赁、存储。

(七)投资估算：总投资1 500万元。

(八)效益分析：项目建成后，可提供大、中型设备9 000万台套的存储和租赁，预计实现产值70亿元。

二、项目建设的必要性和可行性

(一)必要性

1. 建设建筑设备存储基地是实现建筑业设备高效化的需要。(略)

2. 建设建筑设备存储基地是实现建筑业设备产业化的需要。(略)

3. 建设建筑设备存储基地是实现建筑业标准化的迫切需要。(略)

4. 建设建筑设备存储基地是实现建筑业国际化的迫切需要。(略)

(二)可行性

在××市建设建筑设备存储基地，具有较强的可操作性。

一是国家今年加大了对建筑业设备的资金投入，为建立和发展××市建设建筑设备存储基地提供了可靠的政策和资金保证。

二是市委、市政府高度重视，积极抢抓国家振兴“建筑设备存储、租赁盘活资源”的历史机遇，曾多次召开专题会议研究部署，并由一名政府主管市长亲自挂帅，组织实施，从而为该项目的顺利实施提供了组织保障。

三是技术力量雄厚，有较健全的科技推广网络，高、中、初级建筑技术管理人员比例协调，建筑实践经验丰富，有比较系统的建筑设备存储、租赁的操作规程。

四是建筑设备存储基地交通便利。

三、市场供求分析及预测(略)

四、项目承担单位的基本情况(略)

五、项目建设地点选择分析

(一)地理位置及区域范围(略)

(二)社会经济状况(略)

(三)社会发展状况(略)

六、生产(操作、检测)等工艺技术方案分析

(一)设备存储选择(略)

(二)设备存储、租赁规程(略)

(三)节能及安保措施(略)

七、项目建设目标任务、总体布局及建设规模

(一)建设目标、指导思想(略)

(二)总体布局(略)

(三)建设规模(略)

八、项目建设内容

(一)土石方工程(略)

(二)建筑工程(略)

(三)配套仪器设备存储、租赁制度及管理措施(略)

九、投资估算和资金筹措

(一)投资估算依据(略)

(二)投资估算经测算，该项目总投资为 1 500 万元。(略)

(三)项目资金筹措方案国家财政投入：1 000 万元地方配套：500 万元

十、建设期限和实施进度安排

(一)建设期限：2004 年 1—12 月。

(二)实施进度：2004 年 1—2 月立项申报；2—4 月技术培训；5—9 月完成库房 8 000 米×667 米的建设，室外场地 2 000 米×667 米的建设；9—10 月份配套的仪器设备入场，11 月份聘请上级主管部门领导组织专家验收，12 月份试营业。

十一、环境保护(略)

十二、项目组织管理与运行

(一)建立项目法人制(略)

(二)组织管理机构(略)

(三)项目施工质量管理

1. 项目合同管理(略)

2. 项目招标管理(略)

3. 项目施工管理(略)

4. 项目监理管理(略)

(四)资金管理(略)

(五)项目经营和运行机制

1. 实行产业化经营(略)

2. 建立首席专家负责制(略)

3. 建立股份合作制(略)

十三、效益分析与风险评价

(一)效益分析

1. 经济效益分析(略)

2. 社会经济效益分析(略)

3. 生态效益分析(略)

(二)风险评价(略)

十四、结论和建议

××市建设建筑设备存储基地，符合国家振兴建筑设备存储、租赁盘活资源的历史机遇和振兴国家建筑业的扶持政策，有丰富的资源保障、科技依托和企业依托，更有广阔的市场前景和可观的经济、社会效益，将会对××市经济建设的跨越式发展发挥重要作用。

附件：(略)

简析：

本篇是××市建设建筑设备存储基地的可行性研究报告。文章首先从几方面介绍了项目概况。随后在主体部分，又分别介绍和分析了项目的可行性和必要性、市场供求关系、建设地点、生产工艺、资金投入和管理、效益与风险等方面。最后得出自己的结论。文章整体思路清晰，分析全面，逻辑性强，对实际操作具有指导意义。

第五节　经济活动分析报告

一、经济活动分析报告的含义与特点

(一)经济活动分析报告的含义

经济活动分析报告是以正确的经济理论和经济政策为指导，以计划指标、会计核算、统计资料和通过调查所取得的有关资料为依据，运用科学的分析方法，对某个单位、某个地区、某个部门的经济活动状况进行系统的分析研究的行为。用以反映经济活动分析的过程和结果的书面材料，就是经济活动分析报告，也称为“经济活动总评”“经济情况说明”。其中经济活动是指人们从事物质资料的生产及相应的交换、分配和消费活动。企业的经济活动是指企业的全部经营活动，包括企业的生产与再生产的全部过程。

经济活动分析报告实质是经济管理部门和企业的总结性文书。它与一般的工作总结有相似之处，其目的是通过对现有经济活动进行分析，找出成败原因，做出正确评价，提出

改进措施，指导以后的经济活动，提高经济效益。但作为一种经济专用文书，它具有很强的专业性，表现在三个方面：一是分析对象是各种经济活动；二是分析方法的专业性；三是表达方式的特殊性，即以经济活动的数据为主，一般都与表格结合。

(二)经济活动分析报告的特点

1. 分析性

分析报告，顾名思义是经过分析所写成的报告，它是以科学分析为主要表达和论证手段，对客观经济活动或商品对象进行认真分析得出的结论。分析就是透过经济现象看到本质，看到发展趋势，从而得出结论，用以指导经济活动的开展。

分析不仅依据理论，同时也依据数据。不同的经济活动由不同的经济技术指标构成，有不同的分析要求和计算方法，专业技术性强。检验每一项经济指标的完成情况，以及相关因素等，必须通过数字对比(包括图表等)来加以表示、说明。有比较才有鉴别，才能明辨得失优劣，确定方向。

2. 说明性

经济活动分析报告的目的是总结经济活动的成败得失，为以后的经济活动提供借鉴，因此必须对所涉及的经济现象、特征、指标、数据等进行详细说明，以揭示经济活动的变化规律，为决策者提供依据。

3. 指导性

人们进行经济活动分析的目的之一，是通过分析，找出影响计划指标完成的原因、薄弱环节和问题，总结成功经验，提出解决问题的对策、建议、措施等。经济活动分析报告对人们改善经济工作、制定发展规划、提高经济效益具有重要的指导意义。

4. 时效性

时效性是指“时”(及时)和“效”(效用)两方面。作为单位内部的分析报告，一般有定期的特点，如年终、月终、旬终、周终。而社会媒体上发表的分析报告，具有及时、快捷的特点。及时发现经济发展中的问题和情况，及时分析报告，是一件刻不容缓的事情，没有定期的规律。

(三)经济活动分析报告的作用

1. 有利于对企业经营管理决策和各项计划的执行过程实施控制

通过经济活动分析，了解和掌握计划执行的进度和结果，评价企业在执行经营决策与计划过程中是否正确执行了有关政策和各种财政经济制度，评价企业各项计划是否符合商品经济发展规律，是否满足人民群众的需求，是否有利于生产的发展，从而发现问题，及时加以调整改进，保证各项计划的顺利完成。因此，经济活动分析报告是指导经济管理的重要工具。

2. 有利于了解市场动态

分析市场发展趋势及市场供求潜力，分析企业的经营活动是否适应市场的变化和发展趋势。市场是经济工作的晴雨表，是国民经济情况的综合反映。积累和消费的比例是否适当，国民经济各部门的比例关系是否协调，均需要通过市场反映出来。只有通过分析，才能及时了解和掌握市场动态变化，做到心中有数。

3. 有利于取得最佳的经营成果

通过写经济活动分析报告，比指标、找差距、查原因、提措施，发掘企业内部的一切潜在力量，有效地利用人力、物力、财力，充分调动职工的积极性，不断改善企业的经营管理，才能开拓市场、加速流转、降低消费，以最小的劳动消耗、取得最佳的经营成果。

二、经济活动分析报告的种类

经济活动分析报告应用范围广泛，种类较多，根据不同的标准，可以分为不同的种类。

(一)按分析研究的范围分类

1. 宏观经济活动分析报告

宏观经济活动分析报告是指从全局上、整体上对国民经济的发展水平、发展速度以及发展中存在的一些重大比例问题所做的高瞻远瞩的分析而写作的报告。它是在各地区、各部门分析报告的基础上，经过全面整理和综合研究而形成的，为国家掌握经济全局、进行宏观调控、统筹兼顾提供科学依据。

2. 中观经济活动分析报告

中观经济活动分析报告是指各地区、各部门对本系统的经济发展情况和经济活动进行分析而写作的报告。由于各地区、各部门是处于宏观经济与微观经济之间的中间经济体，因而将它们做出的分析报告称为中观经济分析报告。

3. 微观经济活动分析报告

微观经济活动分析报告是指从局部对某一企业、某一商品的经营活动或产、供、销状况进行分析而形成的报告。

(二)按分析研究的时间分类

1. 定期经济活动分析报告

定期经济活动分析报告是指对经济活动进行周期性的分析，如按月份、季度、年度等进行分析而提出的报告。定期分析报告反映的是一定时限内各项指标的完成情况，如财务报表、年终结算等都属于这类。

2. 不定期经济活动分析报告

不定期经济活动分析报告是指根据需要对经济活动中突然出现的新问题、新情况进行分析而形成的报告，如对市场波动、原材料短缺、扭亏为盈等活动做出分析等。这种分析不具有周期性的特点。

(三)按分析研究的内容分类

1. 综合分析报告

综合分析报告又叫“全面分析报告”，一般用于定期分析。它是指对某一地区、某一部门或某一企业在一定时期内的经济活动进行全面、系统的分析、研究、评价后写成的书面报告。它的特点是涉及面广、综合性强、具有全局性借鉴和指导意义。

2. 专题分析报告

专题分析报告也称“专项分析报告”“单项分析报告”。是指对经济活动中某个具有代表性的部门或问题进行单独分析研究后形成的书面报告。如对某种产品的生产状况、价格波动的分析等。其特点是针对性强、涉及面小、集中度高、可以进行深入分析，以个别现象推导一般规律。

3. 简要分析报告

简要分析报告也称“部分分析报告”，是指对企业经营活动的某一部分内容进行简要分析而形成的书面报告，如财政计划等。简要分析报告在内容上更为专门，范围相对较小。

三、经济活动分析常用的方法

(一)对比分析法

对比分析法又称比较分析法(简称比较法、对比法)、指标对比分析法等。它是经济活动分析中最常用的方法之一。

对比分析法就是把同一基础上(时间、内容、项目、条件等)具有可比性的经济指数资料进行对比，根据对比中发现的差异和存在的问题，来研究评价经济活动的情况和问题的成因的一种方法。一般可以从以下几个方面进行比较。

1. 比计划

以本期各项的实际数与计划数对比，这是最基本的比较。其作用是：其一说明本期执行计划的实际状况，找出差异的原因；其二能检验计划是否合理、实际、是否需要修订。

2. 比历史

以本期实际完成数与上期、上年度或历史同期最高水平进行比较，看其增减幅度，以此寻找出经济活动的发展变化趋势。

3. 比先进

将本期实际完成数与国内外同行业基本条件相似或相同的企业同期完成数进行对比，以考察本企业各项经济指标的高低层次，来判断本企业进步或落后的程度，以便学习先进，扬长避短，明确努力方向。

(二)因素分析法

因素分析法又称连锁代替法、连环代替法。它是指把综合指标分解成相互联系的各个因素，以确定其对综合指标影响程度的方法。实际指标与计划指标产生了差异，这必然包含各种因素。因素分析法要将造成差异的各种主客观因素综合分析，在错综复杂的矛盾中，找出最本质、最关键的因素，同时还要注意变化的因素。

对比分析法着重数字和情况的比较，而因素分析法着重事实的说明和特点、原因的剖析。运用因素分析法应注意以下几点：

(1)要抓住具有本质意义的决定性因素。

(2)要善于捕捉带有倾向性的潜在因素。

(3)要注意分辨主观和客观因素。

(三)动态分析法

动态分析法是将不同时期经济活动的同类指标实际数值进行比较，求出比率，进而分析该指标增减和发展情况的一种方法。进行动态分析，需要定量的历史资料积累，并将其按时间顺序排列，组成动态数列。数列指标数中的第一个为最初水平数据，最后一个为最新水平数据，每个数值均叫发展量，这个数列反映的是经济活动中某个项目在不同时期的规模水平。

四、建筑企业经济活动分析报告的写作格式

建筑企业经济活动分析报告一般由标题、正文和发文机关署名三部分构成，具体格式见表 5-4。

表 5-4　建筑企业经济活动分析报告格式

结构说明	案　例
标题 写法一：公文式标题 单位名称＋分析时间＋分析内容＋文种。 (在实际运用中，前两项一般可视情况省略其中的一个或两个，但内容和文种一般不能省略。) 写法二：论点式标题 用分析报告提出的观点、意见或分析的主要问题作为标题。它写作灵活，常用于专题经济活动分析报告	《××建筑公司 2012 年 1—6 月财务成本分析》 《××建筑公司 2011 年下半年库存情况分析》 《高档楼盘产销分析》 《关于房地产公司财务收支情况的分析》 《房地产业发展的关键在于增加科技的投入》 《居民消费价格上升，房地产生产资料价格回落》 《关于房地产设备租赁公司节支增收、扭亏为盈的意见》
正文 经济活动分析报告的正文一般分为前言(情况)、主体(分析)、结尾(建议)三部分，基本思路是提出问题——分析问题——解决问题。 1. 前言 针对分析的问题，简要说明基本情况，包括内容、范围、背景、对象、目的、过程、成绩和问题、意义等。也有经济活动分析报告没有前言，直接进入主体部分。前言是展开分析的依据，有提出问题、引导分析方向的作用。 2. 主体(核心部分) 选择恰当的分析方法，对基本情况(数据、资料)进行分析论证。 主要阐述经济活动“怎么样”“为什么这样”及“应该怎么办”。 结构上是具体情况——分析评价——对策建议。 (1)具体情况 包括数据资料和经济活动客观事实两部分。一般采用对比、分解、综合的方法，用大量数据说明经济指标的完成、变化情况和存在的问题。 (2)分析评价 根据数据资料，采用有效的分析方法，对影响经济效益的各种因素(历史和现实、主观和客观、内部和外部)进行具体分析，对企业经济活动的成效和问题做出评价，并分析主客观原因。在分析评价主要指标时，要分清主次。 (3)对策建议 在分析评价基础上，针对经济活动分析结果，提出改善经营管理，提高经济效益的对策、建议和措施。要求针对性强、具体、有可操作性。 (3)结尾 大部分经济活动分析报告没有结尾，写完对策建议后自然作结。但也有些有单独的结尾部分，或总结回顾，或预测前景，或补充说明。可根据需要灵活处理	**《1998 年××房地产集团公司运行态势与 1999 展望》** 一、1998 年××房地产集团公司运行态势 1998 年，受亚洲金融危机的影响，××房地产集团公司运行遇到了前所未有的困难。对此，集团高度重视，并采取了相应的有力措施，为吸引外商投资，集团明确提出了把商品房建设作为投资的目标要求。加大了商品房开发和建设的力度。(略) 二、1999 年集团公司运行展望 始发于 1997 年 7 月的亚洲金融危机，不仅对亚洲经济的发展带来了严重的消极影响，而且还波及全球，导致世界经济和国际贸易的增长幅度放慢。目前，亚洲金融危机受内外诸多因素的影响，仍在动荡发展，前景依然扑朔迷离，不确定性很大，特别是日元大幅贬值，日本经济持续低迷，以及俄罗斯的政局和经济动荡，对亚洲经济乃至世界经济的前景都有深远的影响。由于抓住了发展的机遇和认清了发展方向，集团公司运行态势良好，在金融危机中，仍然处于不败之地。(略) 三、具体分析 (一)1998 年 1—10 月份指标完成情况 1. 直接利用商住房的刚需需求。(略) 2. 开发、建筑、销售一条龙的态势稳步发展。(略) (二)1998 年建筑行业的主要特点 1. 全市招商引资活跃，外商投资仍然保持良好发展势头。(略) 2. 跨国公司进入对房地产投资取得实质性进展，带动了房地产消费，投资产业得到优化。(略) 3. 经营主体多元化初步形成。(略) 4. 努力扩大本地建筑市场，成效明显。(略) 5. 房地产开发工作加大开拓力度。(略) 四、基本思路及措施建议 1999 年，应继续以扩大利用合作规模为重点，大力实施市场多元化战略、以质取胜战略和集团化整合资源战略，提高本单位与国际经济的融合度，加大房地产市场对经济发展的拉动作用。为此，应采取以下措施： 1. 进一步对外开放，加大招商引资力度，保持房地产业的稳定增长。(略) 2. 以培育品牌、强化促销、开拓市场为重点，确保本地房地产业有较大幅度增长(略)
发文机关署名　单位名称、写作日期	略

五、经济活动分析报告写作的基本要求

1. 材料充分，数据精确

数据和材料是撰写经济活动分析报告的基础，材料既包括计划指标、会计核算、统计资料，又包括深入实际调查研究所获取的第一手资料。实事求是地占有大量真实、准确的材料是写好分析报告的必要条件。同时，能否收集到大量、准确的资料和数据，也直接关系到分析的正确与否，关系到分析报告价值的大小。

2. 结构严谨，重点突出

经济活动分析报告内容一般都比较翔实，特别是综合性的报告内容庞杂，所以需要把材料和问题分成几个层次逐一说明。在分析的同时突出重点问题，避免平均化、分散化地分析，把重点问题解释透彻、分析彻底。

3. 理性分析，实事求是

撰写报告本着理性的科学精神，坚持实事求是的态度，建立在科学论证基础上的报告才能令人信服。特别是报告最后得出的结论和提出的建议，应避免无根据的臆断和不负责任的猜想，应在专业背景下运用科学的分析方法提出令人信服的结论和有建设性的意见。

【项目训练】

一、简答题

1. 请简述市场调查的基本方法。
2. 请简述市场调查报告和市场预测报告的区别。
3. 请简述进行市场预测的基本方法。
4. 请简述进行经济活动分析时常用的方法。

二、写作题

1. 衣、食、住、行是人类生活的四大元素。人们把“衣”放在首位，但“住”又是重要元素。随着社会文明的不断发展，人们对“住”的要求已不再是遮风避雨之用，它的功能角色逐渐发生了变化，请你按以下目标内容设计一份调查问卷。

①当代年轻人大都追求什么样的住房？

②当代年轻人在住房方面展示的个性特征有哪些？

③当代年轻人对房地产品牌企业的了解有多少？

④成功人士在追求品牌住房的同时又要求有怎么样的消费水平？

⑤工薪阶层在面对品牌住房时有怎么样的消费观点？

⑥房地产业的兴衰对房地产专业学生有何影响？

2. 以下是20××年××市二手房市场调查问卷统计结果，请你据此写一份市场调查报告。

①请问你最喜欢重庆主城哪个地段的住房

A. 解放碑 65　21.67%　　B. 观音桥 168　56%

C. 沙坪坝 35　11.67%　　D. 南坪 32　10.67%

②你选择二手房优先考虑的因素是

A. 房价 28　9.33%　　B. 新旧程度 120　40%

C. 环境 68　22.67%　　D. 中介服务 52　17.33%

E. 老住地周边 12　4%　　F. 周边人口密集程度和素质 20　6.67%

③请问你换一次住房的频率

A. 每三年　31%　　B. 平均五年 17　5.67%

C. 平均十年 64　21.33%　　D. 平均十二年 50　16.67%

E. 平均十五年 91　30.33%　　F. 每年 75　25%

④你喜欢住房的装修风格是

A. 欧式风格 91　30.33%　　B. 园林风格 98　32.67%

C. 徽派风格 72　24%　　D. 现代风格 10　3.33%

E. 中国古典风格 25　8.33%　　F. 其他 4　1.33%

⑤请问你每次换房所备选的房价

A. 10 万元以下 7　2.33%　　B. 11 万～20 万元 70　23.33%

C. 21 万～30 万元 112　37.33%　　D. 31 万～40 万元 68　22.67%

E. 41 万元以上 43　14.33%

3. ××大学两位大三学生拟在学校图书馆内开办一家二手房销售公司。请你在学校周边进行调查，预测这家二手房销售公司以后的经营状况，并写出销售预测报告。

4. 为方便学生生活，××大学拟在校区内修建第二食堂，请分析讨论其可行性，并写出可行性报告。

下篇

房地产事务类文书

在房地产业日常行政事务管理中，计划、总结、述职报告、简报等事务性文书发挥着非常重要的作用，所有的机关、团体、企事业单位在贯彻政策、指导工作、反映问题、沟通情况、总结经验时都离不开它。作为行业内部的“法律”的制度类文书更是不能缺少的重要的事务类文书。

本部分第六章着重介绍了房地产行业在日常工作中使用的计划、总结、述职报告、简报等事务性文种的含义、特点、种类和写法，同时配以适当的案例以及案例简析。第七章对行业内部的制度类文书进行讲解，就贯穿于房地产开发、设计、施工、营销和日常管理的各个环节中的各种制度、公约、章程、条例、规定、规则、细则、守则、办法、标准等事务文书的含义、种类、写法方面进行详细介绍。

本部分内容比较详尽，在基本知识方面的表述言简意赅，通俗易懂，具有很强的可借鉴性。

第六章　房地产常用事务类文书

学习目标

1. 了解房地产常用事务类文书基础知识。
2. 掌握计划、总结、述职报告、简报的内涵、种类及写法。

第一节　计　　划

一、计划的含义

计划是党政机关、社会团体、企事业单位和个人，为了实现某项目标或完成某项任务而事先做的安排和打算。计划是计划类文书的统称。因涉及内容和期限不同，计划文书还有不同叫法。如我们常见的**“规划”“安排”“要点”“方案”“打算”“设想”等，都属于计划这一文种范畴。**

计划的制订，需要事先有调研，拟订计划时要实事求是，具有科学性和可行性。计划一旦制订，则对执行者具有一定的指导性和约束力，要求相关部门或人员切实执行并争取完成。

二、计划的种类

计划的种类很多，分类的方法各不相同。

(1)按性质分：综合性计划和专题性计划。

(2)按内容分：工作计划、生产计划、学习计划、科研计划、研究计划、购销计划等。

(3)按时间分：长期计划、短期计划、年度计划、季度计划、月(周)计划等。

(4)按范围分：国家计划、地区计划、单位计划、部门计划、个人计划等。

(5)按表达方式分：条文式计划、表格式计划、文表结合式等。

三、计划的写作

计划的结构一般分为标题、正文、发文机关署名三部分。本书以按表达方式分类的计划进行讲解。

(一)表格式计划

制作表格计划时，先要把各项内容划分成几个栏目，再把制订好的各项具体计划内容填写进栏目中，形成表格。

这种方式适用于时间较短、范围较小、方式变化不大、内容较单一的具体安排。如房地产销售计划、值班计划等。

(二)文表结合式计划

文表结合式计划即表格式和条文式相结合的计划。一般是将各项目的内容填进表格后，再用简短的文字做解释说明。

(三)条文式计划

条文式计划又被称为“公文式计划”，一般由标题、正文、发文机关署名组成。本书重点针对“条文式计划”的写作进行讲解。

1. 标题

一般由四个要素组成，单位名称、适用期限、计划内容和文种。有时，标题也省略某些要素，或省略时限，或省略单位，或省略单位和时限。如计划内容尚未正式确定，可在标题后面用括号注明“草稿”“初稿”“讨论稿”“征求意见稿”等字样。

2. 正文

正文一般包括三部分：前言、主体、结尾。

(1)前言。前言又称引言，即开头部分。主要写制订计划的依据、目的要求或背景形势、指导思想、计划的总目标和总任务等。表述一般用“根据……”“为了……”之类的介词结构起笔。前言和后文的主体之间，常常用“为此，特制订本计划如下”或“为此，我们将做好以下几方面的工作”等承上启下的习惯语过渡。

(2)主体。主体是计划的核心，回答“做什么、怎么做、什么时候做”的问题，即具体的任务、目标、措施和步骤。可采用序号或小标题的方法展开内容。一般包括以下几个方面。

①任务和目标。写出一定时间内要完成的工作任务，要达到的目标。这一部分要写得主次分明、重点突出、具体明确，让人一看就知道应该“做什么”。

②措施和方法。写明采取什么方法、利用什么条件。措施和方法要具有可行性、具体性，使人明白“怎么做”。

③步骤和注意事项。写明实现计划分哪几个步骤、计划的进展程度及完成期限、实施计划应注意的问题，使人明白“什么时候，做到何种程度”。这部分内容较多，要写得周全、简明、有条理、便于执行和检查。

(3)结尾。计划的结尾可以有几种形式。或展望实现计划的前景；或提出希望号召，激励大家为实现计划而努力；或提出执行计划时应注意的问题，分析实施计划中可能出现的问题或遇到的困难等。计划的结尾也可以省略。

3. 发文机关署名

在正文的右下方写明制订计划的单位名称和日期。如标题中已写明制订计划的单位名称，发文机关署名只写上日期即可。

四、案例分析

案例：

×××房地产公司2013年工作计划

2013年，宏观政策将继续调控房地产市场，政府亦将根据调控的效果适时推出跟进政策，以促进房地产市场健康、稳定的发展。但同时我们也清楚地认识到，市场的发展及消费者的日趋理性，已经催生了品质时代的来临。只有以“品质”作为核心竞争力才能成为未来市场真正的赢家。面对激烈的市场竞争，能否在新的一年里继续保持强盛的发展势头，实现公司跨越式的发展，工作再上新台阶，将是对我们工作的严峻考验。为此，×××房地产公司经慎重讨论，特提出2013年工作计划如下：

1. 指导思想

以经济效益为中心，通过认真研究产品、研究技术进步、研究市场，加大创新力度，使项目品质具有前瞻性和差异性，使公司的经济效益和社会效益得到提升。

2. 目标计划

(1)××项目，目标销售额××亿。

(2)××项目，目标销售额××亿；到明年××月份，项目全部完成交付。

(3)××进入总包结算、财务清算阶段。

(4)新项目的前期工作。

3. 工作措施

(1)根据项目及公司发展的需要，合理调整和完善现行机构设置及人员力量的配置。(略)

(2)以市场为龙头，调整产品结构，狠抓工程质量，做好成本控制，打造精品工程。(略)

(3)与总部各专业部门密切配合，提升管理效率。(略)

(4)加强物业后期维护工作，和物业公司配合，加强物业管理水平，提高产品附加值。(略)

(5)切实加强企业内部管理，提高企业整体战斗力。(略)

总之，2013年工作时间紧、任务重，但我们相信，只要公司全体员工能够统一思想、齐心协力、与时俱进、努力拼搏、扎实工作，就一定能圆满完成集团公司下达的全年各项指标及工作任务。

×××房地产公司
2012年12月25日

简析：

这是一则条文式计划，又称“公文式计划”，由标题、前言、主体、结尾、发文机关署名组成。标题由单位名称、年度和文种三要素组成，主体部分包括了计划的指导思想、目标计划和工作措施三部分。

第二节　总　　结

一、总结的含义

总结是各种机关、企事业单位、团体或个人对过去一定阶段的工作进行回顾、评价和分析研究，以肯定成绩、总结经验、找出差距、吸取教训，用以指导今后工作的公用事务文书。

常见的小结、体会也是总结，只是反映的内容较单纯，或经验不成熟，时间较短，范围较小而已。

二、总结的种类

总结按照不同的标准，有不同的分类方法。

(1)按**性质**划分：综合性总结、专题性总结。

(2)按**内容**划分：学习总结、工作总结、生产总结、思想总结、会议总结等。

(3)按**范围**划分：个人总结和集体总结(地区、部门、单位的总结)。

(4)按**时间**划分：年度总结、季度总结、月份总结等。

从各级党政机关和企事业单位的工作实际出发，按总结的性质划分更实用一些，即分为综合性总结和专题性总结两种。

综合性总结又称全面总结，它是对某一单位、部门的工作所做的全面总结。它涉及面广、内容比较详细、时间跨度大，能展现该单位、部门一定时期的工作全貌。它既能反映出工作的概况、成绩、问题，也能提炼出经验教训，还能简要提出今后的打算等。

专题性总结又称专项总结，它是对某一项工作进行专门总结。这类总结的内容集中，针对性强，大多偏重于总结经验、成绩，其他方面的情况一般少写或不写。

三、总结的写作

总结一般是由标题、正文和发文机关署名三个部分构成。

1. 标题

标题一般分为公文式标题和新闻式标题两种。公文式标题由单位名称、时限、总结内容、文种组成；新闻式标题多分为单行标题和双行标题两种：单行标题多突出总结的中心内容；双行标题中的主标题突出中心内容，副标题表明事由和文种。

2. 正文

正文一般又分为三个部分：导语、主体和结尾。

(1)导语。导语概述基本情况：或交代总结的目的和总结的主要内容；或介绍单位的基本情况；或把所取得的成绩简明扼要地写出来；或概括说明指导思想以及在什么形势下做的总结。不管以何种方式开头，都应简练，使总结很快进入主体。然后，用"现将情况总结如下"之类的过渡性文字引出主体内容。

(2)主体。是总结的主要部分，是总结的重点和中心。内容包括成绩和做法、经验和教训等方面。

(3)结尾。是总结的最后一部分，对全文进行归纳、总结。或突出成绩；或指出工作中的缺点和存在的问题；或写今后的打算和努力的方向。

3. 发文机关署名

如果总结的标题中没有写明总结者或总结单位，就要在正文右下方写明。最后，还要在署名的下面写明日期。

四、案例分析

案例：

×××公司 2011 年工作总结

在××总部的正确领导和决策下，2011 年××公司全体员工通过认真分析市场形势，努力克服各种不利因素，齐心协力、扎实工作，基本完成了年初制定的工作目标和工作任务。现将××公司一年来的工作总结如下：

一、2011 年整体业绩和经营情况

1. 主要业绩指标

经营指标	甲项目			乙项目			丙项目		
	全年目标	截至 10 月底已完成	预计到年底可完成	全年目标	截至 10 月底已完成	预计到年底可完成	全年目标	截至 10 月底已完成	预计到年底可完成
签约销售额									
回款额									
销售收入									
利润额(税前)									
销售费用									

2. 项目推进方面(略)

3. 交付情况统计

项目名	应交付	已交付	备注

二、2011 年行业市场分析及本公司的主要应对措施

2011 年，中央政府持续推进房地产调控政策，房地产市场一度呈现持币观望的状态，成交量大幅放缓。

为确保完成总部下达的各项经营指标与任务，××公司顺势而为，积极调整产品结构，创新营销策略，加大推盘力度，并依托“××地产”的品牌优势，实现了销售业绩的突破。

(1)明确全年工作重点，统一员工认识，激发团队创造力和活力。(略)

(2)营销策划紧跟市场变化、紧跟项目推进计划不断调整，抓住任何一点点机会。(略)

(3)从项目前期定位、规划设计以及后期施工，全程实行精细化管理。(略)

(4)积极主动，尽可能提前交付，为后面工作争取时间。(略)

三、管理提升措施和成效

在今年的工作中，我们对公司自成立以来在行政管理、机构设置、制度建设及运行机制等方面存在的问题进行认真剖析，经过梳理，针对剖析出的主要问题及时采取措施加以整改。

(1)梳理公司业务流程。(略)

(2)配合总部进行信息化、正版化建设。(略)

(3)对公司现有的管理制度进行修订。(略)

(4)2012年，公司进一步优化了管理科目。(略)

(5)加强制度的执行工作力度。(略)

(6)上述成绩的取得是××公司全体员工共同努力的结果。(略)

四、经营管理中存在的主要问题

在客观总结成绩和经验的同时，我们也清醒地认识到，我们的工作中还存在许多问题和不足，主要是员工素质水平和业务技能参差不齐，团队整体创新意识及企业各项规章制度的贯彻执行力有待进一步加强。

以上问题必须引起高度重视，并在今后的工作中切实加以改进，借以推进××公司的全面工作。

××公司

2011年11月15日

简析：

本文是文表结合式总结。全文分为四个部分：整体业绩和主要经营状况、行业现状及主要应对措施、管理提升措施和成效、主要问题等。结合表格叙述业绩和经营状况这部分，显得较直观和简洁。

第三节　述职报告

一、述职报告的含义

述职报告是指各级机关、团体、企事业单位担任领导工作的人员及专业技术人员接受考核，向有关方面所做的陈述自己在一定时期内履行岗位职责的情况及其效果的一种自我评述性的文书。

述职报告不同于一般的工作总结和思想汇报，它要**紧扣职责范围**来总结，要以自身的绩效和德才为主要汇报内容。随着现代管理体制的推行，述职报告的使用越来越频繁。

二、述职报告的种类

述职报告根据不同的划分标准，可以有不同种类。

(1)**按时间分**，可分为试聘期述职报告、任期述职报告、定期述职报告。其中任期述职报告是对一届任期的总体工作情况的汇报。

(2)按**表达形式**分，可分为口头述职报告和书面述职报告。

(3)按**内容**分，可分为综合述职报告、专题或单项述职报告。前者的内容是对一个时期所做的总体工作的综合反映；后者是对某一个方面的工作或某项具体工作的专题汇报。

(4)按**报告的主体**分，可分为领导集体述职报告、个人述职报告。

三、述职报告的写法

述职报告的外在结构是格式化的，包括**标题、称谓、正文和发文机关署名**四部分。

(一)标题

述职报告的标题大致有四种形式。

1. 文种式标题

文种式标题直接用文种名称作为标题，直接写“述职报告”。

2. 文章式标题

文章式标题适宜在大会上述职。如“我的述职报告”。

3. 公文式标题

公文式标题用于向上级机关述职。如“××公司物管经理 2012 年度述职报告”“2008－2011 年任职生产经理的述职报告”。

4. 新闻式双标题

新闻式双标题的正标题概括述职报告的主旨，副标题点名文种、时间等内容。如“以创新为基础开创××工作新局面——我的述职报告”。

(二)称谓

通常在标题下空两行顶格书写陈述对象的称谓，称谓后用全角冒号。

向上的述职报告，其称谓为主管单位或部门的名称，如“××组织处”；对大会的述职报告是面向领导和本单位群众的，可直称“各位领导、各位同事、同志们”。总之，称谓可根据听众的身份、地位而定。

(三)正文

由引言、主体和结尾组成，主要写明“我”“干什么”“管什么”“干了些什么”“干得怎么样”等问题。

1. 引言

引言要概述述职者的基本情况，即写明个人现任职务、任职时间等；陈述岗位职责和工作目标，表明自己对本职责的认识。简明扼要，给听众一个总体印象。

2. 主体

主体是表现主题的部分，主要写履行职责和完成任务的情况，即工作实绩。具体详细地写自己在任职期间做了哪些大事，取得了哪些成果，收获了哪些经验。这部分尽量用事实说话，做定性定量分析。要注意以叙述本人履职情况为主，以评价本人作用大小为辅，来突出本职工作的特色。

3. 结尾

述职报告的结尾写存在的主要问题、改进措施和今后努力的方向。

(四)发文机关署名

包括述职人的姓名和报告的具体时间，若是向领导机关的述职报告还须写明在单位所担任的职务。如报告人在标题中或标题下已署名，则只在正文下右侧写明报告的具体时间。

四、案例分析

案例：

2011 年度个人述职报告

各位领导、各位同事：

西安公司在 2011 年一些关键节点注定是要载入中建地产的发展史册的，作为见证并参与其中的一员，本人也贡献了自己的绵薄之力，全面参与业务工作，提供后勤服务保障。在激情战斗的一年中，在领导和同事的关心支持下，专业能力取得进步，管理素质得到锻炼，心智模式更加成熟，协调能力迅速提高。下面我从行政办公、前期报建和计划管理三个维度将 2011 年工作向各位领导同事做汇报。

一、内练素质，把握大局，规范流程，推动行政工作上台阶

一是加强学习，培养工作本领(略)。二是加强制度建设和规范流程(略)。三是组织撰写材料，做好公司宣传(略)。四是严把文件、印信审核关(略)。五是加强协调，做好后勤保障(略)。

二、精心策划，全策全力，报建工作有亮点

管理大师德鲁克说过，管理是一种实践，其本质不在于“知”而在于“行”；其验证不在于逻辑，而在于成果；其唯一权威就是成就。这在我们的报建工作上体现得淋漓尽致。(略)

三、规范计划管理，协调开发进度，运营工作有起色

一是起草了《公司计划管理办法》；二是设计的公司季度计划、月计划、周计划等一套完整模板一直沿用至今；三是按照“制度管人，计划管事”的原则，10 月前在计划管理职能移交到工程部之前，组织每月、每周的计划协调会 36 次；四是组织协调各部门编制月度简报报往总部；五是根据项目实际进展情况，组织修订公司里程碑节点计划和年度开发计划 3 次，为西安公司的运营管理打下了良好基础。

回顾一年来的历程，干了一些事情，也取得了一些成果，但是应该看到，存在的问题和不足还很多，主要表现在：

一是把握大局的能力不强，参谋助手作用不到位(略)。二是专业能力尚需加强，综合素质尚需提高(略)。三是计划管理框架初步搭建，但是其发展管理水平尚处于初级阶段(略)。

总结过去，是为了更好地谋划未来，2012 年，我将从以下几方面开展工作：

增强预见性，在发挥参谋助手作用上下功夫；增强规范性，在提高服务质量上下功夫；增强综合性，在服务全局上下功夫；加强部门建设，激发内部活力。

同志们，2012 年，我将带领综管部的同志“为有牺牲多壮志，敢教日月换新天”，开拓创新，锐意进取，为公司的规模发展、快速发展做出新的更大的贡献。

以上报告，请公司领导评议，欢迎在座的各位多提宝贵的批评意见，并借此机会，向一贯关心、支持和帮助我工作的各位领导和同事表示诚挚的感谢！

×××

2011 年 12 月 26 日

简析：

本文是个人年度述职报告。文章从行政办公、前期报建、计划管理三个维度对2011年工作要点和特色做了汇报，接着总结了工作中存在的主要问题和今后的努力方向。语言精练，条理清晰。

第四节 简 报

一、简报的含义

简报是国家机关、社会团体及企事业单位内部用来反映情况、汇报工作、交流经验、沟通信息的一种简短的有一定新闻性质的事务文书。**简报又称"简讯""动态""信息""情况反映""内部参考"**等。

总的来说，简报的作用在于沟通情况、交流信息。具有"简""快""新""实"的特点。

二、简报的种类

简报的种类繁多，按照不同的分类标准，可以划分为很多不同类型。

按**时间**划分，简报可分为定期简报和不定期简报；按**发送范围**分，有供领导阅读的内部简报，也有发送较多、阅读范围较广的普发性简报；按**内容**划分，简报可以分为工作简报、生产简报、会议简报、信访简报、科技简报、教学简报等。下面主要介绍常见的四种类型。

(1)工作简报。这是为推动日常工作而编写的简报。它的任务是反映工作开展情况、介绍工作经验、报告工作中出现的问题等。工作简报又可分为综合性工作简报和专题性工作简报两种。

(2)会议简报。用于报道会议的重要内容、进展情况、领导人讲话、与会人员意见或建议、会议决议事项等。

(3)动态简报。动态简报着重反映与本单位工作有关的正反两方面的新情况、新动向、新问题，为领导和有关部门研究工作提供鲜活的第一手资料，向群众报告工作、学习、生产、思想的最新动态。

(4)情况简报。主要用于反映两方面的情况：一是对贯彻执行国家方针、政策、重大措施的看法、认识；二是反映社情、民情以及偶发事件、突发事件等。

三、简报的写作

(一)简报的格式

简报的格式由报头、报核、报尾三部分组成。

1. 报头

简报的报头在首页上方，占全页三分之一左右，用间隔红线与正文部分隔开。间隔红线以上称为报头，由简报名称、期数、编发机关、日期、密级等项目组成。

(1)简报名称：除用"××简报""××动态""情况反映"等常用四字名称之外，还可加上单位名称、专项工作等内容。如《××大学“三讲”教育简报》。

(2)期数：位于简报名称下方正中，加括号。如果是综合工作简报，一般以年度为单位，统编顺排；如果是专题简报，按本专题统编顺排。如果是增刊，就标明增刊字样。

(3)编发机关：一般是“××办公室”或“××秘书处”，位于期数下面、间隔横线上方左侧。

(4)编发日期：位于编发机关右侧。

(5)密级：如果需要保密，在首页报头左上角标明密级或“内部刊物”字样。确有必要，还可在首页报头右上角印上份号。

2. 报核

报头以下、报尾以上的部分都是报核。报核包括目录、编者按、标题、导语、主体、结尾六部分。有的简报可能只有三或四个部分。但必须有标题和主体两部分。

(1)目录

由于简报内容单纯，容易查找，目录一般不需标序码和页码，只需将编者按、各篇标题排列出来即可，为避免混淆，可以每项前加一个五星标志。

(2)编者按(按语)

必要时可加编者按，主要内容是工作任务来源、本期重点稿件的意义和价值、征稿通知、征求意见等。编者按不可过长，短者三五行，长者半页即可。

(3)标题

标题要概括简报的主要内容，简洁陈述。一份简报必须有这个要素。

(4)导语

导语就是简报的开头语，要用简短的文字，准确地概括报道的内容，说明报道的宗旨，引导读者阅读全文。

(5)主体

主体部分是简报的中心内容，一般紧承导语，将导语提出的中心内容，用充足、具体、典型的材料充分展开，或将导语中提出的问题分层次具体地回答清楚。这部分也是简报不可缺少的内容。

(6)结尾

结尾可再次明确主体要求，亦可顺应主体自然结束。如是连续性的简报，则常用“事情正在进行中”“问题尚在调查中”等字样收尾。

3. 报尾

报尾通常是在简报末页的下方画两条平行线。注明简报的发送范围、印发份数等。

(二)简报的写法

1. 标题

简报的标题跟新闻的标题有些类似，可分为单标题和双标题两种基本类型。

(1)单标题。将报道的核心事实或其主要意义概括为一句话作为标题。

(2)双标题。双标题有两种情况：一是正题后面加副题，前一个标题是正题，概括事实的性质，后一个标题是副题，补充叙述基本事实。二是正题前面加引题，前一个标题是引题，指出作用和意义，后一个标题是正题，概括主要报道内容。

2. 正文

(1)导语。导语写作的总的要求是“开门见山”，一开始就切入基本事实或核心问题，给人一个明确的印象。

导语的具体写法可根据主题需要，分别采用叙述式、描写式、提问式、结论式等几种形式。用概括叙述的方法介绍简报的主要内容，叫作叙述式；把简报里的主要事实或某个有意义的侧面加以形象的描写，以引起读者的阅读兴趣，叫作描写式；把简报反映的主要问题用设问的形式提出来，以引起读者的思考，叫作提问式；先将结论用一两句话在开头点出来，然后在主体部分再做必要的解释和说明，叫作结论式。这几种导语形式，各有所长，写作时可根据稿件特点选择运用。

(2)主体。主体是简报的主要部分，它的任务是用足够的、典型的、富有说服力的材料把导语的内容具体化，用材料来说明观点。写好主体是编好简报的关键。主体的内容，或是反映具体的情况，或是介绍具体的做法，或是叙述取得的成绩和经验，或是指出存在的问题，或是几项兼而有之，要视具体情况而定，没有固定的框框。

主体的层次安排有“纵式”和“横式”两种形态。纵式结构按事件发生、发展的时间顺序来安排材料，横式结构按事件的性质、逻辑关系分类安排材料。如果内容比较丰富，各层可加小标题。

(3)结尾。简报要不要结尾，因内容而定。事情比较单一，篇幅比较短小的，可以不单写结尾，主体部分话说完就结束，干净利落；事情比较复杂，内容较多的，可以写结尾，对全文做一个小结，以加深读者印象。有些带有连续性的简报，为了引起人们对事态发展的注意，可用一句交代性的话语作为结束，如“对事情的发展我们将继续报告”“处理结果我们将在下期报告”等。

(三)简报的格式(表 6-1)

表 6-1　简报的格式

<table>
<tr><td>
(密级)　　　　　　　　　　　　　　　　　　　　　　　　(编号)
××××简报
(第×期)
编发单位　　　　　　　　　　　　　　　　　　印发日期(用阿拉伯数字)
</td></tr>
<tr><td>
目　录
一、××××××××××××
二、××××××××××××(按语)
××××××××××××××××××××××××××××××××××××××。
××××××××××××(标题)
××。(正文)
</td></tr>
<tr><td>
送：××××××　××××××
(共印×份)
</td></tr>
</table>

四、案例分析

案例：

××房地产公司工作简报

（第一期）

××房地产公办公室　　　　.　　　　2012年6月5日

目　录

工程部6月完成工作情况

一、村民阻工，领导做疏散工作

2012年6月4日，我公司正在进行的“荷花蒂斯”项目在紧张有序地施工中，一群村民赶到施工现场进行阻挠，致使施工现场被迫停工，凤凰办事处主任和纪委书记以最快的速度赶到现场，进行疏导工作。（图略）

二、静压桩完成，地下车库顺利过半

在公司相关负责人的有效指挥和监督下，截至6月底，“荷花蒂斯”项目工程进展如下：7、2、3幢静压桩工程已顺利完成，地下车库工程桩顺利过半。（图略）

三、土方外运具备条件

截至6月底，“荷花蒂斯”项目土方外运施工道路已经铺设完毕，具备外运条件。（图略）

四、土方开挖，第一标段施工方已进场

截至6月底，“荷花蒂斯”项目土方已着手开始进行挖运，第一标段施工方已经进场，将进入施工阶段。（图略）

销售部6月完成工作情况

一、销售团队组建

截至6月底，销售部完成了“荷花蒂斯”项目销售团队的组建、培训及正式上岗等工作，团队于6月9日正式进场，进行项目的销售推广工作。并于6月15日全天候参与了营销展示中心开放及产品说明会的相关接待工作。（图略）

二、营销展示中心开放活动及产品说明会

2012年6月15日，销售部策划实施了“‘荷花蒂斯’营销展示中心开放及产品说明会”活动。活动当天吸引了近500人进场参加活动了解“荷花蒂斯”项目，来自于昆明及昭通本地的近20个媒体对此次活动进行了全程报道。（图略）

三、泛销售活动

为了更好地促进“荷花蒂斯”项目的推广及前期蓄水工作，销售部策划实施了泛销售营销活动，活动自2012年6月15日正式启动以后，吸引了近百名客户参与到活动中来，取得了不错的效果。（图略）

四、户外宣传

为配合“荷花蒂斯”项目的宣传推广，销售部在营销展示中心侧墙设置了大型户外广告，

同时在部分公交车站台上设置了户外广告宣传牌，为项目的对外宣传起到了强有力的促进作用。（图略）

五、前期蓄水方案及营销用品准备

6月初，销售部完成了“荷花蒂斯”项目的前期蓄水方案以及各类营销用品的准备工作，并于6月13日前全部到位，交付使用，为营销推广做好了前期的服务工作。（图略）

六、营销展示中心内装饰工作

为配合营销展示中心对外开放，销售部对整个营销展示中心进行了全面的软包装，提升了营销展示中心的格调，为营销展示中心现场的销售起到了营造氛围的作用。（图略）

送：李董事长　张总经理　李副总经理　公司各部、室、营销展示中心

共印8份

简析：

此则简报图文并茂，形象生动，结构上包括报头、报核、报尾三部分。报头部分有简报名称、期数、编发单位和日期。报核部分有目录、标题及正文部分。报尾部分标明发送范围和印制份数。

第七章　房地产规章制度类文书

学习目标

1. 了解房地产规章制度的基础知识。
2. 掌握房地产行业常用规章制度的种类、内涵及写法。

规章制度是用人单位制定的组织劳动过程和进行劳动管理的规则和制度的总和，也称为内部劳动规则。它是企业内部的“法律”，其内容广泛，包括了用人单位经营管理的各个方面。

规章制度包括行政法规、章程、制度、公约四大类。 其中，行政法规和制度又各自包括多种小类别。如细则、办法、规定、条例等可归为行政法规，而制度、规则、规程、守则、须知等属于制度类。这些规章制度也是房地产行业经常使用的。

房地产规章制度有**程序性、约束性、公开性和稳定性**的特点。程序性是指房地产行业的规章制度的产生(如制定、审批、备案、发布)要经过一定的程序，并遵守相关规定；约束性是指房地产行业的规章制度在一定范围内对人们的相关行为具有约束作用，人们必须遵守；公开性和稳定性是说，任何规章制度在相关组织内部都是公开的，而且它们比较稳定，不可随便更改。

房地产行业的规章制度贯穿于生产经营和日常管理的各个环节，主要包括房地产行业的各种**制度、公约、章程、条例、规定、规则、细则、守则、办法、标准**等。

第一节　制度　公约　章程　条例　规定

一、制度

(一)制度的含义

这里所讲的制度专指一个系统或单位制定的要求下属全体成员共同遵守的办事规程或行动准则，是一种常见的应用文书。

(二)制度的种类

制度的种类很多，因各个部门、单位的工作性质不同，制度的种类也大不相同。如医疗制度、工作制度等。

(三)制度的写作

制度一般包括标题、正文、结尾三部分。

1. 标题

由制定单位名称、工作内容、文种三部分组成。有的制度标题中不写制定单位，而是将它写在文尾。

2. 正文

这是制度的主体部分。一般采用条文式写法，即把制度内容分条款逐一写出。

3. 结尾

结尾写制定单位名称和公布日期。如公司名称在标题中已经出现，则此处只写公布日期。

(四)案例分析

案例：

××××公司管理制度大纲

为加强公司规范化管理，完善各项工作制度，促进公司发展壮大，提高经济效益，根据国家有关法律、法规及公司章程的规定，特制定本公司管理制度大纲。

一、公司全体员工必须遵守公司章程，遵守公司的各项规章制度和决定。

二、公司倡导树立"一盘棋"思想，禁止任何部门、个人做有损公司利益、形象、声誉或破坏公司发展的事情。

三、公司通过发挥全体员工的积极性、创造性和提高全体员工的技术、管理、经营水平，不断完善公司的经营、管理体系，实行多种形式的责任制，不断壮大公司实力和提高经济效益。

四、公司提倡全体员工刻苦学习科学技术和文化知识，为员工提供学习、深造的条件和机会。(略)

五、公司鼓励员工积极参与公司的决策和管理，鼓励员工发挥才智，提出合理化建议。

六、公司实行"岗薪制"的分配制度，为员工提供收入和福利保证，并随着经济效益的提高逐步提高员工各方面待遇。(略)

七、公司提倡求真务实的工作作风，提高工作效率。(略)

八、员工必须遵守公司纪律，对任何违反公司章程和各项规章制度的行为，都要予以追究。

××××年×月×日

简析：

此则管理制度大纲采用条款式叙述，包括标题、正文和发文机关署名三部分。因标题中出现制定单位，所以在发文机关署名处只需注明日期。

二、公约

(一)公约的含义

公约是指各个国家、部门、人员之间的一个共同遵守的约定，一般是大家就有关国家、部门、人员之间的利益问题进行公开讨论达成一致意见，并且同意遵守的一个规定。

公约是参与制定的单位、个人共同信守的行为规范，它对于维护社会秩序、促进安定团结、加强社会主义精神文明建设有着不可低估的作用。

(二)公约的种类

公约分两种：一种是国际公约，它是各国(三个以上国家)之间为了维护共同利益经过谈判而达成的各方必须遵守的有约束的协议，是一种国际性的多边条约；另一种是国内各社会团体或人民群众所定的公约，是社会成员大家共同遵守的规则。

(三)公约的写作

公约一般由**标题、正文、发文机关署名**三部分组成。

1. 标题

标题就是公约的名称。公约的名称直接揭示了公约的内容，如“学习公约”“爱护卫生公约”“护林公约”“治安公约”等。

2. 正文

这是公约的主体。一般采用条文式写法，将公约的内容逐一列出。

3. 发文机关署名

国内单位、团体订立的公约，要写清单位名称和时间。如标题中已写单位名称，则发文机关署名时不再写。国际公约则要写上各国代表的名字并签字盖章。有的国际公约在条文之后有附件，还要特别写明附件名称。

(四)案例分析

案例：

××××市物业管理业主公约

一、在使用、经营、转让所拥有物业时，应遵守物业管理法规政策的规定。

二、执行业主委员会或业主大会的决议、决定。

三、委托物业管理企业负责房屋设施、设备、环境卫生、公共秩序、安全防范等管理。(略)

四、全体业主和物业使用人应积极配合物业管理企业的各项管理工作。

五、业主或物业使用人对物业企业的管理工作如有意见和建议，可直接向物业管理企业提出，发生争议时可通过业主委员会协调解决。

六、加强安全防范意识，自觉遵守有关安全防范的规章制度，做好防火、防盗工作，确保家庭人身财产安全。

七、业主或物业使用人装修房屋，应遵守有关物业装修的制度，并按有关规定到物业管理企业办理有关手续。(略)

八、业主如委托物业管理企业对其自用部位或毗连部位的有关设施、设备进行维修、养护，应支付相应费用。

九、凡房屋建设及附属设施设备已经或可能妨碍、危害毗连房屋的他人利益、安全，或有碍外观统一、市容观瞻的，按规定应由业主单独或联合维修、养护的，业主应及时进行维修养护。(略)

十、与其他业主使用人建立合法租赁关系时，应告知并要求对方遵守本业主公约和物业管理规定，并承担连带责任。

十一、在物业范围内，不得有下列行为：

1. 擅自改变房屋结构、外貌设计、用途、功能和布局等；

2. 对房屋的内外承重墙、柱、板、阳台进行违章凿、拆、搭、建。(略)

十二、人为造成公用设施设备或其他业主设备损坏，由造成损坏责任人负责修复或赔偿经济损失。

十三、按规定交纳物业管理企业应收取的各项服务费用。

十四、业主使用物业内有偿使用的文化娱乐体育设施和停车场等应用设施、场地时，应按规定交纳费用。

十五、自觉维护公共场所的整洁、美观、畅通及公共设施的完好。

十六、加强精神文明建设，弘扬社会主义道德风尚，互助友好，和睦相处，共同创造良好的工作和生活环境。

××××年×月×日

简析：

这是一则物业管理业主公约，全文采用条文式叙述，由标题、正文、发文机关署名三部分组成。

三、章程

(一)章程的含义

章程是政党、社会团体为本组织内部制定的一种共同遵守的纲领性文件，是该组织及其成员活动的标准。其内容有本组织的宗旨、性质、任务、组织原则、成员的权利和义务等。

(二)章程的写作

章程一般由标题、正文两部分组成。

1. 标题

标题一般由制定单位、工作范围、文种三部分组成，也有标题由制定单位和文种两部分组成。

2. 正文

这是章程的主体部分，一般由**总则、分则、附则**三部分组成。

总则说明制定章程的目的、组织名称、性质、宗旨、任务、指导方针等。

分则交代章程的具体内容，包括组织的各项具体任务、成员的条件、权利与义务、组织机构、活动规则、组织纪律等。

附则说明本章程的解释权限、生效日期、实施要求等。有的章程没有附则。

(三)案例分析

案例：

重庆市房地产业协会章程

第一章　总　则

第一条　本会的名称："重庆市房地产业协会"，简称：重庆市房协(英译名：ASSOCIATION OF REAL ESTATE IN CHONGQING，缩写为：A. O. R. E. I. C)。

第二条　本会的性质：由全市从事房地产开发、经营、土地整治管理、物业管理、市场交易、房地产权产籍管理、拆迁管理与代办、房地产金融、自管房地产及与房地产业相关的大专院校、科研单位等自愿结成的地方性非营利性的社会组织。是依法注册登记的行业性独立社会团体法人。本会的合法权益受国家法律、法规保护。

第三条　本会的宗旨：以经济建设为中心，围绕建立社会主义市场经济的目标，充分发挥桥梁纽带作用和服务、自律、代表、协调、监督职能。传递政府政策信息，反映企业愿望和要求；为社会经济发展和政府决策服务；为房地产行业和会员单位服务；为城市开发建设和房地产管理服务；规范行业行为，维护会员单位和行业以及购房者的合法权益，为推动重庆房地产业全面、持续、健康地发展服务。

第四、五条略。

第二章　业务范围

第六条　按照行业协会开展行业服务、行业自律、行业代表、行业协调的基本职能，坚持面向市场、面向行业、面向会员单位的原则，本会业务范围如下：

(一)调查研究；

(二)宣传教育；

(三)评价推介；

(四)咨询代办；

(五)信息服务；

(六)考察交流；

(七)维权服务；

(八)自律自约；

(九)承担法律、法规授权，政府委托或授权的其他职能；

(十)组织开展有益于本行业的其他活动。

第三章　会　员

第七条　本会以单位会员为主，同时吸纳本行业的专家学者为个人会员。各区、县(市)房协为本会单位会员。

第八条　申请加入本会的会员，必须具备下列条件：

(一)拥护遵守本会章程；

(二)有加入本会的意愿；

(三)在行业领域内具有一定影响。

第九条　会员入会的程序：

(一)提交入会申请书；

(二)由理事会授权会长办公会议讨论通过，并向理事会和会员代表大会通报；

(三)由秘书处办理入会手续，发给会员证及授牌。

第十条　会员享有下列权利：

(一)有选举权、被选举权和表决权；

(二)对本会工作的批评建议权和监督权；

(三)参加本会活动的优先权；

(四)取得本会服务的优先权；

(五)有权要求本会协助维护其合法权益；

(六)入会自愿，退会自由。

第十一条　会员履行下列义务：

(一)遵守本会章程，执行本会的决议；

(二)维护本会合法权益；

(三)积极参加本会活动，完成本会交办的工作；

(四)按时按规定交纳会费；

(五)积极向本会反映情况，提供有关资料。

第十二条　会员退会应交回会员证及会员单位铜牌。会员不履行义务或连续两年无故不交纳会费或因单位撤并不复存在的，视为自动退会。

第十三条　会员如有严重违反本章程的行为，经理事会或常务理事会表决通过，予以警告、业内批评、通告批评、开除会员资格等处理，也可建议有关行政机关依法处理。

第四章　组织机构和负责人产生、罢免

第十四条　本会最高权力机构是会员代表大会，会员代表为会员单位的法人代表或由法人代表委托指定的代表，其代表资格随法人代表的更换而自然更替。会员代表可以指定一名工作人员担任联络员。

第十五条　会员代表大会的职权是：

(一)制定和修改章程；

(二)选举和罢免理事；

(三)审议理事会的工作报告和财务报告；

(四)决定终止事宜；

(五)决定其他重大事宜。

第十六条　会员代表大会须有2/3以上的会员代表出席方能召开；其决议须经到会会员代表半数以上表决通过方可生效。

第十七条　会员代表大会两年召开一次。会员代表大会每届五年。因特殊情况需提前或延期换届的，须由理事会表决通过，报业务主管单位审查并经社团管理机关批准同意。但延期换届最长不超过一年。

第十八条　理事会是会员代表大会的执行机构，每届任期五年，在会员代表大会闭会期间领导本会开展日常工作，对会员代表大会负责。理事会成员实行单位理事制，可选聘特邀理事。

第十九条　理事会的职责是：

(一)执行会员代表大会的决议；

(二)选举和罢免会长、副会长、秘书长，决定聘请名誉会长、顾问；

(三)筹备召开会员代表大会；

(四)向会员代表大会报告工作和财务状况；

(五)决定会员的吸收或除名；

(六)决定设立、变更和注销办事机构、分支机构和实体机构；

(七)决定副秘书长、各机构主要负责人的聘任；

(八)领导本会各机构开展工作，指导各区、县(市)房协的工作；

(九)制定内部管理制度；

(十)决定其他重大事宜。

第二十条　理事会每年至少召开两次会议，情况特殊的，也可采用通信形式召开。理事会须有 2/3 以上理事出席方能召开，其决议须到会理事 2/3 以上表决通过方能生效。

第二十一条　本会设立常务理事会，常务理事会由理事会选举产生；在理事会闭会期间行使第十九条第一、三、五、六、七、八、九项的职权，对理事会负责。

第二十二条　常务理事会须有 2/3 以上常务理事出席方能召开，其决议须经到会常务理事 2/3 以上表决通过方能生效。

第二十三条　常务理事会至少半年召开一次会议；情况特殊也可采用通信形式召开。

第二十四条　会长、副会长、秘书长必须具备下列条件：（略）

第二十五条　会长、副会长、秘书长每届任期五年，任期最长不得超过两届，因特殊情况需延长任期的，须经会员代表大会 2/3 以上会员代表表决通过，报业务主管单位审查并经社团管理机关批准同意后方可任职。

第二十六条　会长为本会法定代表人。如因特殊情况需由副会长或秘书长担任法定代表人，应报业务主管单位审查并经社团登记管理机关批准同意后方可担任。本法定代表人不得兼任其他团体的法定代表人。

第二十七条　会长行使下列职权：（略）

第二十八条　本会设秘书处，是常务理事会的办事机构，由秘书长主持日常工作。秘书处本着高效的原则设立必要的工作部门。秘书长行使下列职权：

（一）主持办事机构开展日常工作，组织实施年度工作计划；

（二）协调各分支机构、实体机构开展工作；

（三）提名副秘书长以及各办事机构、分支机构和实体机构主要负责人，提交常务理事会审定；

（四）决定办事机构、实体机构专职工作人员的聘用；

（五）处理其他日常事务。

第二十九条　本会可根据需要设置若干分支机构，各分支机构是本会联系会员、为会员服务的工作机构，不是独立社团法人，其组成及任务如下：（略）

第三十、三十一条略。

第五章　资产管理、使用原则

第三十二条　本会经费来源：

（一）会费；

（二）捐赠；

（三）政府资助；

（四）在核准的业务范围内开展活动或服务的收入；

（五）利息；

（六）其他合法收入。

第三十三条　本会按照国家有关规定制定会费标准收取会员会费。

第三十四条　本会经费必须用于本章程规定的业务范围和事业的发展，不得在会员中分配。

第三十五条　本会建立严格的财务管理制度，保证会计凭证合法、真实、准确、完整。

第三十六条　本会配备具有专业资格的会计人员。会计不得兼任出纳。会计人员必须进行会计核算，实行会计监督，会计人员调动工作或离职时，必须与接管人员办清交接手续。

第三十七条　本会的资产管理必须执行国家规定的财务管理制度，接受会员代表大会和财政部门的监督。资产来源属于国家拨款或者社会捐赠、资助的，必须接受审计机关的监督。

第三十八条　本会换届或更换法定代表人之前必须接受社团登记管理机关和业务主管单位的财务审计。

第三十九条　本会的资产，任何单位、个人不得侵占、私分或挪用。

第四十条　本会专职工作人员的工资和保险、福利待遇，参照国家对事业单位的有关规定执行。

第六章　章程的修改程序

第四十一条　本会章程的修改，须经理事会表决通过后提请会员代表大会审议。在会员代表大会通过后 15 日内，经业务主管单位审查同意，并报社团登记管理机关核准后生效。

第七章　终止程序及终止后的财产处理

第四十二条　本会完成宗旨或自行解散或由于分立、合并等原因需要注销的，由理事会提出终止动议。

第四十三条　本会终止动议须经会员代表大会表决通过，并报业务主管单位审查同意。

第四十四条　本会终止前，须在业务主管单位及有关机关指导下成立清算组织，清理债权债务，处理善后事宜。清算期间，不开展清算以外的活动。

第四十五条　本会经社团登记管理机关办理注销登记手续后即为终止。

第四十六条　本会终止后的剩余财产，在业务主管单位和社团登记管理机关的监督下，按照国家有关规定，用于发展与本会宗旨相关的事业。

第八章　附　则

第四十七条　本章程的解释权属本会理事会。

第四十八条　本章程 2004 年 2 月 11 日经会员代表大会表决通过，自社团登记管理机关核准之日起生效。

简析：

本章程采用条文式叙述，共分了八章四十八条，主体部分由总则、分则、附则三部分组成。

四、条例

(一)条例的含义

条例是领导机关制定或批准规定某些事项或机关团体的组织、职权等带有规章性质的法规性文件。

(二)条例的写作

条例一般分为标题和正文两部分。

1. 标题

条例的标题一般有两种形式：一种是由条例性质和文种构成；另一种是由施行范围、

条例性质和文种构成。

2. 正文

正文由总则、规范项目和附则组成。

总则是关于制定条例的目的、意义、依据、指导思想和适用原则、范围等；规范项目是条例的实质性规定内容，是要求具体执行的依据；附则是对规范项目的补充说明，其中包括对用语的解释和解释权、修改权、公布实施的时间等内容。

(三)案例分析

案例：

重庆市城市房屋拆迁管理条例

（1999年3月26日重庆市第一届人民代表大会常务委员会第十五次会议通过）

第一章　总　则

第一条　为加强城市房屋拆迁管理，保障城市建设顺利进行，保护拆迁人和被拆迁人的合法权益，根据国家有关法律、行政法规，结合本市实际，制定本条例。

第二条　在本市城市规划区内国有土地上，因城市建设需要拆迁房屋及其附属物的，适用本条例。

第三条　本条例所称拆迁人是指取得房屋拆迁许可证的建设单位或个人。

本条例所称被拆迁人是指被拆除房屋及其附属物的所有人和使用人。

第四条　城市房屋拆迁要遵循以下原则：

(一)符合城市规划和建设需要；

(二)兼顾国家、集体和个人利益；

(三)“拆一还一”与改善居住条件相结合；

(四)依法保护房屋所有权及使用权；

(五)依法对被拆迁人给予补偿和安置；

(六)被拆迁人按期完成搬迁并依照本条例的规定享受补偿和安置。

第五条　市房地产行政主管部门(以下称为市房屋拆迁主管部门)主管本市行政区域内的城市房屋拆迁工作。区、县(市)人民政府确定的房屋拆迁主管部门主管本行政区域内的城市房屋拆迁工作。

第六条　市和区、县(市)人民政府应当加强对城市房屋拆迁工作的领导，并对在城市房屋拆迁工作中有突出贡献的单位或者个人给予奖励。

市和区、县(市)人民政府建设、土地、规划、公安、市政、工商等有关部门和街道办事处应当积极配合协助房屋拆迁主管部门做好房屋拆迁补偿安置工作。

第二章　拆迁管理

第七条　市房屋拆迁主管部门的主要职责是：

(一)执行国家和本市有关城市房屋拆迁管理的法律、法规、规章和政策；

(二)负责对房屋拆迁被委托人的资质审查、人员培训，核发房屋拆迁资格证书；

(三)制定房屋评估标准；

(四)审查批准房屋拆迁计划和补偿、安置方案，核发房屋拆迁许可证，发布房屋拆迁通告；

（五）对房屋拆迁活动进行监督检查；

（六）裁决房屋拆迁补偿和安置纠纷；

（七）依照本条例的规定实施强制拆迁或者申请人民法院强制拆迁；

（八）对下级拆迁主管部门不适当的行政行为予以纠正；

（九）对违反本条例的行为进行处罚。

区、县（市）房屋拆迁主管部门的主要职责为前款第（一）、（四）、（五）、（六）、（七）、（九）项。拆迁工作人员应依法实施拆迁，不得在拆迁工作中使用威胁、恐吓、欺诈等手段。

第八条　单位或个人因建设需要拆迁城市房屋的，必须取得房屋拆迁主管部门核发的房屋拆迁许可证。

第九条　有下列情形之一的，由市房屋拆迁主管部门核发房屋拆迁许可证：

（一）市以上重点建设工程和跨区、县（市）建设工程；

（二）主城区拆除房屋建筑面积在一万平方米以上的工程；

（三）主城区外拆除房屋建筑面积在一万五千平方米以上的工程；

（四）拆除涉外房产、军事设施、宗教房产、文物古迹等工程；

（五）区、县（市）房屋拆迁主管部门认为应当上报审批的工程。

第十条　拆迁人可以自行选择具有相应房屋拆迁资格的单位实施拆迁。

拆迁人在原用地范围内、有能力自行拆迁的，经房屋拆迁主管部门同意，可自行拆迁。取得相应房屋拆迁资格的拆迁人，可自行组织拆迁。市和区、县（市）房屋拆迁主管部门不得接受拆迁委托。

第十一条　房屋拆迁主管部门在收到拆迁人的冻结申请并在拆迁人提供建设工程选址意见书或建设用地预办通知书后，应当发出冻结通知书，通知当地公安派出所及规划、工商、市政、工地、教育、邮电等部门在拆迁范围内按职责分工做好下列工作：

（一）暂停办理迁入居民户口和居民分户，因出生、军人复转退、职工正常调动、大中专毕业生分配、结婚等确需入户的除外；

（二）暂停办理房屋的买卖、交换、析产、分割、赠予、抵押、典当、分户、出租、改变用途、调配等手续，不准扩建、改建房屋（经鉴定的危房排危除外）；

（三）暂停核发营业执照。监督临时服务网点、售货亭和设置的摊位等自行拆除和迁出。

房屋拆迁冻结通知有效期限为六个月，特殊情况需要延长的，须经市拆迁主管部门批准。

第十二条　申领房屋拆迁许可证的程序，按以下规定办理：

（一）由拆迁人持建设工程规划许可证，建设用地许可证，拆迁计划和补偿、安置方案（含安置房使用功能及质量）以及资信证明，向房屋拆迁主管部门提出拆迁申请；

（二）房屋拆迁主管部门自收到拆迁人拆迁申请之日起二十日内核发房屋拆迁许可证，同时以房屋拆迁通告形式将拆迁人、拆迁范围、补偿安置方案、搬迁期限、过渡期限等内容予以公布。对不具备拆迁条件的，不予核发房屋拆迁许可证并说明理由。

房屋拆迁主管部门在审查拆迁人拆迁补偿安置方案时，应当听取被拆迁人的意见。房屋拆迁主管部门和拆迁人应当及时进行拆迁动员，做好拆迁法规、政策的宣传解释工作。

第十三条　自领取房屋拆迁许可证之日起三个月内不拆迁的，房屋拆迁许可证自行失效，因不可抗力因素造成延期拆迁的除外。

第十四条　搬迁期限为拆迁通告发布之日起两个月内，拆迁腾地的期限为拆迁通告发布之日起六个月内。特殊情况需要延长期限或停止拆迁的，须经批准拆迁的房屋拆迁主管部门同意。

第十五条　拆迁人与被拆迁人应当在规定的搬迁期限内签订补偿、安置协议，协议应当规定补偿形式和补偿金额、安置房面积和安置地点及安置房质量、搬迁过渡方式和过渡期限、违约责任和当事人认为需要约定的其他事项。补偿、安置协议订立后，可以向公证机关办理公证，并向批准拆迁的房屋拆迁主管部门备案。拆除依法代管的房屋，补偿、安置协议订立后，必须经公证机关公证，并办理证据保全。

第十六条　在房屋拆迁通告规定的搬迁期限内，拆迁人与被拆迁人就补偿形式和补偿金额、安置用房的面积和安置地点、搬迁过渡方式和过渡期限经协商达不成协议的，由批准拆迁的房屋拆迁主管部门裁决。被拆迁人是区、县(市)房地产行政管理部门的，由同级人民政府裁决。当事人对前款规定的裁决不服的，可以在接到裁决书之日起十五日内向人民法院提起诉讼。如拆迁人已按本条例之规定对被拆迁人做了安置或者提供了临时周转房的，在诉讼期间，不停止拆迁的执行。

第十七条　在本条例第十六条规定的裁决做出的搬迁期限内，被拆迁人逾期拒绝拆迁的，由做出裁决的机关申请人民法院强制拆迁或者由县级以上人民政府责成有关部门予以强制拆迁。

第十八条　拆迁人转让建设项目时，尚未完成拆迁补偿安置的，原拆迁协议载明的有关权利、义务随之转移给受让人。项目转让人应当书面通知被拆迁人。拆迁人转让建设项目，应经批准拆迁的房屋拆迁主管部门同意后，方可办理用地、规划和房屋拆迁变更手续。

第十九条　法律、法规对拆迁涉外房产、军事设施、学校房产、宗教房产、文物古迹等另有规定的，依照有关法律、法规执行。

第二十条　房屋拆迁主管部门对房屋拆迁活动进行检查，被检查者必须如实提供情况和资料。检查者应为被检查者保守技术和商业秘密。

第二十一条　被拆迁房屋的当事人占用工作时间参加拆迁动员会和搬家，所在单位应当给予公假，不能给予公假的，由拆迁人给予适当补助。

第二十二条　房屋拆迁主管部门应当建立健全房屋拆迁档案制度，加强对房屋拆迁档案资料的管理。拆迁人在拆迁过程中，应当按照有关规定及时整理并妥善保管拆迁档案资料，在完成拆迁后三个月内向当地房屋拆迁主管部门报送拆迁档案资料。

第三章　拆迁补偿

第二十三条　拆迁人应当对被拆除房屋及其附属物所有人给予补偿。

拆除违法建筑、超过批准使用期限的临时建筑和虽无规定使用期限但已使用两年以上的临时建筑不予补偿；拆除未超过批准使用期限的临时建筑安置价格结合使用时间给予作价补偿。

第二十四条　拆迁补偿实行产权调换、作价补偿或者产权调换和作价补偿相结合的形式。

拆除单位自管房屋和私有房屋的拆迁补偿形式，由被拆房屋所有人自行选择。产权调换是指拆迁人与房屋所有人的房屋产权的调换。产权调换的面积按照房屋所有权证载明的合法建筑面积计算。

作价补偿是指拆迁人对被拆除的房屋，按其价值，以货币结算方式给房屋所有人的补偿。作价补偿的金额按照所拆房屋所有权证载明的合法建筑面积的重置价格结合成新结算。

产权调换和作价补偿相结合是指拆迁人对房屋所有人的补偿形式，部分采用产权调换，部分采用作价补偿。

第二十五条　拆除政府直管公有住宅以及学校、医院的公益性房屋及其附属物，拆迁人应当按照原性质、原规模予以还建(产权调换，互不结算差价。下同)，或者按照重置价格给予补偿，或者由市和区、县(市)人民政府按照城市规划统筹安排重建。

第二十六条　拆除非公益事业的房屋的附属物不作产权调换，由拆迁人按重置价格结合成新给予补偿。

被拆除房屋的装饰物，由所有人(或使用人)自行拆除，不予补偿；不能自行拆除的，给予适当补偿。

第二十七条　拆除教学、寺庙、道观按本条例第二十五条规定办理。

拆除宗教团体的其他房屋，由拆迁人与有关宗教团体协商解决。协商达不成协议的，由房屋拆迁主管部门或同级人民政府裁决。对裁决不服的，按本条例第十六条第二款的规定执行。

第二十八条　拆除住宅房屋在拆迁范围内或就近以产权调换形式补偿，实际偿还建筑面积与原拆除房屋建筑面积相等的，按建筑安装工程造价结算；超过或不足原拆除房屋建筑面积的部分按房屋综合造价结算。

第二十九条　拆除非住宅房屋在拆迁范围内或就近以产权调换形式补偿，实际偿还建筑面积与原拆除房屋建筑面积相等的，按建筑安装工程造价结算；超过或不足原拆除房屋建筑面积的部分按商品房价格结算。

第三十条　拆除住宅房屋或非住宅房屋实行从房屋高价位地区迁往低价位地区安置并以产权调换形式补偿的，实际偿还建筑面积与原拆除房屋建筑面积相等的，按建筑安装工程造价结算；超过或不足原房的部分按房屋综合造价结算。但按本条例第四十一条第一款第(二)、(三)项和第四十二条第(一)、(二)项规定增加的面积，拆迁人或者房屋所有人不得向房屋使用人收取超面积安置费用，房屋所有人与拆迁人不予结算。

第三十一条　拆除出租房屋，原租赁关系继续保持。因原租赁要素发生变化，其租赁合同应做相应修改。

第三十二条　因建设需要拆除城市基础设施，拆迁人必须按城市规划主管部门批准的建设规划执行，恢复和提高其使用功能的，不予补偿。法律、法规另有规定的，从其规定。

第三十三条　拆除有产权纠纷或使用权纠纷的房屋，在房屋拆迁主管部门公布的规定期限内纠纷未解决的，由拆迁人提出补偿、安置方案，报房屋拆迁主管部门批准后实施拆迁。房屋拆迁主管部门在拆迁前应当组织拆迁人对被拆迁房屋做勘察记录，并向公证机关办理证据保全。

第三十四条　对拆除没有抵押权的房屋实行产权调换的，由抵押权人和抵押人重新签订抵押协议，抵押权人和抵押人在房屋拆迁主管部门公布的规定期限内达不成抵押协议的，由拆迁人参照本条例第三十三条的规定实施拆迁。

对拆除没有抵押权的房屋实行作价补偿的，由抵押权人和抵押人重新设立抵押物或者由抵押人清偿债务后，方可给予补偿。

第四章　拆迁安置

第三十五条　房屋拆迁通告发布前具有下列条件之一的，为拆迁安置对象：

(一)持有房屋所有权证和土地使用权证的私有房屋所有权人;

(二)持有公有房屋使用合同的单位和个人;

(三)持有房屋所有权证和土地使用权证的自有自用房屋的单位。

房屋拆迁通告发布前私有房屋出租的,私有房屋所有权人得到安置后,应按租赁协议安置房屋使用人。

第三十六条　拆迁安置可以采取货币安置、现房安置或者货币安置与现房安置相结合的方式。安置用房不能一次解决的,应当在拆迁安置协议中明确过渡方式和过渡期限。

第三十七条　私有房屋所有人选择货币安置方式的,拆迁人应当予以支持,并与私有房屋所有人签订货币安置协议,一次性结算货币安置款。

公有房屋使用人选择货币安置方式的,须经房屋所有人同意。公有房屋使用人应按购买公有房屋政策规定的价款支付给房屋所有人。

货币安置款额标准应根据被拆迁房屋使用性质、拆迁范围同类地段商品房平均售价、应安置房面积等因素确定。

第三十八条　对拆迁的安置地点,应当根据城市规划的要求、建设工程的性质和安置对象的特点在原拆迁范围内或就近或异地安置。属城市基础设施建设或政府确定的土地整治工程,实行异地安置。

安置对象要求一次性安置的,拆迁人应提供现房安置;新建工程为非住宅的,原住宅部分应异地一次性现房安置。

第三十九条　对在原拆迁范围内进行安置的,拆迁人应当先建安置房或者先行安置。

住宅安置房必须符合国家普通民用住宅设计规范的基本要求和质量标准。

第四十条　拆迁人对安置对象进行安置时,不得以公摊面积冲抵应还房的面积。

拆迁安置住宅房屋应公开房号、先搬优选,由先行搬迁的被拆迁人在同等户型条件下优先选择安置的楼层和朝向。

第四十一条　拆除住宅房屋,拆迁人应当结合自然开间,按下列规定以成套房屋安置:

(一)在拆迁范围内或就近用新房安置的,按照原居住面积安置;

(二)在拆迁范围外或就近用旧房安置的,应当增加居住面积;

(三)从房屋高价位地区迁往低价位地区用新房安置的,应当增加居住面积;用旧房安置的,应当相应增加居住面积。

第四十二条　拆迁非住宅房屋,拆迁人应当根据房源条件,按照下列规定给予安置:

(一)原拆迁范围内或就近用新房安置的,按原用房建筑面积安置;用旧房安置的,增加建筑面积;

(二)从房屋高价位地区迁往低价位地区用新房安置的,应当增加建筑面积;用旧房安置的,应当相应增加建筑面积;

(三)对原有单独经营的非住宅,现用大厅式、柜台式、搁拦式房屋在原拆迁范围内进行安置的,应当增加建筑面积;增加的建筑面积按政府规定的综合造价结算。

第四十三条　对安置对象的有偿安置,按以下规定处理:

(一)因户型的原因,实际安置的居住面积比应安置的居住面积减少或增加一平方米以内的(含一平方米),互不结算。对增加面积一平方米以上的部分,由安置对象按建筑安装工程造价向房屋所有人交纳超面积安置费;

(二)对安置对象的安置,不得低于市人民政府规定的居住面积标准。实际安置居住面积超过原拆除房屋居住面积的，由安置对象按房屋综合造价向房屋所有人交纳超面积安置费。

安置对象属公有房屋使用人并按前款规定交纳了超面积安置费的，其超面积安置部分在租赁期内免交租金，在购买该房屋时应在购房款中扣除。

第四十四条　被拆除公有房屋使用人的安置权利，在征得房屋所有权人同意后可以依照有关规定转让。

第五章　拆迁过渡与补助

第四十五条　被拆除住宅使用人搬家，拆迁人应付给搬家补助费；被拆除非住宅使用人搬迁，拆迁人应付给搬迁补助费。

在拆迁通告规定的搬迁期限内提前搬迁的，拆迁人应给予提前搬迁的奖励费。

第四十六条　拆迁人不能一次解决在拆除房屋使用人的安置房屋的，应提供临时周转房或鼓励房屋使用人自行临时过渡。过渡期限自搬迁之日起按下列规定计算：

(一)拆除房屋建筑面积在一万平方米以下的，过渡期限不得超过两年；

(二)拆除房屋建筑面积在一万平方米以上两万平方米以下的，过渡期限不得超过三年；

(三)被拆除房屋建筑面积在两万平方米以上的，可以分期拆迁。

特殊情况下需延长过渡期限的，须经批准拆迁的房屋拆迁主管部门同意，延长期限不得超过一年。

第四十七条　在规定的过渡期限内，被拆除住宅使用人自行解决临时过渡的，拆迁人应当付给临时安置补助费；由拆迁人提供了临时周转房的，不付给临时安置补助费。

第四十八条　在规定的过渡期限内，拆迁人按拆除的建筑面积提供了非住宅临时周转房的，不付给经济损失补助费。

被拆除的属生产、经营性的非住宅房屋，在规定的过渡期限内，因拆迁人没有提供临时周转房造成停产、停业的，由拆迁人按原拆除房屋建筑面积和过渡期限长短一次性付给经济损失补助费。经济损失补助费由所有人与房屋使用人协商分割。

第四十九条　拆迁当事人双方应当遵守过渡期限的协议，拆迁人不得擅自延长过渡期限。由拆迁人提供临时周转房的，房屋使用人到期不得拒绝迁往安置用房，并必须腾退周转房。

第五十条　因拆迁人的责任使自行过渡的被拆迁人超过过渡期限的，从逾期之日起应当增加临时安置补助费或经济损失补助费；对由拆迁人提供临时周转房的被拆迁人，从逾期之日起应按超期增加比例部分付给临时安置补助费或经济损失补助费。增付的经济损失补助费由所有人与房屋使用人协商分割。

第五十一条　因拆迁人的责任使实行产权调换的公有房屋所有人不能按期得到偿还房屋的，对房屋所有人，从逾期之日起应当按月付给原房屋租金损失。

第六章　法律责任

第五十二条　拆迁人违反本条例的规定，有下列行为之一的，由房屋拆迁主管部门予以警告，责令停止拆迁或限期改正，可并处五千元以上两万元以下罚款：

(一)未取得房屋拆迁许可证或未按房屋拆迁许可证的规定拆迁的；

(二)委托未取得房屋拆迁资格证书的单位拆迁的；

(三)擅自提高或者降低补偿安置标准，扩大或缩小补偿安置范围的。

第五十三条　拆迁人超过规定过渡期限或擅自延长过渡期限的，由房屋拆迁主管部门对拆迁人予以警告，责令限期安置，可并处五千元以上三万元以下的罚款。

第五十四条　违反本条例第十八条第二款的规定进行建设项目转让的，其用地、规划变更手续无效，由房屋拆迁主管部门责令限期改正，并处两万元以上五万元以下的罚款。

第五十五条　拆迁人不按规定报送拆迁档案资料的，由房屋拆迁主管部门对拆迁人予以警告，责令限期改正，可并处以两千元以上五千元以下的罚款。

第五十六条　拆迁人违反本条例第三十九条第二款规定，用未达到国家普通民用住宅设计规范的基本要求和质量标准的房屋安置被拆迁人的，由房屋拆迁主管部门责令限期整改或限期另行安置，并处一万元以上三万元以下的罚款。

第五十七条　被拆迁房屋的使用人违反协议，拒绝按期搬迁或拒绝腾退周转房或强占房屋的，由房屋拆迁主管部门予以警告，责令限期搬迁或退还周转房或强占的房屋，可并处一千元以上三千元以下的罚款；对逾期拒不搬迁或拒不退还的，由县级房屋拆迁主管部门强制迁出或者申请人民法院强制迁出。

被拆迁单位违反前款规定的，并可由其上级机关或有关部门对被拆迁单位的主管人员和其他直接责任人员依法给予行政处分。

第五十八条　当事人对城市房屋拆迁主管部门的具体行政行为不服的，可以依法申请复议或者直接向人民法院提起诉讼。

当事人逾期不申请复议也不向人民法院起诉，又不履行处罚决定的，由做出处罚决定的机关申请人民法院强制执行。

第五十九条　侮辱、殴打房屋拆迁工作人员，阻碍房屋拆迁工作人员执行公务的，由公安机关依照《中华人民共和国治安管理处罚条例》有关规定处罚；构成犯罪的，由司法机关依法追究刑事责任。

第六十条　房屋拆迁主管部门负责人及拆迁工作人员玩忽职守、滥用职权、徇私舞弊、收受贿赂的，由其所在单位或者上级主管部门、监察机关给予行政处分；构成犯罪的，由司法机关依法追究刑事责任。

第七章　附　则

第六十一条　本条例所称主城区是指渝中区、江北区、沙坪坝区、渝北区、南岸区、九龙坡区、大渡口区、巴南区、北碚区。

第六十二条　本条例涉及的费额标准和安置、补助标准，由市人民政府另行规定。

第六十三条　集资合作建房的房屋拆迁安置和集资方案，按照市和区、县(市)人民政府的规定和同级住房制度改革办公室批准的集资安置方案办理。

第六十四条　三峡库区城镇移民的房屋拆迁管理按照《长江三峡工程建设移民条例》执行，不适用本条例。

第六十五条　本条例适用中的具体问题，由市人民政府负责解释。

第六十六条　本条例自 1999 年 5 月 1 日起施行。

本条例生效前已实施拆迁的工程，按原条例的规定执行。

简析：

本条例采用条文式叙述，属于法规性文书，是房屋拆迁的政策依据。共分为七章六十六条。正文包括总则、规范项目、附则三部分。

五、规定

(一)规定的含义

规定是领导机关或职能部门为贯彻某政策或进行某项管理工作、活动，而提出原则要求、执行标准与实施措施的规范性公文。

(二)规定的写作

规定一般由标题和正文两部分组成。

1. 标题

标题一般有两种形式：一种是由发文单位、事由、文种构成，另一种是由事由和文种构成。

2. 正文

规定的主体部分，有的包括缘由、规定事项两项内容；有的则直接写明具体规定事项。表述形式一般采用条款式或章条式。

(三)案例分析

案例：

重庆市城市房屋拆迁评估规定

第一章　总　则

第一条　为规范城市房屋拆迁评估行为，维护拆迁当事人的合法权益，根据国务院《城市房屋拆迁管理条例》、建设部《城市房屋拆迁估价指导意见》《房地产估价规范》，结合本市有关法规、政策，制定本规定。

第二条　在本市城市规划区内国有土地上拆迁房屋及其附属物，并需要对被拆迁人补偿安置的，适用本规定；在城市规划区外国有土地上实施房屋拆迁，其拆迁评估，参照本规定执行；大中型水利水电工程建设房屋拆迁，按国务院有关规定办理。

第三条　本规定所称城市房屋拆迁评估(以下简称拆迁评估)，是指为确定被拆迁房屋货币补偿金额，根据被拆迁房屋的区位、用途、结构、成新、建筑面积等因素，对其房地产进行的评估。

第四条　拆迁评估由具有房地产价格评估资格的评估机构(以下简称评估机构)承担，评估报告必须按规定由专职注册房地产评估师签字、盖章和拆迁评估机构盖章。

第五条　市拆迁行政主管部门负责全市拆迁评估机构监督管理，各区县(自治县、市)拆迁行政主管部门负责具体项目拆迁评估机构选择和具体拆迁评估活动的指导、监管工作。

第二章　竞争选择评估机构

第六条　市拆迁行政主管部门应当向社会公示一批资质等级高、综合实力强、社会信誉好的估价机构，供被拆迁人选择。

第七条　拟拆迁人依法取得建设用地批准书或土地整理项目批准文件后，应向项目所在地区县(自治县、市)拆迁行政主管部门提出评估申请，经区县(自治县、市)拆迁行政主管部门按照本规定第八条、第九条的程序进行完毕后方可委托评估。

第八条　确定房屋拆迁评估机构应当公开、透明。主城区拆迁行政主管部门受理评估申请后，应将项目的名称、坐落、户数、建筑面积、联系方式等相关情况在重庆市国土房管网上公示，自公示之日起五个工作日内，拆迁评估机构向项目所在地拆迁行政主管部门报名参与竞争。

主城区以外的区县(自治县、市)可参照执行，也可以其他形式通知评估机构，但参与竞争的评估机构不得低于两家。评估机构和评估人员与拟拆迁人或拟被拆迁人有利害关系的，应当回避。

各区县(自治县、市)拆迁行政主管部门不得拒绝经公布的拆迁评估机构参与竞争，也不得擅自设定评估机构参与竞争的准入条件。

第九条　各区县(自治县、市)拆迁行政主管部门按下列程序指导拆迁评估机构选择工作：

(一)拆迁行政主管部门通过在拆迁现场公告等形式公布申请参加该片区拆迁评估机构的名单、各评估机构的基本情况和评估机构行为规范，并将投票选择评估机构的时间、地点和相关事宜告之拟定拆迁当事人和拆迁评估机构。

(二)参与竞争的拆迁评估机构经拆迁现场公布后，其工作人员可以持本人房地产估价师证进入拆迁片区，按照评估机构行为规范规定的要求介绍本评估机构相关情况。

(三)参与竞争的拆迁评估机构经在拆迁现场公布三个工作日后，拆迁行政主管部门应在选举现场张贴评估机构行为规范告示，选择评估机构的规则、程序，实施拆迁评估机构的选择等。

(四)在规定的投票时间内，每个拟被拆迁人(按户计算)持土地房屋权属证书、本人身份证或授权委托书，按一户一票的原则，现场领取、填写选票，投票选择一个评估机构，并以得票最多的评估机构确定为该项目的评估机构。若有两个及其以上评估机构得票相同，由拟被拆迁人代表在得票最多的评估机构中抽签确定一个评估机构，拟被拆迁人放弃的由拟拆迁人抽签确定。

通过投票方式不能确定评估机构的，可由拟拆迁人在参与竞争的拆迁评估机构中抽签确定一家评估机构。

(五)评估机构确定后，由区县(自治县、市)拆迁行政主管部门在拆迁现场和重庆市国土房管网上公示确定的评估机构名单，并书面告知该评估机构。拟拆迁人应当与评估机构签订书面拆迁评估委托合同。

第十条　委托评估机构不得转让、变相转让受托的评估业务。

第十一条　拟拆迁人和拟被拆迁人有义务向评估机构如实提供拆迁评估必需的资料，协助评估机构进行实地查勘。

第三章　拆迁评估(略)

第四章　评估争议解决(略)

第五章　评估机构和人员管理(略)

第六章　附则(略)

简析：

本规定采用条文式叙述，全文分为六章三十条。正文部分包括总则、分则和附则三部分。

第二节　规则　细则　守则　办法　标准

一、规则

(一)规则的含义

规则是党政机关、人民团体、企事业单位对某些人员或某项工作做出的一些规定，让有关人员共同遵守的应用文件。

规则多用于局部管理事务，侧重于对一定范围内的某一具体管理工作或某一公务活动进行规范。

(二)规则的写作

规则一般由标题、正文和发文机关署名三部分组成。

1. 标题

规则的标题有两种情况：一是由适用范围、基本事项、文种组成；二是由事由和文种组成。

2. 正文

正文是规则的主体，要分条写。分条的次序要注意内容的先后和逻辑关系。

3. 发文机关署名

发文机关署名包括制定、批准或发布规则的机关、团体或单位名单及制定日期。有时会把日期提前到标题正文正中间，并加括号。

(三)案例分析

案例：

成都市园林绿化工程施工现场管理规则

一、园林绿化工程施工工地、园林建筑工地、园林建设工地必须打围作业，封闭施工，打围挡板按市政工地标准，并放置警示标语、标志。

二、绿地换土作业，必须采用加密闭盖的车辆运输，施工现场要设置必备的高压冲洗设备。施工现场进出通道要硬覆盖，对运土车的车轮要及时高压冲洗，杜绝泥土被车轮带入城市道路。

三、各类绿地植物调整改造，行道树的换栽补栽，进行上述作业前，必须湿法作业，避免尘土飞扬，植物换栽补栽完毕，要对裸露土及时进行绿化软覆盖，确保黄土不见天，有条件的要进行硬质材料硬覆盖。

四、绿化工程苗木、花卉的运输。运输树苗或花卉时，对运输车辆必须用彩条带或其他遮盖物进行覆盖运输，对于长于车厢的苗木必须采取措施，防止树枝条下垂至路面，杜绝树苗“拖地”运输而制造扬尘。

五、行道树的修枝及植物修剪整形作业时，要设警示标志、标语，修枝完毕，对现场要及时清理、清扫，做到日产日清，日常管护中修枝的枝叶要及时清扫、清运。

六、绿化建设、改造等工程，须在现场公示以下内容：项目名称、审批机关、业主单位、施工单位、工期。

简析：

此规则采用条文式叙述，由标题和正文两部分组成。

二、细则

(一)细则的含义

细则也称为实施细则，是有关机关或部门为使下级机关或人员更好地贯彻执行某一法令、条例和规定，结合实际情况，对其所做的详细的、具体的解释和补充。细则多是主体法律、法规、规章的从属性文件，与原公文配套使用。

(二)细则的写作

细则一般包括标题和正文两大部分。

1. 标题

一般细则的标题有两种形式：一是由地区、法(条例、规定)名称和文种组成；二是由法(条例、规定)名称和文种组成。

2. 正文

正文一般由总则、分则和附则三部分组成。

总则说明制作本细则的目的、依据、适用范围、执行原则；分则根据法律、法规、规章的有关条款制定出具体的执行标准、实施措施、执行程序和奖惩措施；附则说明解释权和施行时间，有的细则还对一些未尽事宜做出说明。

(三)案例分析

案例：

施工监理实施细则

一、工程概况

××工程位于鼓楼区上浦路100号，隔24米规划路与闽江大学西侧相邻，处于金山大桥东端。该工程由福建永兴房地产有限公司投资开发，福州市建筑设计院设计，桩基础由福建百胜基础工程有限公司施工，上部由福州永泰第七建筑工程公司承建，我公司承担施工阶段的监理工作。工程由1＃～10＃楼组成，1＃～9＃楼为6层加架空层，10＃楼为6层，10＃楼底层为商店，总建筑面积约40000平方米。各楼概况如下：

楼号	层数	建筑面积/m²	基础类型	结构类型	外墙装饰	其他
1＃	6.5	4 200	沉管灌注桩	框架	釉面砖	
2＃、3＃、9＃	6.5	4 200	沉管灌注桩	框架	釉面砖	
4＃、7＃	6.5	4 260	沉管灌注桩	框架	釉面砖	
5＃	6.5	3 180	沉管灌注桩	框架	釉面砖	
6＃	6.5	3 900	沉管灌注桩	框架	釉面砖	
8＃	6.5	2 850	沉管灌注桩	框架	釉面砖	底层部分半地下室
10＃	6	2 765	沉管灌注桩	框架	釉面砖	底层店面

工程地处居民区，是下藤棚屋区改造的一部分，周围是居民和工地，因此科学合理地组织施工是非常重要的。

二、监理工作范围与内容

施工阶段(不含招投标)的质量控制，并协助建设单位进行投资控制与进度控制。

三、监理目标

楼号	质量目标	工期目标	楼号	质量目标	工期目标
1#	合格	2003年12月	4#	合格	2003年12月
2#	合格	2003年12月	5#	合格	2003年12月
3#	合格	2003年12月	6#	合格	2003年12月

四、监理人员配备及职责分工(略)

五、监理工作质量控制的流程、要点和方法

1. 质量的事前控制

①掌握和熟悉质量控制的技术依据，如图纸、有关标准图集、施工及验收规范等。

②检查验收施工场地的质量，如“三通一平”情况、场地的标高及地下障碍物清理情况、场地土质是否容许大型机械进场等。

③施工队伍素质。审查承包单位承担的施工队伍及人员的技术资质与条件是否符合要求，合格后方可上岗，特殊作业人员须持证上岗。

④控制工程所需材料、半成品。对工程所需材料、半成品、构配件和器材等从采购、加工制造、运输、装卸、进场、存放、使用等方面进行系统的监督与控制。

⑤施工机械设备的质量控制。审查施工机械设备的选型是否恰当，选用的施工机械设备的技术性能是否满足质量要求和适合现场条件，机械设备的数量是否满足工程的需要。

⑥审查施工单位提交的施工组织设计或施工方案。审查施工平面布置是否合理，技术、质量、安全措施是否科学、有效并切实可行，进度安排是否满足合同工期并切实可行。

⑦生产环境、管理环境的准备工作质量及改善措施。(略)

2. 质量的事中控制

①施工工艺过程质量控制。施工工艺过程的质量控制要点及方法如下表：

序号	分部、分项工程	质量控制要点	控制手段
1	土方工程	开挖范围、高程，土质情况	测量　观察
2	基础承台	轴线位置标高　断面尺寸 钢筋：规格、数量、位置、搭接 砼：配合比、坍落度、强度、密实性	量测 量测、检查 审查资料、旁站
3	现浇钢筋混凝土主体结构	轴线：高程、垂直度、构件断面尺寸 模板：支撑强度、刚度、稳定性；板面平整度、板缝宽度；折模时间 钢筋：规格、数量、位置、接头、施工缝留设位置及处理 砼：配合比、坍落度、强度、密实性 预埋件及预埋管线试块数量	量测 观察、量测、实验 现场检查、量测、旁站 审查资料、旁站 现场检查、量测、旁站

续表

序号	分部、分项工程	质量控制要点	控制手段
4	砌体工程	砂浆配合比、砂浆和易性 灰缝厚度、错缝 砂浆饱满度 门窗洞位置 预埋件及预埋管线	配合比实验、观察 旁站 观察 量测 现场检查、量测
5	门窗工程	铝材质量 位置、尺寸 安装、塞缝、打胶、五金配件	查合格证、量测 检查、量测 检查
6	室内外装修	砂浆配合比、强度 室内抹灰厚度、平整度、垂直度、阴阳角顺直、阳角护角 楼地面找平厚度、平整度、空鼓 外墙面砖：排砖、平整度、阳角拼贴	试验、旁站 先做样板间，并在施工中检查、量测 旁站、检查、量测 旁站、检查、量测
7	屋面工程	找平层：厚度、坡度、平整度、空鼓 防水层：材料、基层干燥度、施工顺序、涂层厚度 彩瓦：材料、挂瓦条、挂瓦 水落管：安装、接头、排水	观察、检查、量测 实验、旁站、量测 查合格证、检查 检查、旁站
8	室内给排水管道安装工程	材料及配件质量 位置、坡度、接头 水压实验 水表、消火栓、洁具、器件 水泵安装位置、标高、试运转轴升温 排水系统通水试验	观察、量测、合格证 观察、量测 试验 检查 检查、量测 试验
9	室内电气线路安装工程	材料及配件质量 线路位置、开关标高、线路连接 绝缘、接地、防雷 变配电设备安装、电表安装	观察、量测、合格证 检查、量测 检查、检测 检查
10	电信、煤气工程	设备安装的位置、线路的位置、标高和连接	旁站、检查
11	室外工程	管线的排布、位置、标高、坡向、坡度、接头、接口、检查井设置 阀闸、量表安装位置、规格、数量 道路路基、平面尺寸、断面尺寸、标高、坡向、坡度、砼配合比、强度	检查、量测 检查、量测 实验、检查、量测

②工序交接检查(略)。

简析：

此细则采用文表结合式的叙述，较为直观简洁。

三、守则

(一)守则的含义

守则是国家机关、人民团体、企事业单位为了维护公共利益，根据党和国家的各项方针政策、法律、法规的精神，结合本单位、本部门、本系统的实际情况而制定的，向所属成员发布的一种要求自觉遵守的约束性公文。守则主要用以规范、约束人们的道德行为。

(二)守则的种类

按行业和工作性质分，有学生守则、党政干部守则、公安干警守则；按所包含的内容分，有综合性守则和单一性守则。

(三)守则的写作

守则分标题、正文和发文机关署名三部分。

1. 标题

标题一般包括名称、文体两部分。如是试行草案，在标题下写上“试行草案”并加括号。

2. 正文

守则的主体部分，一般为条款式叙述。

3. 发文机关署名

发文机关署名写明制定单位名称和制定日期。也有的守则不写发文机关署名。

(四)案例分析

案例：

房地产销售员工守则

第一章　员工基本准则

1. 热爱祖国，遵守社会公德，做优秀公民。
2. 热爱公司，维护公司形象，关注公司发展。
3. 尊重上司，团结同事，具有强烈团队意识。
4. 积极参与团队及公司建设，个人利益服从集体利益。
5. 尊重客户，第一时间为客户提供热情、诚信、专业的服务。
6. 重视仪容仪表、言行举止，树立个人良好职业形象。
7. 爱学习、勤思考，不断充实、提高自我。
8. 爱护公物、避免浪费、维护环境整洁、珍惜资源。
9. 重视交流与沟通，但不制造及传递闲言碎语；关心同事，但不干涉他人隐私。
10. 不以消极态度、言行影响他人及团队。
11. 遵守公司的规章制度，作业规范，行为严谨，妥善处理工作摩擦及冲突。
12. 不利用职位之便，获取私利或收受钱物，不从事第二职业。

第二章　员工行为准则

一、仪容仪表

1. 着装

1.1 男员工冬秋季节一律身着深色西装，春夏季节一律身着白色正装衬衫，系好领带、袖扣，不得露出内衣；深色皮鞋；不留胡须，指甲要经常修剪；纽扣要齐全扭好，不可敞胸露怀、衣冠不整、不洁，不能将衣袖、裤子卷起。

1.2 女员工淡妆上岗，发型整齐，指甲不超过3毫米，穿正装皮鞋，不得佩戴过多饰物；夏季不得穿露趾凉鞋，避免涂深色或鲜艳的指甲油；女员工穿裙装须穿浅肤色长筒袜。

1.3 上班时间穿工装，员工应保证其服装及鞋袜的干净，按公司规定佩戴胸卡。

2. 仪表

2.1 注意个人清洁卫生，保证身体清洁，无异味、无头屑。男士坚持每天刮胡子，头发不宜过长，做到后不压领，侧不盖耳。女员工不得过度染发。

2.2 上班前不吃异味食品，不喝含酒精的饮料，爱护牙齿，口气清新。

2.3 注意休息好，充足睡眠，常做运动，上班时不得面带倦容，必须随时保持良好的精神状态。

2.4 随时保持优雅的坐姿、站姿和行为动作，不倚靠、不插兜、不跷二郎腿。

2.5 每日上班前要检查自己的仪表，在公共场所需整理仪表时，要到卫生间或工作间，不要当着客人的面或在公共场所整理。

二、日常行为规范

1. 行为礼仪

1.1 员工之间应友好礼让，对上级领导应充分尊重，不得顶撞上司。

1.2 公司职员在对外交往中注意文明礼貌，言行得体，处处体现公司人员的文化素养。

1.3 在任何场所遇到上级或客户要礼让，并问候致意。

1.4 不要带有厌烦、僵硬、愤怒的表情，不要忸怩作态。

1.5 谈话时聚精会神，注意倾听，注视对方，给人以尊重感。

1.6 语速适中，神色坦然、轻松、自信，给人以宽慰感。

1.7 要坦诚待客，不卑不亢，给人以真诚感。

1.8 讲话面带微笑，和颜悦色，给人以亲切感。

1.9 要沉着稳重，给人以镇定感。

1.10 工作时段、场合，员工应对上级领导称呼职务，忌其他称谓。

1.11 公司召开重要会议时，私人电话或手机处于静音状态，以避免干扰会议的正常进行。

1.12 工作人员接待客户时严禁在客户面前吸烟，不得接听私人电话。

1.13 接听热线和接待客户时，不得嚼口香糖。为清新口气保护牙齿，使用口香糖应合唇舒缓。

2. 办公环境规范

2.1 为了保持作业区的良好办公环境，每位工作人员须培养自我维护办公环境的良好意识，时刻注意保持良好的工作空间。

2.2 员工在工作场所要放轻脚步，不得大声喧哗、唱歌或吹口哨。

2.3 项目内部可由销售主管或组长安排划分环境维护责任区。

2.4 售楼处接待组每日安排2名值日人员，负责当日办公区域的清洁、卫生。值日人员发现问题有权责令相应人员进行清理，并向销售经理提出处罚建议。

2.5 接访组前台人员负责前台、销售大厅、接待空间使用设施设备的卫生和正常运转等。

2.6 工作人员不得在工作时间吃零食(午餐除外)、看杂志(业内报刊除外)、看小说、高声聊天或谈论与工作无关的话题。

2.7 工作人员须随时注意保持各自办公桌面的清洁，桌面上办公用品应整齐摆放，不得随处堆放、乱放；禁止摆放各类私人用品；离开办公桌时应注意摆放好自己的座椅。

2.8 工作人员须随时注意维护接待空间的清洁，客户离开后，销售人员应及时主动地清理环境，将座椅归位，清洁烟缸及桌面。

2.9 爱护公物、讲究卫生。员工要珍惜资源，破坏或污染环境者，负责复原工作。爱护办公场所的一切设备，节约水、电和易耗品。每日最后离开现场的员工，负责关好所有门窗，关闭所有电源。

2.10 工作时间尽量减少私人电话，通话简明扼要，私人电话严禁占用销售热线。

2.11 在办公室禁止玩电脑及网络游戏。

三、工作纪律规定(略)

四、展会及活动工作规范(略)

第三章 人事管理制度(略)

第四章 奖励及处罚(略)

第五章 公事处理程序(略)

安居集团营销部

2011年4月30日

简析：

此则房地产销售员工守则由五章组成，分条列款的表述比较清晰。

四、办法

(一)办法的含义

办法是国家行政主管部门对本部门、本系统的某项工作或某项活动做出的具体的、规范性安排的规定性实用文体。

国家行政主管部门对贯彻执行某一法令、条例或进行某项工作的方法、步骤、措施等，提出具体规定的法规性公文。

(二)办法的种类

根据内容、性质的不同，办法可分为实施文件办法和工作管理办法两种。

(三)办法的写作

办法通常由标题和正文两部分组成。

1. 标题

通常由发文机关、事由、文种组成。

2. 正文

正文一般由依据、规定、说明三层意思组成，可分章叙述，也可分条叙述。

(四)案例分析

案例:

中华人民共和国城市房地产管理办法

(1994 年 7 月 5 日　第八届人民代表大会常务委员会第八次会议通过)

第一章　总　　则

第一条　为了加强对城市房地产的管理，维护房地产市场的秩序，保障房地产权利人的合法权益，促进房地产业发展，制定本法。

第二条　在中华人民共和国城市规划区国有土地(以下简称国有土地)范围内取得房地产开发用地的土地使用权，从事房地产开发、房地产交易，实施房地产管理，应当遵守本法。

本法所称房屋，是指土地上的房屋建筑及构筑物。

本法所称房地产开发，是指在依据本法取得有土地使用权的土地上进行基础设施、房屋建设的行为。

本法所称房地产交易，包括房地产转让、房地产抵押和房屋租赁。

第三条　国家依法实行国有土地有偿、有限期使用制度。但是，国家在本法规定的范围内划拨国有土地使用权除外。

第四条　国家根据社会、经济发展水平，扶持发展居民住宅建设，逐步改善居民住宅条件。

第五条　房地产权利人应当遵守法律和行政法规，依法纳税。房地产权利人的合法权益受法律保护，任何单位和个人不得侵犯。

第六条　国务院建设行政主管部门、土地管理部门依照国务院规定的职权划分，各司其职，密切配合，管理全国房地产工作。县级以上地方人民政府房产管理、土地管理部门的机构设置及其职权由省、自治区、直辖市人民政府确定。

第二章　房地产开发用地

第一节　土地使用权出让

第七条　土地使用权出让，是指国家将国有土地使用权(以下简称土地使用权)在一定的年限内出让给土地使用者，由土地使用者向国家支付土地使用权出让金的行为。

第八条　城市规划区内的集体所有的土地，经依法征用转为国有土地后，该幅国有土地使用权方可有偿出让。

第九条　土地使用权出让，必须符合土地利用总体规划、城市规划和年度建设用地规划。

第十条　县级以上地方人民政府出让土地使用权用于房地产开发的，须根据省级以上人民政府下达的控制指标拟订年度出让土地使用权总面积方案，按照国务院规定，报国务院或省级人民政府批准。

第十一条　土地使用权出让，由市、县人民政府有计划、有步骤地进行。出让的每幅地块、用途、年限和其他条件，由市、县人民政府土地管理部门会同城市规划、建设、房地产管理部门共同拟订方案，按照国务院规定，报经有批准权的人民政府批准后，由市、县人民政府土地管理部门实施。直辖市的县人民政府及其有关部门行使前款规定的权限，由直辖市人民政府规定。

第十二条　土地使用权出让，可采取拍卖、招标或者双方协议的方式。

商业、旅游、娱乐和豪华住宅用地，有条件的，必须采取拍卖、招标方式；没有条件，不能采取拍卖、招标方式的，可采取双方协议方式。采取双方协议方式出让使用权的出让金不得低于国家规定所确定的最低价。

第十三条　土地使用权出让最高年限由国务院规定。

第十四条　土地使用权出让，应当签订书面出让合同。土地使用权出让合同由市、县人民政府土地管理部门与土地使用者签订。

第十五条　土地使用者必须按照出让合同约定，支付土地使用权出让金；未按照出让合同约定支付土地使用权出让金的，土地管理部门有权解除合同，并可以请求违约赔偿。

第十六条　土地使用者按照出让合同约定支付土地使用权出让金的，市、县人民政府土地管理部门必须按照出让合同约定，提供出让土地；未按照出让合同约定提供出让土地的，土地使用者有权解除合同，由土地管理部门返还土地使用权出让金，土地使用者并可请求违约赔偿。

第十七条　土地使用者必须改变土地使用权出让合同约定的土地用途的，必须取得出让方和市、县人民政府城市规划行政部门的同意，签订土地使用权出让合同变更协议或者重新签订土地使用权出让合同，相应调整土地使用出让金。

第十八条　土地使用权出让金应当全部上缴财政，列入预算，用于城市基础设施建设和土地开发。土地使用权出让金上缴和使用办法由国务院决定。

第十九条　国家土地使用者依法取得的土地使用权，在出让合同约定的使用年限届满前不收回；在特殊情况下，根据社会公共利益的需要，可以依照法律程序提前收回，并根据土地使用者使用土地的实际年限和开发土地的实际情况给予相应的补偿。

第二十条　土地使用权因土地灭失而终止。

第二十一条　土地使用权出让合同约定的使用年限届满，土地使用者需要继续使用土地的，应当至迟于届满前一年申请续期，除根据社会公共利益需要收回该幅地的，应当予以批准。经批准准予续期的，应当重新签订土地使用权出让合同，依法规定支付土地使用权出让金。土地使用权出让合同约定的使用年限届满，土地使用者未申请续期或者虽申请续期但依照前款规定未获批准的，土地使用权由国家无偿收回。

第二节　土地使用权划拨

第二十二条　土地使用权划拨，是指县级以上人民政府依法批准，在土地使用者缴纳补偿、安置等费用后将该幅土地交付其使用，或者将土地使用权无偿交付给土地使用者使用的行为。依照本法规定以划拨方式取得土地使用权的，除法律、行政法规另有规定外，没有使用期限的限制。

第二十三条　下列建设用地的土地使用权，确属必需的，可以由县级以上人民政府依法批准划拨：

(一)国家机关用地和军事用地；

(二)城市基础设施用地和公益事业用地；

(三)国家重点扶持的能源、交通、水利等项目用地；

(四)法律、行政法规规定的其他用地。

第三章　房地产开发(略)

第四章　房地产交易(略)

第五章　房地产权属登记管理(略)

第六章　法律责任(略)

第七章　附　则(略)

简析：

此办法分七章七十三条，分章节、列条款进行叙述，条理清晰。

五、标准

(一)标准的含义

标准是为了在一定范围内获得最佳秩序，经协商一致制定并由公认机构批准，共同使用的和重复使用的一种信息化文件。

国家标准定义：标准是由一个公认的机构制定和批准的文件。它对活动或活动结果规定了规则、导则或特殊值，供共同和反复使用，以实现在预定领域内最佳秩序的效果。

国家标准GB/T 39351—83对标准所下定义是：标准是对重复性事务和概念所做的统一规定。它以科学、技术和实践经验的综合成果为基础，经有关方面协商一致，由主管机构批准，以待定形式发布，作为共同遵守的准则和依据。

(二)标准的种类

标准的制定和类型按使用范围划分有国际标准、区域标准、国家标准、专业标准、企业标准；按内容分有基础标准(一般包括名词术语、符号、代号、机械制图、公差与配合等)、产品标准、辅助产品标准(工具、模具、量具、夹具等)、原材料标准、方法标准(包括工艺要求、过程、要素、工艺说明等)；按成熟程度划分有法定标准、推荐标准、试行标准、标准草案。

(三)标准的写作

标准一般包括标题和正文两部分。

1. 标题

标题一般包括行业类别、等级、文种。

2. 正文

正文是标准的主体部分，一般分条写作。

(四)案例分析

案例：

房屋建筑工程施工总承包企业资质等级标准

房屋建筑工程施工总承包企业资质分为特级、一级、二级、三级。

特级资质标准：

1. 企业注册资本金3亿元以上。
2. 企业净资产3.6亿元以上。
3. 企业近3年年平均工程结算收入15亿元以上。
4. 企业其他条件均达到一级资质标准。

一级资质标准：

1. 企业近 5 年承担过下列 6 项中的 4 项以上工程的施工总承包或主体工程承包，工程质量合格。

(1)25 层以上的房屋建筑工程；

(2)高度 100 米以上的构筑物或建筑物；

(3)单体建筑面积 3 万平方米以上的房屋建筑工程；

(4)单跨跨度 30 米以上的房屋建筑工程；

(5)建筑面积 10 万平方米以上的住宅小区或建筑群体；

(6)单项建安合同额 1 亿元以上的房屋建筑工程。

2. 企业经理具有 10 年以上从事工程管理工作经历或具有高级职称；总工程师具有 10 年以上从事建筑施工技术管理工作经历并具有本专业高级职称；总会计师具有高级会计职称；总经济师具有高级职称。

企业有职称的工程技术和经济管理人员不少于 300 人，其中工程技术人员不少于 200 人；工程技术人员中，具有高级职称的人员不少于 10 人，具有中级职称的人员不少于 60 人。企业具有的一级资质项目经理不少于 12 人。

3. 企业注册资本金 5 000 万元以上，企业净资产 6 000 万元以上。

4. 企业近 3 年最高年工程结算收入 2 亿元以上。

5. 企业具有与承包工程范围相适应的施工机械和质量检测设备。

二级资质标准：

1. 企业近 5 年承担过下列 6 项中的 4 项以上工程的施工总承包或主体工程承包，工程质量合格。

(1)12 层以上的房屋建筑工程；

(2)高度 50 米以上的构筑物或建筑物；

(3)单体建筑面积 1 万平方米以上的房屋建筑工程；

(4)单跨跨度 21 米以上的房屋建筑工程；

(5)建筑面积 5 万平方米以上的住宅小区或建筑群体；

(6)单项建安合同额 3 000 万元以上的房屋建筑工程。

2. 企业经理具有 8 年以上从事工程管理工作经历或具有中级以上职称；技术负责人具有 8 年以上从事建筑施工技术管理工作经历并具有本专业高级职称；财务负责人具有中级以上会计职称。

企业有职称的工程技术和经济管理人员不少于 150 人，其中工程技术人员不少于 100 人；工程技术人员中，具有高级职称的人员不少于 2 人，具有中级职称的人员不少于 20 人。

企业具有的二级资质以上项目经理不少于 12 人。

3. 企业注册资本金 2 000 万元以上，企业净资产 2 500 万元以上。

4. 企业近 3 年最高年工程结算收入 8 000 万元以上。

5. 企业具有与承包工程范围相适应的施工机械和质量检测设备。

三级资质标准：

1. 企业近 5 年承担过下列 5 项中的 3 项以上工程的施工总承包或主体工程承包，工程质量合格。

(1)6 层以上的房屋建筑工程；

(2)高度 25 米以上的构筑物或建筑物；

(3)单体建筑面积5 000平方米以上的房屋建筑工程；

(4)单跨跨度15米以上的房屋建筑工程；

(5)单项建安合同额500万元以上的房屋建筑工程。

2. 企业经理具有5年以上从事工程管理工作经历；技术负责人具有5年以上从事建筑施工技术管理工作经历并具有本专业中级以上职称；财务负责人具有初级以上会计职称。

企业有职称的工程技术和经济管理人员不少于50人，其中工程技术人员不少于30人；工程技术人员中，具有中级以上职称的人员不少于10人。

企业具有的三级资质以上项目经理不少于10人。

3. 企业注册资本金600万元以上，企业净资产700万元以上。

4. 企业近3年最高年工程结算收入2 400万元以上。

5. 企业具有与承包工程范围相适应的施工机械和质量检测设备。

承包工程范围(略)

简析：

此则标准采用条文式方式进行叙述，包括房屋建筑工程施工总承包企业资质分特级、一级、二级、三级的标准以及承包工程的范围。

【项目训练】

一、填空题

1. 简报格式分为(　　)、(　　)、(　　)三部分。
2. 述职报告从结构上来分包括(　　)、(　　)、(　　)、(　　)四部分。
3. 总结按内容分为(　　)、(　　)、(　　)、(　　)、(　　)等。
4. 计划的写作方式通常分为三种，分别是(　　)、(　　)、(　　)。
5. 简报标题的写作通常分为(　　)、(　　)两种类型。

二、简答题

1. 述职报告与工作总结的区别。
2. 房地产企业规章制度常用的类型有哪几种？每种规章制度的含义及写作要点有哪些？

三、写作题

1. 根据实际情况，学生拟写一份未来一年的个人成长计划。
2. 根据实际情况，学生拟写一篇本学期(或学年)个人总结。
3. 假如你是某房地产公司行政办公室助理，请你拟写一份2013年个人述职报告。
4. 根据你所在房地产企业新近发生的活动，写一篇格式完整的简报。

附　录

附录一　国家行政机关公文处理办法

（国务院 2000 年 8 月 24 日发布　国发〔2000〕23 号）

第一章　总　　则

第一条　为使国家行政机关（以下简称行政机关）的公文处理工作规范化、制度化、科学化，制定本办法。

第二条　行政机关的公文（包括电报，下同），是行政机关在行政管理过程中形成的具有法定效力和规范体式的文书，是依法行政和进行公务活动的重要工具。

第三条　公文处理指公文的办理、管理、整理（立卷）、归档等一系列相互关联、衔接有序的工作。

第四条　公文处理应当坚持实事求是、精简、高效的原则，做到及时、准确、安全.

第五条　公文处理必须严格执行国家保密法律、法规和其他有关规定，确保国家秘密的安全。

第六条　各级行政机关的负责人应当高度重视公文处理工作，模范遵守本办法并加强对本机关公文处理工作的领导和检查。

第七条　各级行政机关的办公厅（室）是公文处理的管理机构，主管本机关的公文处理工作并指导下级机关的公文处理工作。

第八条　各级行政机关的办公厅（室）应当设立文秘部门或者配备专职人员负责公文处理工作。

第二章　公文种类

第九条　行政机关的公文种类主要有：

（一）命令（令）

适用于依照有关法律公布行政法规和规章；宣布施行重大强制性行政措施；嘉奖有关单位及人员。

（二）决定

适用于对重要事项或者重大行动做出安排，奖惩有关单位及人员，变更或者撤销下级机关不适当的决定事项。

（三）公告

适用于向国内外宣布重要事项或者法定事项。

（四）通告

适用于公布社会各有关方面应当遵守或者周知的事项。

（五）通知

适用于批转下级机关的公文，转发上级机关和不相隶属机关的公文，传达要求下级机关办理和需要有关单位周知或者执行的事项，任免人员。

（六）通报

适用于表彰先进，批评错误，传达重要精神或者情况。

（七）议案

适用于各级人民政府按照法律程序向同级人民代表大会或人民代表大会常务委员会提请审议事项。

（八）报告

适用于向上级机关汇报工作，反映情况，答复上级机关的询问。

（九）请示

适用于向上级机关请求指示、批准。

（十）批复

适用于答复下级机关的请示事项。

（十一）意见

适用于对重要问题提出见解和处理办法。

（十二）函

适用于不相隶属机关之间商洽工作，询问和答复问题，请求批准和答复审批事项。

（十三）会议纪要

适用于记载、传达会议情况和议定事项。

第三章　公文格式

第十条　公文一般由秘密等级和保密期限、紧急程度、发文机关标识、发文字号、签发人、标题、主送机关、正文、附件说明、成文日期、印章、附注、附件、主题词、抄送机关、印发机关和印发日期等部分组成。

（一）涉及国家秘密的公文应当标明密级和保密期限，其中，“绝密”“机密”级公文还应当标明份数序号。

（二）紧急公文应当根据紧急程度分别标明“特急”“急件”。其中电报应当分别标明“特提”“特急”“加急”“平急”。

（三）发文机关标识应当使用发文机关全称或者规范化简称；联合行文，主办机关排列在前。

（四）发文字号应当包括机关代字、年份、序号。联合行文，只标明主办机关发文字号。

（五）上行文应当注明签发人、会签人姓名。其中，“请示”应当在附注处注明联系人的姓名和电话。

（六）公文标题应当准确简要地概括公文的主要内容并标明公文种类，一般应当标明发文机关。公文标题中除法规、规章名称加书名号外，一般不用标点符号。

（七）主送机关指公文的主要受理机关，应当使用全称或者规范化简称、统称。

（八）公文如有附件，应当注明附件顺序和名称。

（九）公文除“会议纪要”和以电报形式发出的以外，应当加盖印章。联合上报的公文，由主办机关加盖印章；联合下发的公文，发文机关都应当加盖印章。

（十）成文日期以负责人签发的日期为准，联合行文以最后签发机关负责人的签发日期为准。电报以发出日期为准。

（十一）公文如有附注（需要说明的其他事项），应当加括号标注。

（十二）公文应当标注主题词。上行文按照上级机关的要求标注主题词。

（十三）抄送机关指除主送机关外需要执行或知晓公文的其他机关，应当使用全称或者规范化简称、统称。

（十四）文字从左至右横写、横排。在民族自治地方，可以并用汉字和通用的少数民族文字（按其习惯书写、排版）。

第十一条　公文中各组成部分的标识规则，参照《国家行政机关公文格式》国家标准执行。

第十二条　公文用纸一般采用国际标准 A4 型（210 mm×297 mm），左侧装订。张贴的公文用纸大小，根据实际需要确定。

第四章　行文规则

第十三条　行文应当确有必要，注重效用。

第十四条　行文关系根据隶属关系和职权范围确定，一般不得越级请示和报告。

第十五条　政府各部门依据部门职权可以相互行文和向下一级政府的相关业务部门行文；除以函的形式商洽工作、询问和答复问题、审批事项外，一般不得向下一级政府正式行文。

部门内设机构除办公厅（室）外不得对外正式行文。

第十六条　同级政府、同级政府各部门、上级政府部门与下一级政府可以联合行文；政府与同级党委和军队机关可以联合行文；政府部门与相应的党组织和军队机关可以联合行文；政府部门与同级人民团体和具有行政职能的事业单位也可以联合行文。

第十七条　属于部门职权范围内的事务，应当由部门自行行文或联合行文。联合行文应当明确主办部门。须经政府审批的事项，经政府同意也可以由部门行文，文中应当注明经政府同意。

第十八条　属于主管部门职权范围内的具体问题，应当直接报送主管部门处理。

第十九条　部门之间对有关问题未经协商一致，不得各自向下行文。如擅自行文，上级机关应当责令纠正或撤销。

第二十条　向下级机关或者本系统的重要行文，应当同时抄送直接上级机关。

第二十一条　“请示”应当一文一事；一般只写一个主送机关，需要同时送其他机关的，应当用抄送形式，但不得抄送其下级机关。

“报告”不得夹带请示事项。

第二十二条　除上级机关负责人直接交办的事项外，不得以机关名义向上级机关负责人报送“请示”“意见”和“报告”。

第二十三条　受双重领导的机关向上级机关行文，应当写明主送机关和抄送机关。上级机关向受双重领导的下级机关行文，必要时应当抄送其另一上级机关。

第五章　发文办理

第二十四条　发文办理指以本机关名义制发公文的过程，包括草拟、审核、签发、复核、缮印、用印、登记、分发等程序。

第二十五条　草拟公文应当做到：

(一)符合国家的法律、法规及其他有关规定。如提出新的政策、规定等，要切实可行并加以说明。

(二)情况确实，观点明确，表述准确，结构严谨，条理清楚，直述不曲，字词规范，标点正确，篇幅力求简短。

(三)公文的文种应当根据行文目的、发文机关的职权和与主送机关的行文关系确定。

(四)拟制紧急公文，应当体现紧急的原因，并根据实际需要确定紧急程度。

(五)人名、地名、数字、引文准确。引用公文应当先引标题，后引发文字号。引用外文应当注明中文含义。日期应当写明具体的年、月、日。

(六)结构层次序数，第一层为“一、”，第二层为“(一)”，第三层为“1.”，第四层为“(1)”。

(七)应当使用国家法定计量单位。

(八)文内使用非规范化简称，应当先用全称并注明简称。使用国际组织外文名称或其缩写形式，应当在第一次出现时注明准确的中文译名。

(九)公文中的数字，除成文日期、部分结构层次序数和在词、词组、惯用语、缩略语、具有修辞色彩语句中作为词素的数字必须使用汉字外，应当使用阿拉伯数字。

第二十六条　拟制公文，对涉及其他部门职权范围内的事项，主办部门应当主动与有关部门协商，取得一致意见后方可行文；如有分歧，主办部门的主要负责人应当出面协调，仍不能取得一致时，主办部门可以列明各方理据，提出建设性意见，并与有关部门会签后报请上级机关协调或裁定。

第二十七条　公文送负责人签发前，应当由办公厅(室)进行审核。审核的重点是：是否确需行文，行文方式是否妥当，是否符合行文规则和拟制公文的有关要求，公文格式是否符合本办法的规定等。

第二十八条　以本机关名义制发的上行文，由主要负责人或者主持工作的负责人签发；以本机关名义制发的下行文或平行文，由主要负责人或者由主要负责人授权的其他负责人签发。

第二十九条　公文正式印制前，文秘部门应当进行复核，重点是：审批、签发手续是否完备，附件材料是否齐全，格式是否统一、规范等。

经复核需要对文稿进行实质性修改的，应按程序复审。

第六章　收文办理

第三十条　收文办理指对收到公文的办理过程，包括签收、登记、审核、拟办、批办、承办、催办等程序。

第三十一条　收到下级机关上报的需要办理的公文，文秘部门应当进行审核。审核的重点是：是否应由本机关办理；是否符合行文规则；内容是否符合国家法律、法规及其他有关规定；涉及其他部门或地区职权的事项是否已协商、会签；文种使用、公文格式是否规范。

第三十二条　经审核，对符合本办法规定的公文，文秘部门应当及时提出拟办意见送负责人批示或者交有关部门办理，需要两个以上部门办理的应当明确主办部门。紧急公文，应当明确办理时限。对不符合本办法规定的公文，经办公厅(室)负责人批准后，可以退回呈报单位并说明理由。

第三十三条　承办部门收到交办的公文后应当及时办理，不得延误、推诿。紧急公文应当按时限要求办理，确有困难的，应当及时予以说明。对不属于本单位职权范围或者不宜由本单位办理的，应当及时退回交办的文秘部门并说明理由。

第三十四条　收到上级机关下发或交办的公文，由文秘部门提出拟办意见，送负责人批示后办理。

第三十五条　公文办理中遇有涉及其他部门职权的事项，主办部门应当主动与有关部门协商；如有分歧，主办部门主要负责人要出面协调，如仍不能取得一致，可以报请上级机关协调或裁定。

第三十六条　审批公文时，对有具体请示事项的，主批人应当明确签署意见、姓名和审批日期，其他审批人圈阅视为同意；没有请示事项的，圈阅表示已阅知。

第三十七条　送负责人批示或者交有关部门办理的公文，文秘部门要负责催办，做到紧急公文跟踪催办，重要公文重点催办，一般公文定期催办。

第七章　公文归档

第三十八条　公文办理完毕后，应当根据《中华人民共和国档案法》和其他有关规定，及时整理(立卷)、归档。个人不得保存应当归档的公文。

第三十九条　归档范围内的公文，应当根据其相互联系、特征和保存价值等整理(立卷)，要保证归档公文的齐全、完整，能正确反映本机关的主要工作情况，便于保管和利用。

第四十条　联合办理的公文，原件由主办机关整理(立卷)、归档，其他机关保存复制件或其他形式的公文副本。

第四十一条　本机关负责人兼任其他机关职务，在履行所兼职务职责过程中形成的公文，由其兼职机关整理(立卷)、归档。

第四十二条　归档范围内的公文应当确定保管期限，按照有关规定定期向档案部门移交。

第四十三条　拟制、修改和签批公文，书写及所用纸张和字迹材料必须符合存档要求。

第八章　公文管理

第四十四条　公文由文秘部门或专职人员统一收发、审核、用印、归档和销毁。

第四十五条　文秘部门应当建立健全本机关公文处理的有关制度。

第四十六条　上级机关的公文，除绝密级和注明不准翻印的以外，下一级机关经负责人或者办公厅(室)主任批准，可以翻印。翻印时，应当注明翻印的机关、日期、份数和印发范围。

第四十七条　公开发布行政机关公文，必须经发文机关批准。经批准公开发布的公文，同发文机关正式印发的公文具有同等效力。

第四十八条　公文复印件作为正式公文使用时，应当加盖复印机关证明章。

第四十九条　公文被撤销，视作自始不产生效力；公文被废止，视作自废止之日起不产生效力。

第五十条　不具备归档和存查价值的公文，经过鉴别并经办公厅(室)负责人批准，可以销毁。

第五十一条　销毁秘密公文应当到指定场所由二人以上监销，保证不丢失、不漏销。

其中，销毁绝密公文(含密码电报)应当进行登记。

第五十二条　机关合并时，全部公文应当随之合并管理。机关撤销时，需要归档的公文整理(立卷)后按有关规定移交档案部门。

工作人员调离工作岗位时，应当将本人暂存、借用的公文按照有关规定移交、清退。

第五十三条　密码电报的使用和管理，按照有关规定执行。

第九章　附　　则

第五十四条　行政法规、规章方面的公文，依照有关规定处理。外事方面的公文，按照外交部的有关规定处理。

第五十五条　公文处理中涉及电子文件的有关规定另行制定。统一规定发布之前，各级行政机关可以制定本机关或者本地区、本系统的试行规定。

第五十六条　各级行政机关的办公厅(室)对上级机关和本机关下发公文的贯彻落实情况应当进行督促检查并建立督查制度。有关规定另行制定。

第五十七条　本办法自2001年1月1日起施行。1993年11月21日国务院办公厅发布，1994年1月1日起施行的《国家行政机关公文处理办法》同时废止。

附录二　国务院办公厅关于实施《国家行政机关公文处理办法》涉及的几个具体问题的处理意见

各省、自治区、直辖市人民政府，国务院各部委、各直属机构：

为确保国务院发布的《国家行政机关公文处理办法》(国发〔2000〕23 号)的贯彻施行，现就所涉及的几个具体问题提出如下处理意见：

1. 关于"意见"文种的使用。"意见"可以用于上行文、下行文和平行文。作为上行文，应按请示性公文的程序和要求办理。所提意见如涉及其他部门职权范围内的事项，主办部门应当主动与有关部门协商，取得一致后方可行文；如有分歧，主办部门的负责人应当出面协调，仍不能取得一致时，主办部门可以列明各方理据，提出建设性意见，并与有关部门会签后报请上级机关决定。上级机关应当对下级机关报送的"意见"做出处理或给予答复。作为下行文，文中对贯彻执行有明确要求的，下级机关应遵照执行；无明确要求的，下级机关可参照执行。作为平行文，提出的意见供对方参考。

2. 关于"函"的效力。"函"作为主要文种之一，与其他主要文种同样具有由制发机关权限决定的法定效力。

3. 关于"命令""决定"和"通报"三个文种用于奖励时如何区分的问题。各级行政机关应当依据法律的规定和职权，根据奖励的性质、种类、级别、公示范围等具体情况，选择使用相应的文种。

4. 关于部门及其内设机构行文问题。政府各部门(包括议事协调机构)除以函的形式商洽工作、询问和答复问题、审批事项外，一般不得向下一级政府正式行文；如需行文，应报请本级政府批转或由本级政府办公厅(室)转发。因特殊情况确需向下一级政府正式行文的，应当报经本级政府批准，并在文中注明经政府同意。

部门内设机构除办公厅(室)外，不得对外正式行文的含义是：部门内设机构不得向本部门机关以外的其他机关(包括本系统)制发政策性和规范性文件，不得代替部门审批下达应当由部门审批下达的事项；与相应的其他机关进行工作联系确需行文时，只能以函的形式行文。

"函的形式"是指公文格式中区别于"文件格式"的"信函格式"。以"函的形式"行文应注意选择使用与行文方向一致、与公文内容相符的文种。

5. 关于联合行文时发文机关的排列顺序和发文字号。行政机关联合行文，主办机关排列在前。行政机关与同级或相应的党的机关、军队机关、人民团体联合行文，按照党、政、军、群的顺序排列。

行政机关之间联合行文，标注主办机关的发文字号，与其他机关联合行文原则上应使用排列在前机关的发文字号，也可以协商确定，但只能标注一个机关的发文字号。

6. 关于联合行文的会签。联合行文一般由主办机关首先签署意见，协办单位依次会签。一般不使用复印件会签。

7. 关于联合行文的用印。行政机关联合向上行文，为简化手续和提高效率，由主办单位加盖印章即可。

8. 关于保密期限的标注问题。涉及国家机密的公文如有具体保密期限应当明确标注，否则按照《国家秘密保密期限的规定》(国家保密局 1990 年第 2 号令)第九条执行，即“凡未标明或未通知保密期限的国家秘密事项，其保密期限按照绝密级事项三十年、机密级事项二十年、秘密级事项十年认定”。

9. 关于“附注”的位置。“附注”的位置在成文日期和印章之下，版记之上。

10. 关于“主要负责人”的含义。“主要负责人”指各级行政机关的正职或主持工作的负责人。

11. 关于公文用纸采用国际标准 A4 型问题。各省(区、市)人民政府和国务院各部门已做好准备的，公文用纸可于 2001 年 1 月 1 日起采用国际标准 A4 型；尚未做好准备的，要积极创造条件尽快采用国际标准 A4 型。省级以下人民政府及其所属机关和国务院各部门所属单位何时采用国际标准 A4 型，由各省(区、市)人民政府和国务院各部门自行确定。

中华人民共和国国务院办公厅

二〇〇一年一月一日

附录三　党政机关公文格式

GB/T 9704—2012

前　言

本标准按照 GB/T 1.1—2009 给出的规则起草。

本标准根据中共中央办公厅、国务院办公厅印发的《党政机关公文处理工作条例》的有关规定对 GB/T 9704—1999《国家行政机关公文格式》进行修订。本标准相对 GB/T 9704—1999 主要做如下修订：

a)标准名称改为《党政机关公文格式》，标准英文名称也做相应修改；

b)适用范围扩展到各级党政机关制发的公文；

c)对标准结构进行适当调整；

d)对公文装订要求进行适当调整；

e)增加发文机关署名和页码两个公文格式要素，删除主题词格式要素，并对公文格式各要素的编排进行较大调整；

f)进一步细化特定格式公文的编排要求；

g)新增联合行文公文首页版式、信函格式首页、命令(令)格式首页版式等式样。

本标准中公文用语与《党政机关公文处理工作条例》中的用语一致。

本标准为第二次修订。

本标准由中共中央办公厅和国务院办公厅提出。

本标准由中国标准化研究院归口。

本标准起草单位：中国标准化研究院、中共中央办公厅秘书局、国务院办公厅秘书局、中国标准出版社。

本标准主要起草人：房庆、杨雯、郭道锋、孙维、马慧、张书杰、徐成华、范一乔、李玲。

本标准代替了 GB/T 9704—1999。

GB/T 9704—1999 的历次版本发布情况为：——GB/T 9704—1988。

党政机关公文格式

GB/T 9704—2012

1. 范围

本标准规定了党政机关公文通用的纸张要求、排版和印制装订要求、公文格式各要素的编排规则，并给出了公文的式样。

本标准适用于各级党政机关制发的公文。其他机关和单位的公文可以参照执行。

使用少数民族文字印制的公文，其用纸、幅面尺寸及版面、印制等要求按照本标准执行，其余可以参照本标准并按照有关规定执行。

2. 规范性引用文件

下列文件对于本标准的应用是必不可少的。凡是注日期的引用文件，仅所注日期的版本适用于本标准。凡是不注日期的引用文件，其最新版本(包括所有的修改单)适用于本标准。

GB/T 148　印刷、书写和绘图纸幅面尺寸

GB 3100　国际单位制及其应用

GB 3101　有关量、单位和符号的一般原则

GB 3102(所有部分)　量和单位

GB/T 15834　标点符号用法

GB/T 15835　出版物上数字用法

3. 术语和定义

下列术语和定义适用于本标准。

3.1

字　word

标示公文中横向距离的长度单位。在本标准中，一字指一个汉字宽度的距离。

3.2

行　line

标示公文中纵向距离的长度单位。在本标准中，一行指一个汉字的高度加 3 号汉字高度的 7/8 的距离。

4. 公文用纸主要技术指标

公文用纸一般使用纸张定量为 60 g/m^2～80 g/m^2 的胶版印刷纸或复印纸。纸张白度 80%～90%，横向耐折度≥15 次，不透明度≥85%，pH 值为 7.5～9.5。

5. 公文用纸幅面尺寸及版面要求

5.1　幅面尺寸

公文用纸采用 GB/T 148 中规定的 A4 型纸，其成品幅面尺寸为：210 mm×297 mm。

5.2　版面

5.2.1　页边与版心尺寸

公文用纸天头(上白边)为 37 mm±1 mm，公文用纸订口(左白边)为 28 mm±1 mm，版心尺寸为 156 mm×225 mm。

5.2.2　字体和字号

如无特殊说明，公文格式各要素一般用 3 号仿宋体字。特定情况可以做适当调整。

5.2.3　行数和字数

一般每面排 22 行，每行排 28 个字，并撑满版心。特定情况可以做适当调整。

5.2.4　文字的颜色

如无特殊说明，公文中文字的颜色均为黑色。

6. 印制装订要求

6.1　制版要求

版面干净无底灰，字迹清楚无断划，尺寸标准，版心不斜，误差不超过 1 mm。

6.2　印刷要求

双面印刷；页码套正，两面误差不超过 2 mm。黑色油墨应当达到色谱所标 BL100%，红色油墨应当达到色谱所标 Y80%、M80%。印品着墨实、均匀；字面不花、不白、无断划。

6.3 装订要求

公文应当左侧装订，不掉页，两页页码之间误差不超过 4 mm，裁切后的成品尺寸允许误差±2 mm，四角成 90°，无毛茬或缺损。

骑马订或平订的公文应当：

a)订位为两钉外订眼距版面上下边缘各 70 mm 处，允许误差±4 mm；

b)无坏钉、漏钉、重钉，钉脚平伏牢固；

c)骑马订钉锯均订在折缝线上，平订钉锯与书脊间的距离为 3 mm～5 mm。

包本装订公文的封皮(封面、书脊、封底)与书芯应吻合、包紧、包平、不脱落。

7. 公文格式各要素编排规则

7.1 公文格式各要素的划分

本标准将版心内的公文格式各要素划分为版头、主体、版记三部分。公文首页红色分隔线以上的部分称为版头；公文首页红色分隔线(不含)以下、公文末页首条分隔线(不含)以上的部分称为主体；公文末页首条分隔线以下、末条分隔线以上的部分称为版记。

页码位于版心外。

7.2 版头

7.2.1 份号

如需标注份号，一般用 6 位 3 号阿拉伯数字，顶格编排在版心左上角第一行。

7.2.2 密级和保密期限

如需标注密级和保密期限，一般用 3 号黑体字，顶格编排在版心左上角第二行；保密期限中的数字用阿拉伯数字标注。

7.2.3 紧急程度

如需标注紧急程度，一般用 3 号黑体字，顶格编排在版心左上角；如需同时标注份号、密级和保密期限、紧急程度，按照份号、密级和保密期限、紧急程度的顺序自上而下分行排列。

7.2.4 发文机关标志

由发文机关全称或者规范化简称加“文件”二字组成，也可以使用发文机关全称或者规范化简称。

发文机关标志居中排布，上边缘至版心上边缘为 35 mm，推荐使用小标宋体字，颜色为红色，以醒目、美观、庄重为原则。

联合行文时，如需同时标注联署发文机关名称，一般应当将主办机关名称排列在前；如有“文件”二字，应当置于发文机关名称右侧，以联署发文机关名称为准上下居中排布。

7.2.5 发文字号

编排在发文机关标志下空二行位置，居中排布。年份、发文顺序号用阿拉伯数字标注；年份应标全称，用六角括号“〔 〕”括入；发文顺序号不加“第”字，不编虚位(即 1 不编为 01)，在阿拉伯数字后加“号”字。

上行文的发文字号居左空一字编排，与最后一个签发人姓名处在同一行。

7.2.6 签发人

由“签发人”三字加全角冒号和签发人姓名组成，居右空一字，编排在发文机关标志下空二行位置。“签发人”三字用 3 号仿宋体字，签发人姓名用 3 号楷体字。

如有多个签发人，签发人姓名按照发文机关的排列顺序从左到右、自上而下依次均匀编排，一般每行排两个姓名，回行时与上一行第一个签发人姓名对齐。

7.2.7 版头中的分隔线

发文字号之下 4 mm 处居中印一条与版心等宽的红色分隔线。

7.3 主体

7.3.1 标题

一般用 2 号小标宋体字，编排于红色分隔线下空二行位置，分一行或多行居中排布；回行时，要做到词意完整，排列对称，长短适宜，间距恰当，标题排列应当使用梯形或菱形。

7.3.2 主送机关

编排于标题下空一行位置，居左顶格，回行时仍顶格，最后一个机关名称后标全角冒号。如主送机关名称过多导致公文首页不能显示正文时，应当将主送机关名称移至版记，标注方法见 7.4.2。

7.3.3 正文

公文首页必须显示正文。一般用 3 号仿宋体字，编排于主送机关名称下一行，每个自然段左空二字，回行顶格。文中结构层次序数依次可以用“一、”“(一)”“1.”“(1)”标注；一般第一层用黑体字、第二层用楷体字、第三层和第四层用仿宋体字标注。

7.3.4 附件说明

如有附件，在正文下空一行左空二字编排“附件”二字，后标全角冒号和附件名称。如有多个附件，使用阿拉伯数字标注附件顺序号(如“附件：1. ××××”)；附件名称后不加标点符号。附件名称较长需要回行时，应当与上一行附件名称的首字对齐。

7.3.5 发文机关署名、成文日期和印章

7.3.5.1 加盖印章的公文

成文日期一般右空四字编排，印章用红色，不得出现空白印章。

单一机关行文时，一般在成文日期之上、以成文日期为准居中编排发文机关署名，印章端正、居中下压发文机关署名和成文日期，使发文机关署名和成文日期居印章中心偏下位置，印章顶端应当上距正文(或附件说明)一行之内。

联合行文时，一般将各发文机关署名按照发文机关顺序整齐排列在相应位置，并将印章一一对应、端正、居中下压发文机关署名，最后一个印章端正、居中下压发文机关署名和成文日期，印章之间排列整齐、互不相交或相切，每排印章两端不得超出版心，首排印章顶端应当上距正文(或附件说明)一行之内。

7.3.5.2 不加盖印章的公文

单一机关行文时，在正文(或附件说明)下空一行右空二字编排发文机关署名，在发文机关署名下一行编排成文日期，首字比发文机关署名首字右移二字，如成文日期长于发文机关署名，应当使成文日期右空二字编排，并相应增加发文机关署名右空字数。

联合行文时，应当先编排主办机关署名，其余发文机关署名依次向下编排。

7.3.5.3 加盖签发人签名章的公文

单一机关制发的公文加盖签发人签名章时，在正文(或附件说明)下空二行右空四字加盖签发人签名章，签名章左空二字标注签发人职务，以签名章为准上下居中排布。在签发

人签名章下空一行右空四字编排成文日期。

联合行文时，应当先编排主办机关签发人职务、签名章，其余机关签发人职务、签名章依次向下编排，与主办机关签发人职务、签名章上下对齐；每行只编排一个机关的签发人职务、签名章；签发人职务应当标注全称。

签名章一般用红色。

7.3.5.4 成文日期中的数字

用阿拉伯数字将年、月、日标全，年份应标全称，月、日不编虚位(即1不编为01)。

7.3.5.5 特殊情况说明

当公文排版后所剩空白处不能容下印章或签发人签名章、成文日期时，可以采取调整行距、字距的措施解决。

7.3.6 附注

如有附注，居左空二字加圆括号编排在成文日期下一行。

7.3.7 附件

附件应当另面编排，并在版记之前，与公文正文一起装订。“附件”二字及附件顺序号用3号黑体字顶格编排在版心左上角第一行。附件标题居中编排在版心第三行。附件顺序号和附件标题应当与附件说明的表述一致。附件格式要求同正文。

如附件与正文不能一起装订，应当在附件左上角第一行顶格编排公文的发文字号并在其后标注“附件”二字及附件顺序号。

7.4 版记

7.4.1 版记中的分隔线

版记中的分隔线与版心等宽，首条分隔线和末条分隔线用粗线(推荐高度为0.35 mm)，中间的分隔线用细线(推荐高度为0.25 mm)。首条分隔线位于版记中第一个要素之上，末条分隔线与公文最后一面的版心下边缘重合。

7.4.2 抄送机关

如有抄送机关，一般用4号仿宋体字，在印发机关和印发日期之上一行、左右各空一字编排。“抄送”二字后加全角冒号和抄送机关名称，回行时与冒号后的首字对齐，最后一个抄送机关名称后标句号。

如需把主送机关移至版记，除将“抄送”二字改为“主送”外，编排方法同抄送机关。既有主送机关又有抄送机关时，应当将主送机关置于抄送机关之上一行，之间不加分隔线。

7.4.3 印发机关和印发日期

印发机关和印发日期一般用4号仿宋体字，编排在末条分隔线之上，印发机关左空一字，印发日期右空一字，用阿拉伯数字将年、月、日标全，年份应标全称，月、日不编虚位(即1不编为01)，后加“印发”二字。

版记中如有其他要素，应当将其与印发机关和印发日期用一条细分隔线隔开。

7.5 页码

一般用4号半角宋体阿拉伯数字，编排在公文版心下边缘之下，数字左右各放一条一字线；一字线上距版心下边缘7 mm。单页码居右空一字，双页码居左空一字。公文的版记页前有空白页的，空白页和版记页均不编排页码。公文的附件与正文一起装订时，页码应当连续编排。

8. 公文中的横排表格

A4 纸型的表格横排时，页码位置与公文其他页码保持一致，单页码表头在订口一边，双页码表头在切口一边。

9. 公文中计量单位、标点符号和数字的用法

公文中计量单位的用法应当符合 GB 3100、GB 3101 和 GB 3102(所有部分)，标点符号的用法应当符合 GB/T 15834，数字用法应当符合 GB/T 15835。

10. 公文的特定格式

10.1　信函格式

发文机关标志使用发文机关全称或者规范化简称，居中排布，上边缘至上页边为 30 mm，推荐使用红色小标宋体字。联合行文时，使用主办机关标志。

发文机关标志下 4 mm 处印一条红色双线(上粗下细)，距下页边 20 mm 处印一条红色双线(上细下粗)，线长均为 170 mm，居中排布。

如需标注份号、密级和保密期限、紧急程度，应当顶格居版心左边缘编排在第一条红色双线下，按照份号、密级和保密期限、紧急程度的顺序自上而下分行排列，第一个要素与该线的距离为 3 号汉字高度的 7/8。

发文字号顶格居版心右边缘编排在第一条红色双线下，与该线的距离为 3 号汉字高度的 7/8。

标题居中编排，与其上最后一个要素相距二行。

第二条红色双线上一行如有文字，与该线的距离为 3 号汉字高度的 7/8。

首页不显示页码。

版记不加印发机关和印发日期、分隔线，位于公文最后一面版心内最下方。

10.2　命令(令)格式

发文机关标志由发文机关全称加“命令”或“令”字组成，居中排布，上边缘至版心上边缘为 20 mm，推荐使用红色小标宋体字。

发文机关标志下空二行居中编排令号，令号下空二行编排正文。

签发人职务、签名章和成文日期的编排见 7.3.5.3。

10.3　纪要格式

纪要标志由“××××纪要”组成，居中排布，上边缘至版心上边缘为 35 mm，推荐使用红色小标宋体字。

标注出席人员名单，一般用 3 号黑体字，在正文或附件说明下空一行左空二字编排“出席”二字，后标全角冒号，冒号后用 3 号仿宋体字标注出席人单位、姓名，回行时与冒号后的首字对齐。

标注请假和列席人员名单，除依次另起一行并将“出席”二字改为“请假”或“列席”外，编排方法同出席人员名单。

纪要格式可以根据实际制定。

11. 式样

A4 型公文用纸页边及版心尺寸见图 1；公文首页版式见图 2；联合行文公文首页版式 1 见图 3；联合行文公文首页版式 2 见图 4；公文末页版式 1 见图 5；公文末页版式 2 见图 6；联合行文公文末页版式 1 见图 7；联合行文公文末页版式 2 见图 8；附件说明页版式见图 9；带附件公文末页版式见图 10；信函格式首页版式见图 11；命令(令)格式首页版式见图 12。

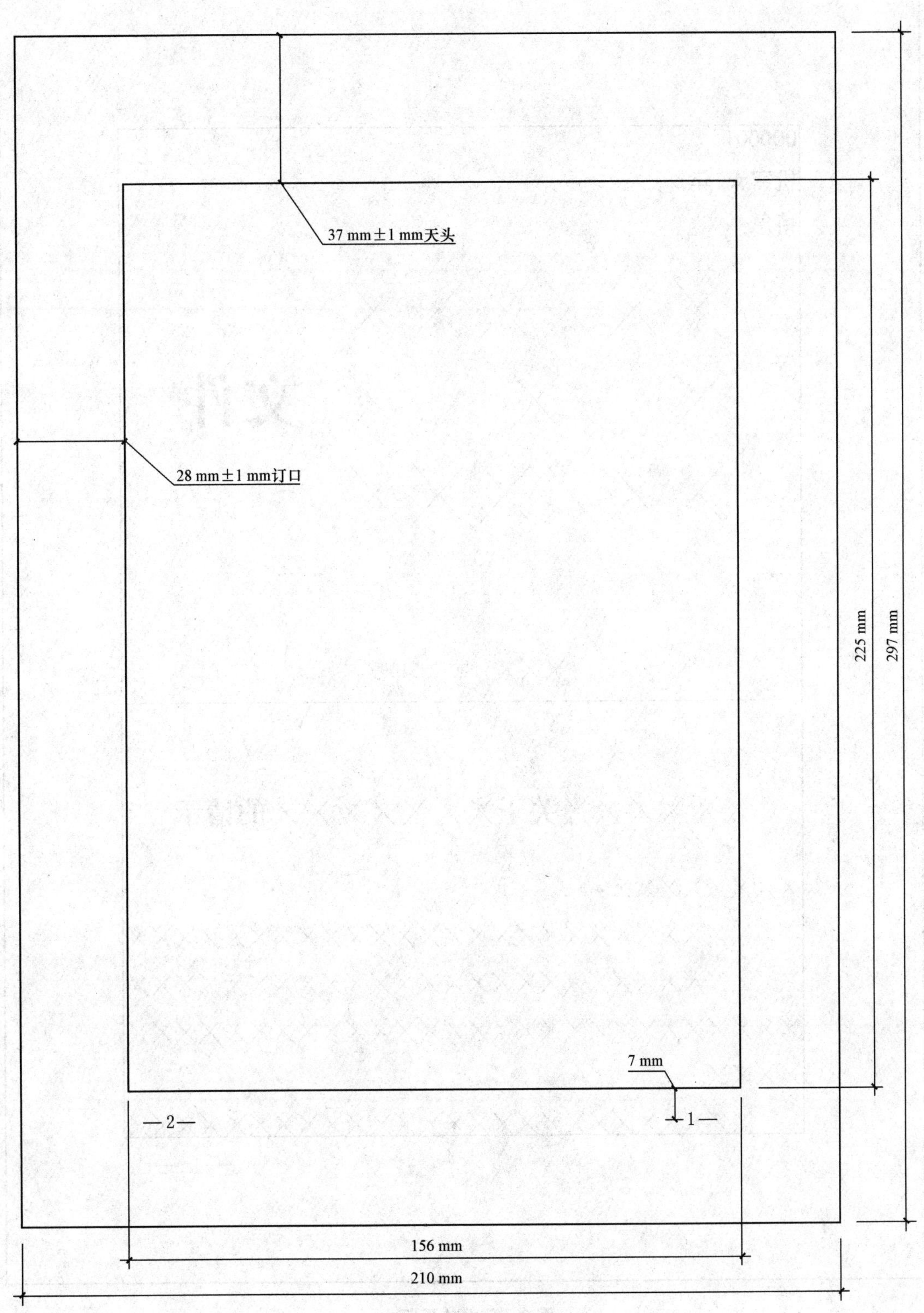

图 1　A4 型公文用纸页边及版心尺寸

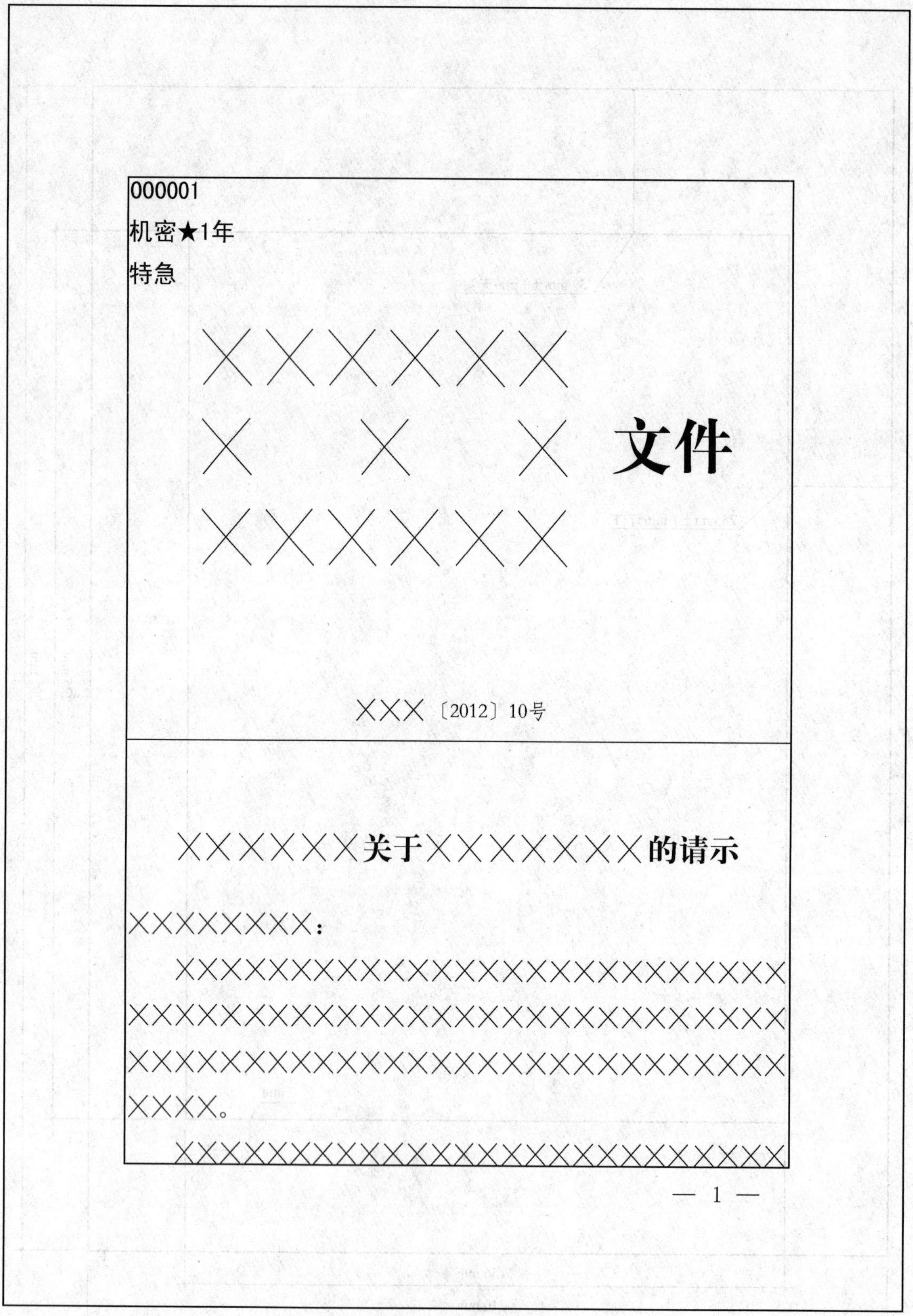

000001

机密★1年

特急

××××××
×　×　×　**文件**
××××××

×××〔2012〕10号

××××××关于×××××××的请示

×××××××××：

××。

××××××××××××××××××××××××××××

— 1 —

图 2　公文首页版式

注：版心实线框仅为示意，在印制公文时并不印出。

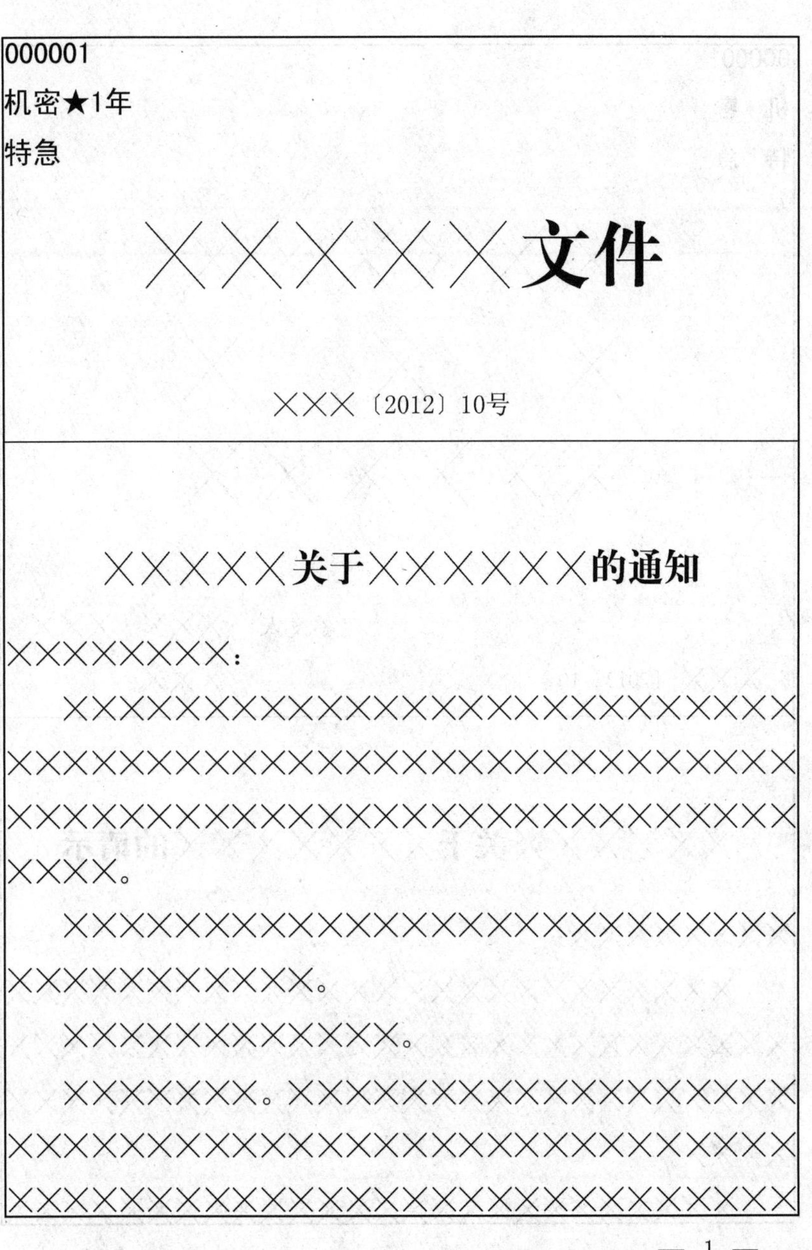

000001

机密★1年

特急

×××××文件

×××〔2012〕10号

×××××关于××××××的通知

×××××××××：

××。

×××××××××××××××××××××××××××××××××××××。

×××××××××××××。

×××××××。××

— 1 —

图3　联合行文公文首页版式1

注：版心实线框仅为示意，在印制公文时并不印出。

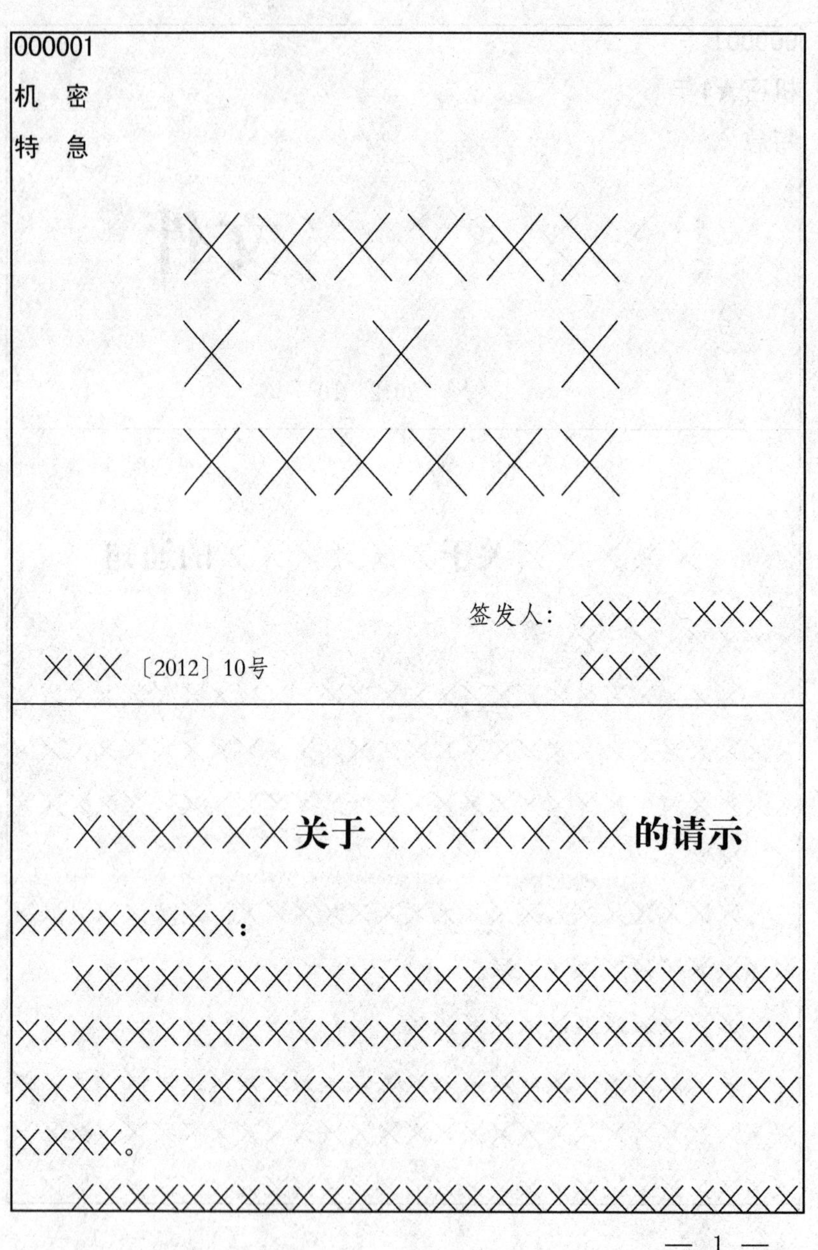

000001

机　密

特　急

××××××

×　×　×

××××××

签发人：×××　×××

×××

×××〔2012〕10号

××××××关于××××××××的请示

××××××××：

××××××××××××××××××××××××××
××××××××××××××××××××××××××××
××××××××××××××××××××××××××××
××××。

××××××××××××××××××××××××××

— 1 —

图 4　联合行文公文首页版式 2

注：版心实线框仅为示意，在印制公文时并不印出。

××××××××××××××。

　　××。

2012年7月1日

（×××××）

抄送：××××××××，××××××，×××××，×××××，×××××。

×××××××××　2012年7月1日印发

— 2 —

图5　公文末页版式1

注：版心实线框仅为示意，在印制公文时并不印出。

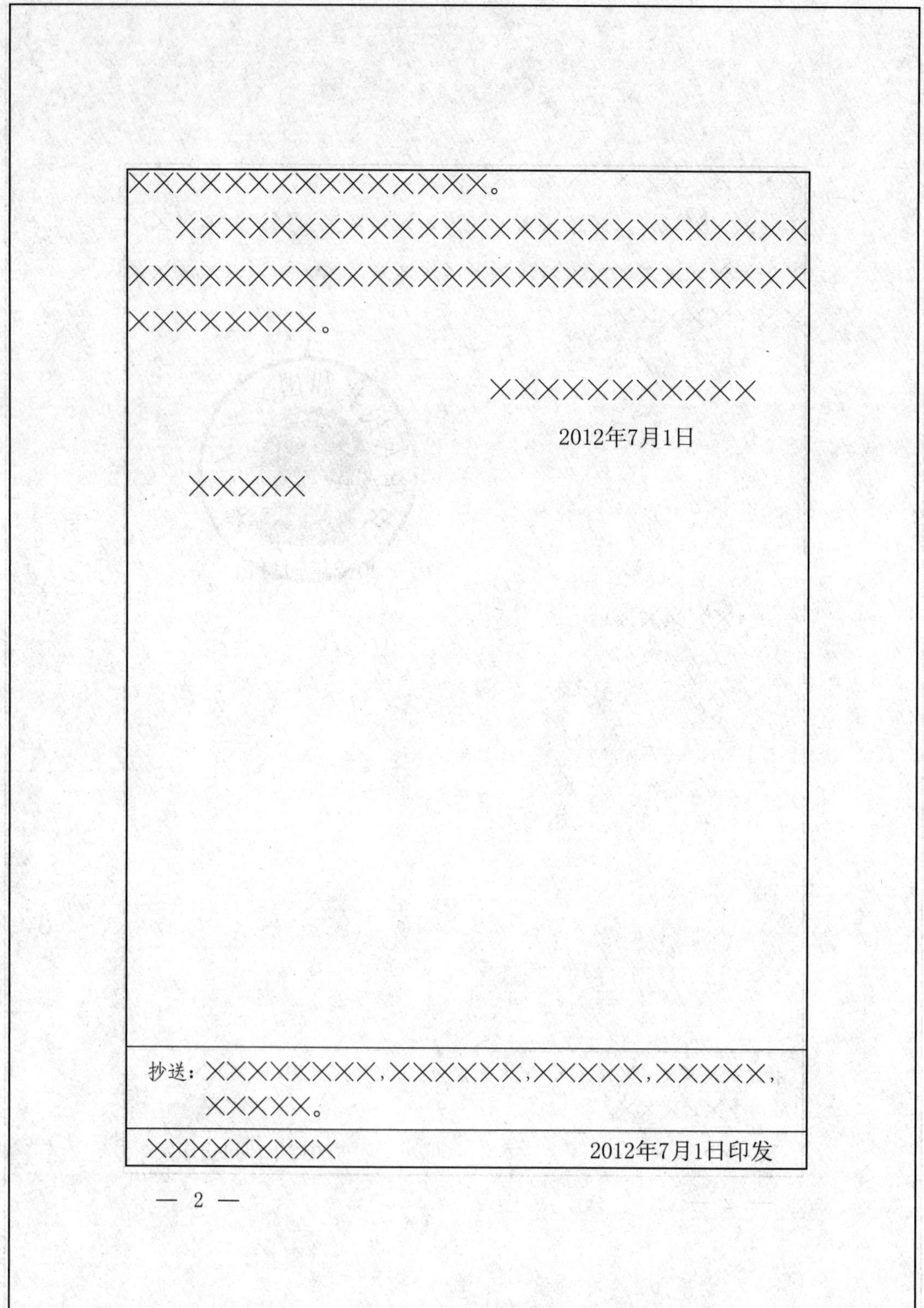

图 6　公文末页版式 2

注：版心实线框仅为示意，在印制公文时并不印出。

图7　联合行文公文末页版式1

注：版心实线框仅为示意，在印制公文时并不印出。

图 8　联合行文公文末页版式 2

注：版心实线框仅为示意，在印制公文时并不印出。

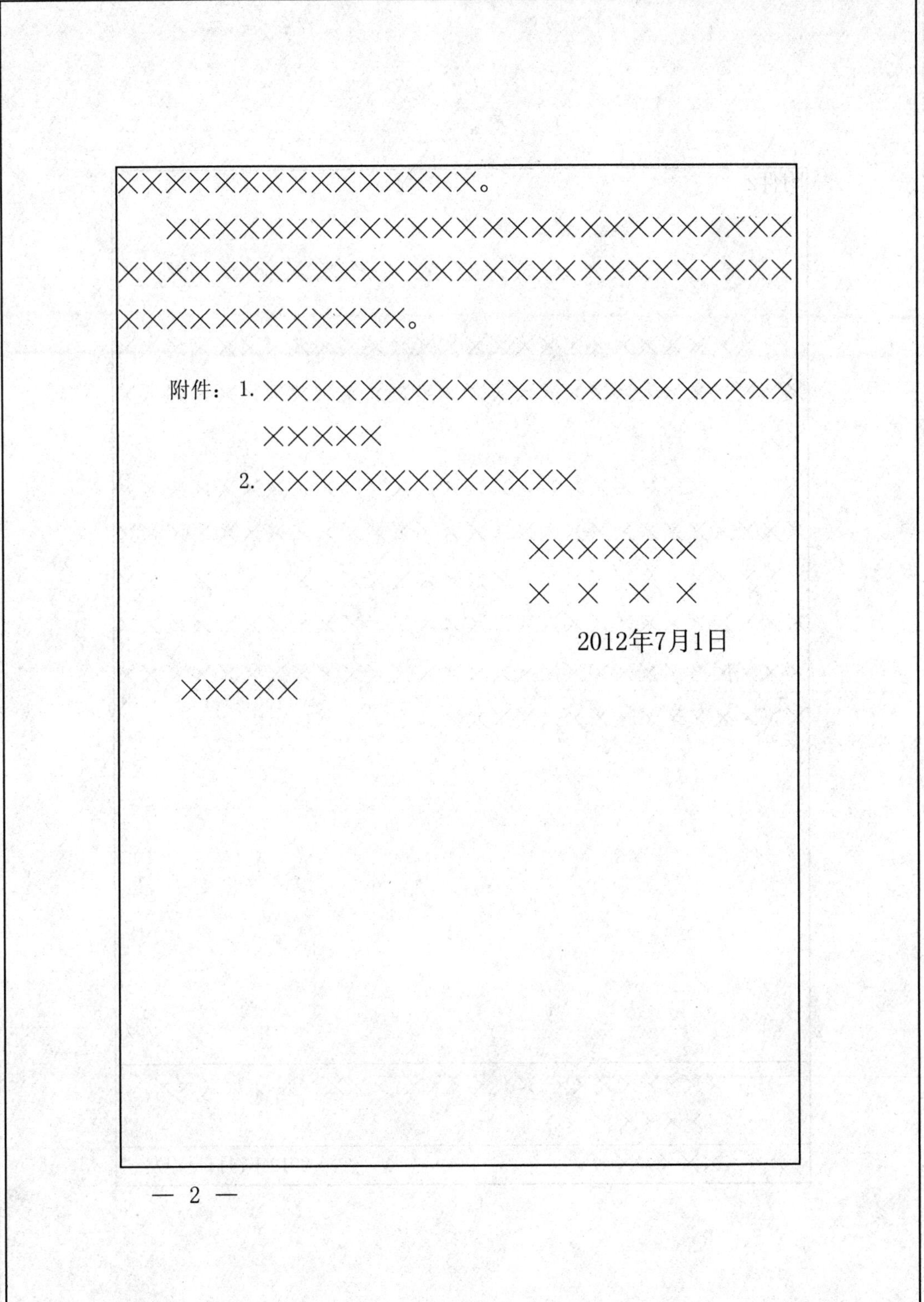

××××××××××××××。

××。

附件：1. ××××××××××××××××××××××××××××××

2. ×××××××××××××

×××××××

× × × ×

2012年7月1日

×××××

— 2 —

图 9　附件说明页版式

注：版心实线框仅为示意，在印制公文时并不印出。

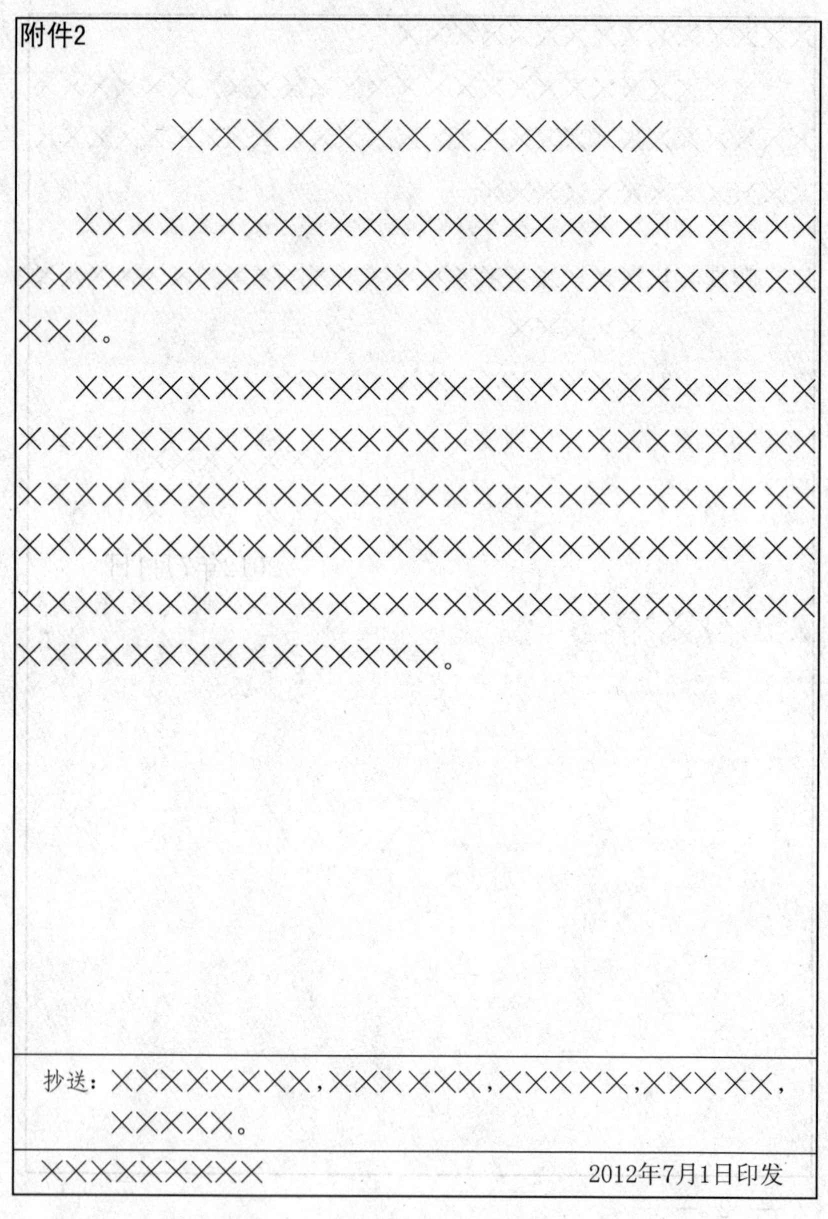

附件2

××××××××××××××××

××。

××。

抄送：××××××××，××××××，×××××，×××××，
××××××。

×××××××××　　　　2012年7月1日印发

— 4 —

图 10　带附件公文末页版式

注：版心实线框仅为示意，在印制公文时并不印出。

中华人民共和国×××××部

000001　　　　　　　　　　　　　　　　×××〔2012〕10号

机　密

特　急

×××××关于××××××××的通知

××××××××：

　　××。

　　××。

　　×××。

图 11　信函格式首页版式

注：版心实线框仅为示意，在印制公文时并不印出。

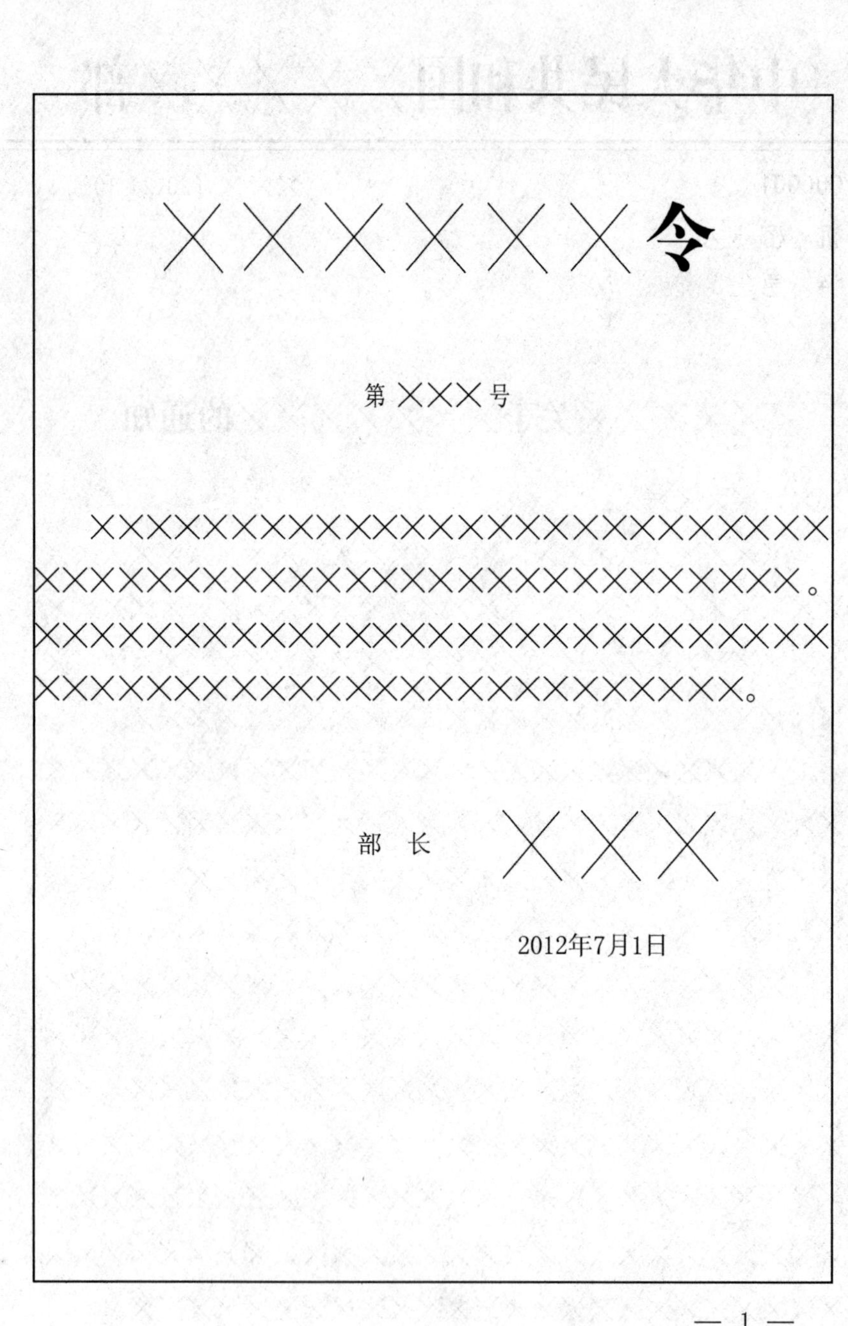

图 12　命令(令)格式首页版式

注：版心实线框仅为示意，在印制公文时并不印出。

参 考 文 献

[1] 张家恕．新编应用写作[M]．重庆：重庆大学出版社，2004.
[2] 赵玉柱．现代通用应用文写作教程[M]．北京：首都经济贸易大学出版社，2011.
[3] 张易．房地产公务文书一本通[M]．北京：中华工商联合出版社，2010.
[4] 王立军．应用写作实训教程[M]．北京：北京理工大学出版社，2011.
[5] 姜良琴．应用文写作教程[M]．北京：北京理工大学出版社，2011.
[6] 鲁捷．物业管理应用文写作[M]．北京：北京机械工业出版社，2008.
[7] 刘康．秘书[M]．北京：中央广播电视大学出版社，2006.